Zu diesem Buch

«Wie über Auschwitz reden? Gedichte könne man danach keine mehr schreiben, hat Adorno gesagt, und das Wort wird als Absolutum mißverstanden, wo es doch meint: Nicht mehr so wie früher könne man sie schreiben. Aber wie über die Hölle des KZ schreiben? Die Frage stellt sich sogleich, weil Pisar sie stellt und – für mein Gefühl – löst. Nur mit der äußersten Nüchternheit läßt sich die Geschichte des zehnjährigen Jungen erzählen, der alle Selektionen überstand (weil er Glück gehabt habe, betont er; weil er vorausahnend ‹das Glück› gleichsam mit auswegloser Magnetkraft anzog), der sich mit einem unsichtbaren Panzer der Kälte, der Feindseligkeit der gesamten äußeren Welt erwehren konnte. Emphase gibt es bei Pisar nicht ...

Grauenhaft ist das Schicksal des Kindes, aber Pisar bannt die Rührung ins präzise Detail, bindet sein und unser Gefühl in die Nüchternheit ein, mit der er Bild um Bild aus dem Gedächtnis heraufschafft und einspannt in eine Zukunft, an die zu glauben ihm die ausgelöschte Gegenwart gerade die Kraft gibt. ‹Das Blut der Hoffnung› – damit kennzeichnet er einen Organismus, den Blut durchpulst. Hoffnung da, wo die Hoffnungslosigkeit erdrückte, Hoffnung aber auch im Auge des Davongekommenen. Die zweite Hälfte des Buches, nachdem ein amerikanischer Panzer den ‹Jungen mit kahlgeschorenem Kopf, ausgezehrtem Gesicht und zum Skelett abgemagertem Körper›, den ‹Jungen mit der Häftlingsnummer B-1713› nahe bei Dachau, wohin er gegen Kriegsende verlegt wurde, befreit hatte, ist deshalb nicht weniger ergreifend, weil nun ein Leben vom Nullpunkt an beschrieben wird ... Eine märchenhafte Erfolgsstory: KZ-entsprungener Junge wird Kennedy-Berater (Mitglied des seinerzeitigen ‹Wahlkontors›), gastiert in der UNESCO, kehrt den internationalen Organisationen ihrer unvermeidlichen Routine wegen den Rücken und wird vielbeschäftigter internationaler Anwalt, im Verkehr mit allen einflußreichen Männern unserer Tage ...

So groß unser Interesse an dieser Wunderlaufbahn ist, nicht ihretwegen zieht Pisars Lebengeschichte uns in Bann. Es ist die nachdenklich-uneitle Darstellung, die ihr das Beispielhafte verleiht, die es ihr erlaubt einzumünden in das Schlußkapitel, wo vom ‹Blut der Hoffnung› direkt die Rede ist ... Unübersehbar schreibt er als Oberzeile über jede große Entwicklung der Welt: Versöhnung. Nur wer vom Schmutzbett des Hasses im KZ auferstanden ist, gewinnt die moralische Autorität, diesem Ausgleich so überzeugend das Wort zu reden. Vernimmt es nun der deutschsprachige Leser, behält er seine volle Kraft, weil es nicht aus der Verdrängung des Gewesenen, sondern gerade aus seiner Vergegenwärtigung heraus gesprochen ist. Gerade weil es kein Vergessen des Ungeheuerlichen geben darf, gewinnt Pisars ruhiges, aber unbeugsames ‹Nie wieder› eine solche Überzeugungsmacht» (Georges Schlocker in «Deutsches Allgemeines Sonntagsblatt»).

Samuel Pisar

Das Blut der Hoffnung

Deutsch von Jürgen Abel

rororo

Rowohlt

Die französische Originalausgabe erschien 1979
unter dem Titel «Le sang de l'espoir»
bei Éditions Robert Laffont, Paris
Umschlagentwurf Werner Rebhuhn

Veröffentlicht im Rowohlt Taschenbuch Verlag GmbH,
Reinbek bei Hamburg, Februar 1983

Gesamtherstellung Clausen & Bosse, Leck
Printed in Germany
980-ISBN 3 499 15080 8

Inhalt

Für meine Mutter

Prolog
Ich habe die Zukunft erlebt

1

Wie versteinert stehe ich der Menge gegenüber, und zum erstenmal habe ich das Gefühl, daß meine Wunden sich wieder öffnen.

Valéry Giscard d'Estaing, der rechts neben mir steht, spricht langsam und demutsvoll. «Hier, in dieser friedlichen Landschaft, ging das Schiff der Menschheit unter . . . Wir müssen die Jugend der Welt das Grauen dieses Grauens lehren.»

Der polnische Ministerpräsident Edward Gierek, der zu meiner Linken steht, hört regungslos zu. Hier, an diesem Ort, schwinden alle politischen Unterschiede. Ob Demokraten oder Kommunisten, alle empfinden einen Augenblick lang den gleichen Schmerz.

Giscard d'Estaing wendet sich an Gierek: «Vergessen wir nicht, daß sich hier, in diesen Lagern, Ost und West zum erstenmal begegnet sind: im gleichen Kampf für die gleichen Werte hat die sowjetische Armee Auschwitz befreit, während die amerikanische Armee Dachau befreite.»

Ja, in einem Wald bei Dachau hat die amerikanische Armee mich befreit. Ich sehe ihn wieder vor mir, den Panzer mit dem weißen Stern, wie er plötzlich mitten in der Lichtung stand, und ich sehe mich, das verängstigte Kind, wie ich, ohne zu überlegen und während rings um mich her die Kugeln pfiffen, aus meinem Versteck in die Freiheit rannte.

«Wie sagte doch einer der jüngsten Überlebenden, einer der Davongekommenen, der heute unter uns ist: Ein Vierteljahrhundert hat uns gezeigt, daß es eine schwierige Aufgabe ist, Brücken zu bauen über die ideologische Kluft, die uns trennt. Aber um unseres Überlebens, um unserer aller Freiheit willen dürfen wir uns durch nichts an der Erfüllung dieser Aufgabe hindern lassen.»

Ich erkenne die Worte wieder. Der französische Staatspräsident zitiert aus einem Buch von mir, zu dem er seinerseits das Vorwort schrieb.

Er hat seine Rede beendet. Ein beklemmendes Schweigen lastet plötzlich auf uns. Ich darf mich jetzt nicht der Angst der Vergangenheit überlassen. Die Baracken, der Stacheldraht, die Schornsteine, alles ist noch genauso wie einst. Bin ich es? Bin ich es wirklich, der hier heute steht? Bin ich es, der hier einst als Junge stand? In dem bleichen Sonnenlicht beginnen vor meinen Augen wirre Bilder zu kreisen. Statt der dunklen Anzüge der offiziellen Persönlichkeiten sehe ich wieder die zerlumpten Häftlingskleider vor mir, die meine Gefährten und ich hier, in Auschwitz, getragen haben.

Die beiden Präsidenten, die Minister, die Generäle, die Botschafter – sie alle sind plötzlich Gefangene mit mir, angetreten zum rituellen Appell, zu dem wir jeden Morgen und jeden Abend zusammengetrieben wurden. Der ewige, immer und überall in der Welt wieder aufflammende Haß, die gleichen, sich ständig wiederholenden Fehlschläge haben uns noch einmal hier versammelt.

Ich bin wie betäubt. Meine einzige Verbindung mit der Wirklichkeit ist meine Frau Judith. Ihre Gegenwart, ihre Schönheit

– ein einziger Kontrast zu dieser trostlosen Umgebung – beweist mir: ich lebe, ich bin frei, ich habe eine Familie, und ich bin nicht mehr in Gefahr.

Eine Batterie von Fernsehkameras ist auf uns gerichtet: Millionen Männer und Frauen in Ost und West sehen uns. Ich fasse mich wieder. Ich umklammere die Seiten mit der kurzen Ansprache, die ich ausgearbeitet habe. Meine Lippen bewegen sich stumm, im Rhythmus des Kaddisch, der uralten Totengebete:

«An Ihrer Seite, Monsieur le Président, diese Stätte des Holocaust wiederzusehen, wo ich einst, als ich noch Kind war, so viele Tode starb, wo ich so viele Qualen durchlitt, wo alles, was ich liebte, zu Asche wurde, ist ein Erlebnis, das uns bis ins Innerste aufwühlt . . . Aber es ist auch eine Reise von der Tragödie zum Triumph.

Sie sprechen von hier zu den Generationen, zu den Rassen, zu den Völkern, zu den Reichen und zu den Armen. Sie haben den Ort gewählt, wo der Gemeinschaft der Menschen die tiefste Wunde zugefügt wurde. Den Ort, wo Eichmann das Inferno Dantes in den Schatten stellte. Dafür lege ich hier vor Ihnen Zeugnis ab, das Zeugnis eines der wenigen Überlebenden und – nach den Archiven der Hölle – vielleicht des jüngsten.

Was wir zuvor bei unserem Gang durch diese Todesfabrik gesehen haben, ist für Sie ohne Zweifel das Symbol des Grauens. Für mich erstand unter den unzähligen Erinnerungen ein unvergeßliches Bild wieder – das einzige, über das ich hier etwas sagen möchte.

Vor den Wachtürmen dort und vor ihren Maschinengewehren saß, in gestreifte Lumpen gehüllt, das erstaunlichste Sinfonieorchester, das es je gegeben hat. Es waren virtuose Musiker aus Warschau und Paris, aus Kiew und Oslo, aus Budapest und Rom. Unter den Geigen, die sie, oft als einziges Gepäck, auf ihre letzte Reise mitgenommen hatten, waren Stradivaris, Guarneris, Amatis. Während die Gaskammern Tod und Verderben spien, befahl man diesen Männern, als Begleitmusik zu Erhängungen und Erschießungen Mozart zu spielen. Mozart, den Sie und ich so lieben und verehren.

Aber die Vergangenheit könnte sich abermals als das Vorspiel der Zukunft erweisen, und hier in Auschwitz haben wir das wahre Schreckensbild der Apokalypse vor Augen. Hier, an diesem Stacheldraht, soll sich der Mensch, Ihrem Beispiel folgend, verneigen und über Gerechtigkeit und Toleranz nachdenken, über die Achtung vor den Menschenrechten und über die Jugend der Welt.

Monsieur le Président, Sie stehen heute dem größten Publikum gegenüber, das Sie je hatten. Sie haben hier vier Millionen unschuldiger Seelen vor sich. In ihrem Namen und kraft der Autorität der Häftlingsnummer auf meinem Arm möchte ich Ihnen sagen, daß sie, wenn sie auf Ihren Appell antworten könnten, wie aus einem Munde rufen würden: ‹Nie wieder!›»

Wissen diejenigen, die heute zuschauen, wie die Mechanismen des Universums abermals in Unordnung geraten, und diejenigen, die ihnen dabei untätig oder gleichgültig zusehen, wissen sie in ihrem Geist und in ihrem Fleisch, wohin diese unheilvolle Entwicklung führen kann?

Als Valéry Giscard d'Estaing, mit dem ich schon lange befreundet war, mich anläßlich seines Staatsbesuchs in Polen aufforderte, ihn nach Auschwitz zu begleiten, war ich zutiefst verwirrt.

Als ich wieder ein freier Mensch wurde, mit sechzehn Jahren, habe ich mir geschworen, mich der Zukunft zuzuwenden. Ich wollte ein normales, ein kreatives Dasein führen: es sollte ein Sieg des Lebens sein. Ich hatte vier Jahre in der entsetzlichsten Hölle verbracht, die je Menschen dem Menschen bereitet haben, und ich wollte diese vier Jahre vergessen.

Ich hatte mich immer geweigert, an die Orte zurückzukehren, wo ich hatte mit ansehen müssen, wie meine Welt, meine Familie, mein Vater, meine Mutter, meine Schwester, meine Schulkameraden vernichtet wurden, und wo ich selber nur knapp der Vernichtung entging.

Vor einiger Zeit, als ich bei einer internationalen Konferenz über wirtschaftliche Zusammenarbeit in Warschau den Vorsitz führte, hatte die polnische Regierung bei mir anfragen lassen, ob ich bereit sei, in Auschwitz einen Kranz niederzulegen. Ich hatte ohne Zögern abgelehnt und erwidert, ich würde lieber im Geburtshaus von Frédéric Chopin ein Konzert hören.

Doch jetzt war es meine Pflicht, den französischen Präsidenten in das furchtbare Todeslager zu begleiten, wo mein Volk mit Fleiß und Methode umgebracht worden war, nach einem Plan, der immer noch in einigen Köpfen herumspukte.

Ich erkannte, daß ich mich den Imperativen, die mein Überleben mir auferlegte, nicht entziehen durfte. Der Wahnsinn, das Irrationale, das, was Auschwitz schuf, scheint mir heute, in anderen Erscheinungsformen, weltweit wieder zum Vorschein zu kommen.

Ich erklärte mich also bereit, noch einmal den Alptraum zu durchleben, um aus dem Gift die Substanz herauszulösen, die es uns erlaubt, die Gründe für den Untergang und die Rettung einer Welt, der Welt von gestern und der Welt von morgen, besser zu begreifen . . .

Das Schicksal hatte mich in meiner frühen Jugend auf einen der schrecklichsten Kreuzwege dieses Jahrhunderts gestoßen. Ich hatte nicht nur unter einem, sondern unter zwei Tyrannen, Adolf Hitler und Josef Stalin, und ihren erbarmungslosen totalitären Systemen zu leiden. Europa, die Wiege der größten

Hoffnungen und der Ausgangspunkt der schlimmsten Verirrungen, hat mir buchstäblich seinen Stempel aufgeprägt, für immer.

Während ich diese Zeilen schreibe – drei Jahre nach jener Pilgerfahrt und umgeben von der herrlichen Landschaft Neuenglands, dieser behüteten Welt, wo Demokratie und Wohlstand als etwas Selbstverständliches betrachtet werden, so als wären sie ein endgültiger, für immer erworbener Besitz –, werde ich von Vorahnungen neuer Tragödien heimgesucht, Vorahnungen, die mich bewogen haben, dieses Buch zu schreiben.

Es ist seltsam, wie wir nach und nach und anfangs noch unbewußt Zusammenhänge wahrnehmen, bis wir uns eines Tages überrascht fragen, wie es möglich ist, daß wir das, was uns nun plötzlich so klar und offensichtlich erscheint, nicht schon eher gesehen haben.

Ich sehe die Zerrissenheit, die Ratlosigkeit, die überall wieder auftauchende Angst – und das Vergangene wird wieder Gegenwart.

Die Verheerungen, die erlittenen Qualen, die Leidenschaften, die einst mein Leben zerstört hatten und heute das Zusammenleben der Völker belasten, werden von den Diplomaten, den Wirtschaftlern und den Politikern in einer viel zu kalten und unpersönlichen Sprache behandelt. Es fehlt die Erfahrung der nackten Wirklichkeit.

Die Ungewißheit, wohin die Welt sich bewegt, all die Verzweiflung und Hoffnungslosigkeit, all die Gefahren, die uns bedrohen – ich habe sie durchlebt.

Jede große Krise in der Welt ruft meine Erinnerung wach und verlängert jene unbeschreibliche Epoche, als der Mensch vorsätzlich vernichtet wurde, als ich ein «Untermensch» wurde – bis zu meiner Wiedergeburt.

Der Hunger in der Welt? Die zwei Drittel der Menschheit, die drei Milliarden Menschen, die ständig darben und vom Hungertod bedroht sind, diese Milliarden sind nicht irgendwelche abstrakten Zahlen für diejenigen, die einmal wie ich in jedem Augenblick, auf Schritt und Tritt dieser tödlichen Bedrohung ausgesetzt waren. Dieser quälende, von Halluzinationen begleitete Hunger, der alles auslöscht – ich habe ihn gespürt, Tag um Tag, viele Jahre lang.

Der Terrorismus? Ich kenne seine Methoden. Für unsere Henker war die kleinste Regung eines Häftlings, die gegen die Regeln zu verstoßen schien, eine verbrecherische Rebellion gegen das Dritte Reich und wurde mit dem Tode bestraft. In den Lagern wütete ein ähnlicher, ebenso unbarmherziger Terror unter den Gefangenen.

Die Übervölkerung? Ich habe in der ständigen Gegenwart des Todes jeden Tag und jede Nacht in der schlimmsten Enge gelebt, immer dicht zusammengedrängt mit anderen entkräfteten Wesen, wie Vieh zusammengepfercht in Baracken, wo wir darauf warteten, zur Schlachtbank geführt zu werden.

Die Arbeitslosigkeit? Die Verantwortlichen sahen in der Vernichtung von Menschen ein Mittel zur Lösung des Problems – eine absolut logische, kalkulierbare, wirksame Senkung der Arbeitslosenziffer! Ich erinnere mich an die unseligen, erniedrigenden Arbeiten, zu denen man uns zwang: zwölf Stunden täglich im Gleichschritt marschieren, um für die Wehrmacht bestimmte Stiefel zu testen – und jede falsche Bewegung wurde mit einem Stockhieb beantwortet, der einem den Schädel spalten konnte.

Die Umweltverschmutzung? Ohne die geringste ärztliche Versorgung, ohne jede Hygiene bestand unsere einzige Verbindung zur Welt der Medizin in der Aussicht, eines der Versuchskaninchen zu werden, an denen Dr. Mengele, der «Todesengel», und die anderen Nazispezialisten ihre unmenschlichen «Experimente» vornahmen.

Die Energiekrise? Sie ist eine ökonomische Realität, gewiß, aber im wesentlichen ist sie eine Sorge der Reichen. Die Sorge des Autofahrers, der sich davor fürchtet, nicht mehr im Verkehrsstau die Zeit vertun zu können, die Sorge der Familien, die sich davor fürchten, ihre Wohnungen nicht mehr überheizen zu können. Ich weiß jedoch aus eigener Erfahrung, daß man Monate und Jahre ohne Licht, ohne jede Heizung, ohne auch nur eine Bettdecke leben kann – selbst in einem harten Winter, wenn die Temperatur bis zu dreißig Grad minus sinkt.

Der Frieden? Ich weiß, wie er schließlich immer «unerwünschter» werden kann. Wie ein Krieg alle aufgehäuften unlösbaren, unerträglichen Probleme scheinbar ein für allemal vom Tisch fegen kann. Wie er Forderungen, Verschuldungen und sogar die bestehende Ungleichheit für lange Zeit verschwinden lassen kann. Und man stellt sich vor, daß man nach einem Krieg einen neuen Anfang machen wird, daß eine neue, von den alten Zwängen befreite Wirtschaftsordnung den Mutigen die Möglichkeit bieten wird, sich eine neue Karriere aufzubauen, neue Vermögen anzuhäufen.

Die Dritte Welt? Unsere alten, müden und egoistischen Gesellschaften sind kaum noch fähig, auch nur das geringste Opfer für die menschliche Gemeinschaft zu bringen, und fast könnte man meinen, für sie läge das Heil in einem neuen, einem weltweiten Holocaust – in der Ausrottung jener zahllosen einzelnen Menschen, die immer mehr als eine einzige dunkle, bedrohliche, feindselige Masse empfunden werden.

Wenn wir uns zu unserer Verpflichtung gegenüber der menschlichen Gemeinschaft wirklich bekennen, dann müssen wir uns zu großen Opfern bereit machen – auch um unserer Kinder willen. Oder aber unsere damaligen Retter – Roosevelt und Churchill – wären am Ende die wahren Verbrecher gewesen. Waren sie nicht, so werden sich manche schließlich fragen, die Urheber unserer gegenwärtigen Übel, indem sie der Politik der «rassischen Überlegenheit der Arier» ein Ende machten und das Dritte Reich zerschlugen?

Der Wohlstand? Nach mehreren Jahrhunderten wirtschaftlicher Vormacht stehen wir heute vor einer harten Erkenntnis. Wir sind nicht mehr die Besseren, sind nicht mehr die Herren. Die Völker, die wir so lange als minderwertig betrachtet haben, fangen an, uns mit unseren eigenen Waffen zu schlagen. Japaner, Koreaner, Taiwanesen und allmählich auch Brasilianer, Chinesen und Afrikaner erweisen sich nach und nach als erfindungsreicher, als tüchtiger, als leistungsfähiger im Wettbewerb. Wird das Rad der Geschichte, das sich langsam, aber unablässig dreht, über uns hinwegrollen und aus uns die neuen «Unterentwickelten» machen?

Und Europa? Will es wirklich bestehen bleiben oder nur noch ein wenig funkeln und leuchten, wie die Sterne am Ende ihrer Bahn, ehe es für immer untergeht? Leistungsfähige Industrieunternehmen, die entscheidend zur Lebenskraft der europäischen Staaten beitrugen, verlegen ihre Produktionsstätten ins Ausland und lassen Arbeitslose und stillgelegte Fabriken zurück. Sie gehen in kommunistische Länder, wo sie soziale Stabilität finden: keine Streiks. In die Länder des Nahen Ostens, die das Kapital haben und die neuen Investoren geworden sind. In die Dritte Welt, wo die Bodenschätze, die Rohstoffe sind, die wir nicht haben. Nach Südostasien, wo sie zahllose fleißige Arbeitskräfte haben können, die zehnmal billiger sind als unsere. Oder in die Vereinigten Staaten, wo sie einen Binnenmarkt vorfinden, der ihren Ambitionen entspricht.

Was wird uns angesichts dieses noch ständig zunehmenden Blutverlusts an lohnenden Unternehmungen bleiben? Höchstens vermehrte Exportanstrengungen in zwei Bereichen: besonders raffinierte und mörderische Waffen und Atomreaktoren – wobei am Ende jeder Kunde mit dem Plutonium machen kann, was er will.

Kann man der Jugend einreden, daß ihre Ideale und ihr Leben auf einem solchen Handel basieren müssen? Glauben wir, daß diese jungen Menschen, unsere Kinder, sich dazu bereit finden, die Bevollmächtigten des Todes zu werden?

Wenn unser Kontinent nicht mehr das Zentrum der Welt ist, so bleibt er doch ihr Epizentrum, dessen Schwächung und Zusammenbruch eine Krise nach der anderen, eine Kettenreaktion von Katastrophen weltweiten Ausmaßes nach sich ziehen würde.

Die Menschenrechte? Ich habe die Wirklichkeit der Massenhinrichtungen erlebt. Unauffällige schnelle Tötungen, ohne Gerichtsverhandlung, ohne Geschworene, ohne Berufung. Ich habe die Selektionen erlebt, durch die Familien ausgemerzt wurden – die Frauen und die Alten sofort ermordet, die Männer zu einem aufgeschobenen Tode verurteilt und die Kinder einfach des Rechts auf Leben beraubt. Lauter Unschuldige! Millionen!

Das Wettrüsten? Alles ist bereit, den Weltuntergang herbeizuführen. Wir sorgen dafür und mit immer größerer Hast, daß jeder Staat sich die Atomwaffe leisten kann. Der kleinste Konflikt kann innerhalb weniger Stunden ausufern und den Tod vieler Millionen Menschen nach sich ziehen. Und unabhängig davon und darüber hinaus erforscht man ständig neue Möglichkeiten der chemischen Kriegführung, die bei geringerem Aufwand größeren Erfolg versprechen. Schon die Nazis leisteten intensive Forschungsarbeit, um das wirksamste und wirtschaftlichste tödliche Gas zu entwickeln. Ihre Arbeit wurde längst wieder aufgenommen und wird weitergeführt, ohne daß man ein Hehl daraus macht. Und man nennt diesen sicheren Weg in den Wahnsinn, ins Verderben schlicht «Abschreckung» . . .

In Treblinka, Maidanek, Auschwitz fanden die in die Gaskammern getriebenen Opfer, die, wenn die Türen geschlossen wurden, nur noch drei Minuten zu leben hatten, die Zeit und die Kraft, mit den Fingernägeln die Worte «Vergeßt nie!» in die Mauern zu ritzen.

Haben wir, fünfunddreißig Jahre danach, ihre Botschaft vergessen?

Alle diese einander bedingenden Krisen, die immer neue Krisen auslösen, bilden ein Szenarium des Absurden, das, wenn der Mensch nicht endlich erwacht und dagegen aufbegehrt, zu zerstören und zersprengen droht, was uns an Freiheit und Frieden noch geblieben ist.

Der Mensch, befangen in seinen rassischen und nationalen Vorurteilen, besessen von religiösem Fanatismus, borniert durch ideologische Dogmen, scheint heute biologisch nicht mehr imstande zu sein, diese Herausforderungen anzunehmen. Überall steht der Mensch gegen den Menschen.

Eine Gesellschaft muß nicht verrückt sein, damit diejenigen, die sie führen, eine Politik des Wahnsinns betreiben. Das Volk, dem die Welt Gutenberg, Beethoven, Goethe verdankt, war nicht im Delirium versunken, sondern nur willfährig, als es bei demokratischen Wahlen sein Geschick in Hitlers Hände legte. Eine Folge unerwarteter, beunruhigender und vom Volk falsch verstandener Ereignisse bahnte ganz von selbst jenen Männern den Weg zur Macht, die die erklärte Absicht hatten, die Welt zu beherrschen – oder sie zu zerstören.

Warum sollten die herrschenden Klassen unserer Demokratien die Macht nicht schon bald abermals totalitären Führern zu Füßen legen, weil sie einen unlöschbaren, irrationalen Durst nach «Gesetz und Ordnung» haben? Wollen sie nicht vielleicht insgeheim nach genau den Normen regiert werden, die mir der Bürgermeister von Moskau, dieser seltsam «friedlichen» Stadt, in Einzelheiten und mit sichtlichem Stolz bei einem Abendessen in seinem Hause beschrieb?

Wenn ich mich umsehe und durch das Prisma meiner besonderen Erfahrungen das Chaos betrachte, die Sinnlosigkeit und die um sich greifende Angst, finde ich zu den instinktiven Reaktionen und der Klarsicht zurück, die zum ewigen Kampf ums Überleben gehören. Ich habe immer mehr das Gefühl, daß ich das, was sich heute ankündigt, schon einmal erlebt habe. Heute jedoch spüre ich das beängstigende Nahen eines über die ganze Welt kommenden Unheils.

Ich hatte nie den geringsten Wunsch, in meine Vergangenheit zurückzukehren. Und ich tue es heute nur kurz, um zu zeigen, welche Erfahrungen und welches Blut meine Hoffnung genährt und gefestigt haben, ehe ich mich den neuen, scheinbar unaufhaltsamen Katastrophen zuwende, die uns alle bedrohen.

Eine furchtlose, großherzige Jugend will *wissen*. Sie will *lernen*, welches die Gefahren, die grauenvollen Heucheleien der Geschichte sind; sie will sich *wappnen*, um gegen das Verhängnis zu kämpfen. Ich schulde ihr dieses Buch, das nicht von der Vergangenheit handelt, sondern von der Zukunft, ihrer Zukunft.

Erster Teil
Der Untergang einer Welt

2

Wir waren begeistert, meine Schulkameraden und ich, als wir 1938 hörten, daß der schwarze amerikanische Boxer Joe Louis den Deutschen Max Schmeling beim Weltmeisterschaftskampf im Schwergewicht k.o. geschlagen hatte. Eine schwere Niederlage für die stolze «Herrenrasse»!

Wir waren erst neun Jahre alt. Trotzdem hatten wir bereits ein ausgeprägtes Gespür für die Bedeutung der Zusammenhänge, ein Gespür, das auf die besonderen Zeiten und auf die besondere Situation der Stadt, in der wir aufwuchsen, zurückzuführen war. Bialystok war, kurz vor dem Krieg, immer noch das lebendige Kulturzentrum, das es drei Jahrhunderte lang gewesen war. Die alte Textilmetropole, die zweitgrößte Polens, erlebte die Entwicklung der verschiedenen politischen Bewegungen mit, die sich dem Sozialismus und dem Zionismus verschrieben hatten. Die Mitglieder der revolutionären Arbeiterparteien verkehrten freundlich mit den Männern, die die Thora lehrten. Juden, Polen, Litauer, Ukrainer und Russen lebten mehr oder weniger einträchtig beieinander. Gemeinsam und vielleicht stärker noch als die Menschen in der übrigen Welt spürten wir die nahe Gegenwart des Hakenkreuzbanners.

In der Schule setzten wir die Diskussionen fort, die wir zu Hause hörten. Wir sprachen über die endlosen Auseinandersetzungen zwischen den Chinesen und den Japanern, die 1937 zum Krieg geführt hatten, über den Mut des Negus von Abessinien, der sich verzweifelt gegen Mussolini zur Wehr gesetzt hatte. Wir sprachen über die Begeisterung der Helden aus Bialystok, die nach Spanien aufgebrochen waren, um am Kampf gegen den Faschismus teilzunehmen, und über die älteren Jungen aus unserer Schule, die nach Palästina gingen, um in einem Kibbuz zu leben und zu arbeiten.

Im Kino sahen wir in den Wochenschauen, wie in Nürnberg Zehntausende anscheinend erwachsener Menschen mit erhobenem, ausgestrecktem Arm aus Leibeskräften «Sieg Heil! Sieg Heil! Sieg Heil!» brüllten.

Meine Mutter sagte immer wieder, wir sollten Polen verlassen, solange es noch Zeit sei. Wir könnten doch nach Australien gehen, sagte sie. Ihre Brüder Nachman und Lazarus, die dorthin ausgewandert waren, flehten uns an, zu ihnen zu kommen. Oder vielleicht noch lieber in die Vereinigten Staaten, wo viele Verwandte von uns, die schon mit den ersten Auswandererwellen fortgegangen seien, uns mit offenen Armen empfangen würden. Sie hatte sogar angefangen, Englisch zu lernen, und abends, wenn ich schlafen ging, erzählte sie mir die Abenteuer Tom Sawyers und Huckleberry Finns, oder sie übersetzte mir Geschichten aus «Onkel Toms Hütte», bei denen ich vor Rührung oft weinen mußte. Sie malte sich oft das Leben aus, das uns erwartete, und ich erinnere mich an einen Satz, der immer wieder über ihre Lippen kam: *«God bless America!»*.

Meine Mutter war eine schöne Frau, groß und stattlich. Mit ihrer natürlichen Lebhaftigkeit war sie das genaue Gegenteil meines ruhigen, stillen Vaters. Ich hörte ihr gern zu, wenn sie sang, Lieder von Jerome Kern und Johann Strauß, die ich noch heute im Ohr habe. Sie las viel. Und sie war eine ausgezeichnete Schützin. Ich weiß noch, wie sie einmal, aus riesiger Entfernung, wie mir schien, eine Streichholzschachtel traf.

Meinem Vater widerstrebte der Gedanke, die Stadt zu verlassen, in der seine Familie seit Generationen zu Hause war.

In meinen Erinnerungen an ihn, die ich mir bewahren konnte, ist er ein frischer, spontaner und zugleich klug-bedachtsamer Mann. Er bastelte gern an Auto- und Motorradmotoren herum – er hatte es in seiner Militärzeit gelernt. Ich bewunderte ihn, wenn er seine polnische Uniform mit dem langen Degen anlegte. Er wurde oft zu Reserveübungen einberufen – der Krieg zeichnete sich drohend ab.

Er war ziemlich streng mit mir und gab mir auch einmal eine Tracht Prügel, wenn es nötig war, während meine Mutter mich nur mit Worten bestrafte. Ich weiß noch, wie er eines Tages dahinterkam, daß ich schreckliche Angst im Dunkeln hatte. Er ging mit mir bis ans Ende des Obstgartens und befahl mir, allein zurückzukommen. Als er sich entfernt hatte, rief ich: «Vati, bist du noch da?» Er antwortete nicht. Natürlich schaffte ich es, allein ins Haus zurückzugehen. Er strich mir mit der Hand über den Kopf und sagte: «Siehst du, es gibt keine Gespenster im Dunkeln.» Ich sehe ihn noch vor mir, wie er mir zum Spaß lustige Kunststücke auf dem Fahrrad vorführte – wie er zum Beispiel nur auf dem Hinterrad rückwärts fuhr. Er war auch ein Meister in Kartenkunststücken. Ich schaute ihm gebannt zu und bat ihn immer wieder, mir einige seiner Tricks beizubringen.

«Nein, noch nicht», sagte er dann. «Ich weiß noch nicht, ob du charakterfest genug bist. Du könntest sonst eines Tages in Versuchung kommen, um Geld zu spielen. Ich werde es dir später einmal zeigen, wenn ich mir etwas klarer über dein Wesen bin.»

Man kann meine Eltern als Symbole, als Stellvertreter der beiden gegensätzlichen Temperamente betrachten, die die Geschichte von Bialystok prägten, während die Armeen Preußens, des zaristischen Rußlands und des napoleonischen Frankreichs das Territorium des zerstückelten polnischen Reiches durchzogen. In den Zeiten der Gewalt und Verfolgung erwachte jedesmal wieder der instinktive Wunsch, in die Fremde zu gehen und dort, in Sicherheit, ein freieres Leben zu führen.

So findet man heute in New York, Paris, Buenos Aires, in Jerusalem und in vielen anderen Städten der Welt Gemeinden, die voller Stolz ihren Ursprung auf jene Menschen zurückführen, die Bialystok in jeder Generation verließen. Der Begründer des Esperanto, Ludwig Lazarus Zamenhof, stammt aus Bialystok, und ebenso der ehemalige sowjetische Außenminister Maxim Litwinow oder Dr. Alfred Sabin, der den oralen Impfstoff gegen die Kinderlähmung entwickelte, oder General Ygal Yadin, der weltberühmte Archäologe, der Generalstabschef der israelischen Armee wurde. Die Liste ist lang, und die «Bruderschaft» weltweit.

Der andere Instinkt der Stadt, der, wie ich feststellte, auch der Weigerung meines Vaters, ins Ausland zu gehen, zugrunde lag, war die Entschlossenheit, in schlechten Zeiten auszuharren – in der Erwartung, daß bald bessere Tage wiederkehrten.

David Pisar zögerte. Sollte er jetzt alles opfern, was in langen Jahren geschaffen und erreicht worden war? Würde Hitler es wirklich wagen, in Polen einzufallen und auf diese Weise einen Krieg mit England und Frankreich zu riskieren? Sollte man nicht lieber erst einmal abwarten?

An diese endlosen Gespräche und Erörterungen mußte ich plötzlich wieder denken, als mich kürzlich ein angesehener

Mann in meiner Pariser Kanzlei aufsuchte – ein Europäer, der über die Sorgen sprach, die er empfand angesichts der Entwicklung, die die Ereignisse in Europa genommen hätten.

«Unsere Demokratien», sagte er, «sind von innen und von außen bedroht. Ich fühle mich meiner Familie gegenüber verpflichtet, gewisse Vorsichtsmaßnahmen zu treffen. Ich habe bereits alles versichert – mein Leben, mein Haus, mein Auto. Das einzige, was ich nicht versichern kann, ist meine Freiheit, meine innere Ruhe. Könnten Sie mir helfen, für meine Familie und mich ein Dauervisum zu bekommen, das uns die Möglichkeit gibt, jederzeit in die Vereinigten Staaten einzureisen? Ich möchte wenigstens sicher sein, daß wir das letzte Flugzeug oder das letzte Schiff nehmen können, wenn es hier losgeht.»

Es war mir seit langem bekannt, daß sich schon etliche begüterte Franzosen, Deutsche, Italiener und andere Europäer einen zweiten Wohnsitz auf der anderen Seite des Atlantiks zugelegt hatten, Leute, die jede Verantwortung für die Zukunft ihres Landes ablehnten und nur an ihre Familie, ihre Kinder, ihre persönlichen Interessen dachten.

«Monsieur», antwortete ich ihm, «Sie übertreiben die Gefahren einer totalitären Entwicklung in Europa. Es gibt keine Zwangsläufigkeit in der Geschichte. Ich weiß, daß die Gefahren bestehen. Aber Flucht ist keine Lösung.»

Ich staunte über mich selbst. Ich hatte diesem Mann, der lediglich einen Rat von mir haben wollte, mit einer Predigt geantwortet.

Nach diesem Gespräch empfand ich jedoch ein tiefes Unbehagen, das ich nicht wieder loswurde. Seine Kinder hörten zu Hause die gleichen besorgten Diskussionen wie ich vor vierzig Jahren in meinem Elternhaus! Woher nahm ich mir das Recht, selbst wenn ich fand, daß er aus Panik heraus handelte, ihm zu sagen, daß eine Wiederholung der Geschehnisse unvorstellbar sei – ausgerechnet ich, dessen ganze Familie das letzte Flugzeug, das letzte Schiff verpaßt hatte?

Besser als alle ausgeklügelten Analysen führte mir dieses Gespräch, dieses harmlose Ereignis die Tragweite und das Ausmaß der Verwirrung vor Augen, die in Europa die Gemüter ergreift. Ich kam gerade aus Mexiko zurück, wo ich vor rund vierhundert Bankpräsidenten aus aller Welt mehrere Stunden lang mit Henry Kissinger diskutiert hatte. Trotz unserer gemeinsamen Ansichten über die Politik der Entspannung und die Notwendigkeit einer Stabilisierung der internationalen Beziehungen war ich doch bestürzt über den tiefen Pessimismus in seinen Äußerungen.

Im Verlauf dieser Diskussion und angesichts der vielen Probleme, die uns beide gleichermaßen bedrängten, hatte ich gespürt, daß Kissingers Analyse der Weltlage sich nicht nur auf das stützte, was wir in Harvard oder in Washington gelernt hatten, sondern auch auf Erfahrungen, die wir beide in unserer Jugend mit dem Rassenhaß, der politischen Intoleranz und schließlich mit dem Wahnsinn in Europa gemacht hatten.

Henry Kissinger hatte Glück gehabt: er und seine Familie hatten in dem Augenblick, als das Reich der Finsternis von mir Besitz ergriff, das letzte Schiff nehmen können.

Sein Vater hatte also recht gehabt, und meiner unrecht. Und heute?

Der «Anschluß» Österreichs, die Kapitulation der Westmächte beim Münchener Abkommen, der Einmarsch der Nazis in die Tschechoslowakei – die Ereignisse überstürzten sich und lösten in meinem kindlichen Gemüt eine Mischung aus Unruhe und Unverständnis aus.

Mein Vater erhielt am Vorabend des deutschen Angriffs den Stellungsbefehl. Wegen seiner Geschicklichkeit im Umgang mit Autos kam er zum polnischen Generalstab. Er schaffte es, einige Generäle über die Grenze nach Litauen zu bringen – eine Tat, für die er später einen Tapferkeitsorden erhielt.

Nach dem Blitzsieg der Deutschen über Polen zog die Rote Armee in unsere Stadt ein. Ich war damals zehn Jahre alt.

Gemäß der von Hitler und Stalin in ihrem Freundschaftspakt beschlossenen Teilung Polens gehörte das Gebiet, in dem Bialystok lag, zur sowjetischen Zone – eine Situation, die ein Jahr und zehn Monate dauerte. Genau gesagt bis zum 22. Juni 1941. An diesem Tag wurde die Rote Armee von den Streitkräften des «Reichs» aus dem Land getrieben. Die Stoßtrupps der Nazis, die in Bialystok eindrangen, verloren keine Zeit und machten sich sofort daran, die Rassenpolitik des Führers ins Werk zu setzen.

Schon am ersten Sabbat wurden die jüdischen Haushalte systematisch, Haus für Haus, durchkämmt. Dann wurden mehrere hundert Männer auf einem Feld aufgereiht und mit Maschinengewehren niedergemäht. Das war nur der Anfang.

Nachdem die Nazis auf diese Weise ihre Schreckensherrschaft angekündigt hatten, erließ der Stadtkommandant seine erste Verordnung:

Alle Juden mußten ihre Häuser verlassen und in ein Armenviertel der Stadt umziehen, dessen Bewohner, soweit sie nicht Juden waren, in die von uns geräumten Wohnungen einquartiert werden sollten. Binnen vierundzwanzig Stunden.

Unsere ganze Familie hatte sich im Wohnzimmer versammelt. Niemand sagte etwas. Ich sah meinen Vater an, meine Mutter, meine achtjährige Schwester Frida, meine Großmutter mütterlicherseits, die gehofft hatte, zu ihren Söhnen Nachman und Lazarus nach Australien übersiedeln zu können, und deren Reisegenehmigung gerade eingetroffen war – ein paar Tage zu spät.

Es war Sommer, und es war sehr warm. Aber mein Vater machte ein großes Feuer im Kamin und begann, die Dinge, die uns am teuersten waren, hineinzuwerfen: Fotos, Briefe, Familiendokumente. Lauter Erinnerungsstücke, die wir nicht mitnehmen konnten und die wir unter keinen Umständen in fremde Hände fallen lassen wollten.

Wir standen im Halbkreis vor dem Kaminfeuer und sahen zu, wie all die Andenken in den Flammen verglühten.

Mein Vater hatte einen Khakianzug mit einem breiten Ledergürtel und seine Reitstiefel an. Seine Ähnlichkeit mit Gary Cooper, mit der meine Mutter ihn immer aufzog, war in dieser Aufmachung noch auffallender als sonst. Mit dem gelben Stern an der Brust, den wir jetzt alle tragen mußten, sah er in meiner Vorstellung noch mehr wie ein Sheriff aus dem Wilden Westen aus.

«Dies sind unsere letzten Augenblicke in unserem Haus», sagte er. «Wir wissen nicht, wann wir hierher zurückkehren werden und wer nach uns, wenn wir fort sind, hier einziehen wird. Wir dürfen jeder nur *einen* Koffer mitnehmen – nur das Allernotwendigste, nur das, was uns helfen wird, am Leben zu bleiben. Alles andere muß hier bleiben.»

«Aber Vater – und mein Fahrrad? Und meine Briefmarkensammlung?»

«Fahrräder sind nicht erlaubt. Die Briefmarkensammlung nimm mit, wir können sie vielleicht bei einem deutschen Soldaten gegen Lebensmittel tauschen. Das ist alles!»

Und er fuhr fort, einen Gegenstand nach dem andern ins Feuer zu werfen.

Bei einem kleinen Sträußchen aus künstlichen weißen Blumen, das meine Mutter bei ihrer Hochzeit in der Hand gehalten hatte, als sie neben ihm unter dem Baldachin stand, hielt er inne.

«Dieser Strauß», sagte er, und seine Stimme zitterte kaum merklich, «wird immer bleiben, wenn wir ihn jetzt, solange wir alle beisammen sind, im Feuer verbrennen. Und wenn Frida einmal heiratet», fuhr er fort und strich dabei meiner kleinen Schwester über das Haar und lächelte sie ermutigend an, «dann wird sie von uns ihr eigenes Sträußchen bekommen.»

Die Blumen gingen in den Flammen auf. Meine Mutter blickte mit unbewegtem Gesicht ins Feuer. Nur meine Großmutter schluchzte einmal kurz auf.

Mein Vater legte den Arm um die Schultern meiner Mutter. «Helaina!»

Der feierliche Ernst, mit dem er ihren vollständigen Vornamen aussprach, während er sie sonst doch immer nur «Hela» nannte, erschreckte mich plötzlich.

«Es ist Zeit zu gehen!»

Wir nahmen unsere Koffer und verließen das Haus. Langsam schritten wir über den großen Hof mit dem Brunnen in der Mitte, an dem die Bauern, die ihre Erzeugnisse in die Stadt brachten, oft haltmachten, um ihre Pferde zu tränken, und dann durch unseren Obstgarten mit den vielen Himbeeren, Kirschen und Äpfeln. Anton, unser Hausmeister, und seine Frau, die für mich wie Großeltern waren, standen weinend am Tor und bekreuzigten sich.

Schweigend und unwillkürlich aneinandergedrängt, wie um uns gegenseitig zu beschützen, gingen wir die Uliza Botaniczna hinauf. Und dann sahen wir sie: aus allen Stadtteilen kamen sie, Menschen, die wie wir aus ihren Häusern vertrieben waren, und jeder Mann, jede Frau, jedes Kind trug seinen *einen* Koffer oder seinen *einen* Beutel. Mit gesenktem Kopf und schweren Schritten kamen immer neue hinzu und vereinigten sich zu einem wachsenden Strom.

Langsam bewegte sich der lange Zug auf die stacheldrahtbewehrte Mauer zu, die die Deutschen rings um das Getto errichtet hatten. Alle schritten stumm geradeaus, bemüht, die Maschinengewehre nicht zu beachten, die zu beiden Seiten des Eingangstors postiert waren.

Uns wurde ein kleines Zimmer in einem Holzhaus zugewiesen. Das Fenster ging auf ein winziges Fleckchen Erde, wo meine Eltern ein paar Karotten, Rettiche und Kohl zu ziehen versuchten.

Anfangs war das Leben für mich trotz der harten äußeren Bedingungen noch ganz erträglich. Ich konnte Bücher lesen, ich konnte mit den anderen Jungen Ball spielen und hin und wieder eine Partie Schach. Und außerdem hatte ich ja Ben, meinen besten Freund. Wir hatten uns ein Jahr vorher, bei einem Fußballspiel zwischen seiner und meiner Schule, kennengelernt und angefreundet.

Ben war ein fast schüchterner Junge. Er hatte blaue Augen und blonde Haare, und er war ein Jahr älter als ich. Sein Vater war gestorben, als er noch klein war. Uns verband die Freude am Sport. Ben brachte mir seine Freundschaft entgegen, die ich erwiderte. Mutig und ruppig, wie er war, fiel er sofort über jeden her, der sich mit mir anlegen wollte.

Die rührenden Versuche meiner Eltern, den Anschein eines normalen Lebens zu wahren, kamen mir damals seltsam vor. So beauftragten sie zum Beispiel, da es in dem Getto keine Schule gab, einen ausgemergelten jungen Mann, der Rabbi werden wollte, mich im Tausch für eine Schale Suppe täglich auf meine Bar-Mizwa-Feier vorzubereiten und mir Unterricht in Hebräisch und Französisch zu geben. Ben nahm an diesen Unterrichtsstunden teil. Wir waren ziemlich widerborstige Schüler, und der arme angehende Rabbi hatte seine liebe Not, uns überzeugende Beweise dafür zu liefern, daß die Erde sich nach wie vor unter dem gütigen Blick eines gerechten Gottes drehte.

An jedem Sonntag bekamen wir sonderbaren Besuch: ein Greis erschien jenseits der stacheldrahtbewehrten Mauer und verharrte dort stundenlang, um uns stumm zu betrachten. Es war Anton. Mit unserem Gang ins Getto war auch seine Welt zusammengebrochen. Und da stand er nun, eine rührende Gestalt, und weinte und bekreuzigte sich kopfschüttelnd.

Meine Bar-Mizwa-Feier, die unter normalen Umständen vielleicht nur eine rührselige Zeremonie gewesen wäre, wurde für mich ein prägendes Ereignis.

Die kleine Behelfssynagoge befand sich in der Nähe des Stacheldrahts, der das Getto von der Außenwelt trennte. Vor unseren Augen gingen die deutschen Wachen auf und ab, den Finger am Abzug.

Ich war nicht sehr fromm. Aber wenn ich in unserem Gefängnis in der Bibel las, hatte ich doch manchmal so etwas wie eine ewige Wahrheit gespürt.

Der junge Rabbi mit dem asketischen Gesicht hatte mir von der Babylonischen Gefangenschaft des Volkes Israel und von den Verfolgungen der Juden in Ägypten, im alten Rom, im katholischen Spanien, im zaristischen Rußland und jetzt im Hitlerreich erzählt. Und er hatte von den Familien gesprochen, die in den vielen Jahrhunderten nicht aufgehört hatten, heimlich und trotz aller Ungewißheit, was die Zukunft bringen würde, ihren Traditionen getreu die Bar-Mizwa-Feier ihrer Söhne zu begehen.

Ich spürte, in welchem Maße Feindseligkeiten und Verfolgungen ein Volk noch enger zusammengeschweißt hatten.

Als es für mich an der Zeit war, meine kleine rituelle Ansprache zu halten, kamen mir die Worte ganz von selbst in den Sinn.

Vor allen Anwensenden zeigte ich – ein Kind noch – mit dem Finger auf die Mauer, die uns einschloß, und sagte: «Wir beten immer nach Jerusalem gewandt. Aber heute ist unsere Klagemauer hier!»

Ben gratulierte mir als erster dazu, daß ich von nun an in den Augen Gottes ein Mann war.

Meine Schulkameraden näherten sich, um mich zu umarmen. Sie hatten mir sogar ein paar armselige, aber einfallsreiche Geschenke mitgebracht. Wir waren fröhlich und machten Scherze.

Ich wußte nicht, daß ich sie zum letztenmal sah. Sie hatten nur noch wenige Wochen zu leben.

Jeden Tag wurden ganze Familien von den SS-Patrouillen abgeholt. Jeder wußte, welches Schicksal sie erwartete. Und man lebte jetzt nur noch in der Angst vor der nächsten Patrouille, vor der nächsten Razzia.

Die Nazis begannen mit abscheulichen Erpressungen. Sie nahmen Geiseln, immer neue Geiseln und versprachen, sie gegen Lösegelder freizulassen. Dann gingen Frauen und Kinder in Tränen aufgelöst von Tür zu Tür, um zu sammeln, und berichteten schluchzend: «Sie verlangen fünf Kilo Gold und Schmuck. Sonst werden zweihundert Geiseln erschossen, darunter mein Mann und mein Sohn.» Und das ohne Ende . . .

Im Getto begann der allgemeine Verfall. Die Kälte, die Lebensmittelknappheit, der Hunger und die Verzweiflung untergruben, zerstörten den Gemeinschaftssinn, der bisher noch unter diesen in das gleiche Elend gestürzten Menschen geherrscht hatte. Es war der Anfang vom Ende. Jeder dachte nur noch an sich, um vielleicht noch ein bißchen länger zu überleben.

Eines Nachts wurde unser Gemüse gestohlen. Wir hatten es gerade ernten wollen. Eines Tages verschwand der Zaun vor unserem kleinen Garten – jemand hatte ihn herausgerissen, um sich irgendwo damit ein Feuer zu machen und sich zu wärmen.

Mein Vater, der fließend Deutsch sprach, arbeitete außerhalb des Gettos: er mußte die Fahrzeuge des aus Königsberg stammenden deutschen Stadtkommandanten instand halten. Ihm «schenkte» er meine Briefmarkensammlung, auf die ich so stolz war. Wir bekamen dafür Lebensmittel.

Eines Morgens verabschiedete er sich wie gewöhnlich, indem er uns alle umarmte. Es war das letzte Mal. Wir haben ihn nie wieder gesehen.

Später ließ sich die Geschichte seines Endes auf Grund von Zeugenaussagen rekonstruieren. Mein Vater hatte seine Stellung dazu ausgenutzt, um jüdische Kinder, in einem Lieferwagen versteckt, aus dem Getto hinauszuschmuggeln. Auf Bitten ihrer Eltern brachte er sie in nahe gelegene Dörfer und vertraute sie polnischen Bauernfamilien an, damit sie eine bessere Chance hätten, mit dem Leben davonzukommen.

Als ich zum erstenmal davon erfuhr, wie auf diese Weise Kinder von ihren Eltern getrennt wurden, hatte ich meine Mutter schließlich, nach langem Zögern, gefragt: «Ihr werdet mich doch hoffentlich nicht weggeben?»

«Nein», antwortete sie und sah mich mit traurigen Augen an. «Aber wir haben oft daran gedacht, deine Schwester fortzugeben.»

Mein Vater wurde von der Gestapo verhaftet, gefoltert und dann sofort zusammen mit anderen Gefangenen in einem Wald vor der Stadt erschossen.

Meine Mutter, die nichts davon erfahren hatte, klammerte sich an die Hoffnung, daß er noch lebte.

1939, nach der Niederlage Polens, hatte sie schon einmal lange auf seine Rückkehr gewartet. Damals hatte ich eine kleine Rolle gespielt: Eines Abends hatte mich Anton geholt und mir eingeschärft, kein Wort zu sagen. Wir überquerten die Straße und gingen in einen kleinen Park, wo mein Vater mich erwartete – abgemagert, erschöpft, in einer schmutzigen und zerrissenen Uniform.

«Hör mir gut zu. Du gehst jetzt zu Mutter und sagst zu ihr, daß ein Mann sie sprechen möchte, einer aus dem Regiment deines Vaters.»

Er wollte ihr, wie er mir erklärte, einen Schock ersparen und sie darum langsam vorbereiten. Ich tat, was er gesagt hatte. Ich erinnere mich noch ganz genau an alle Einzelheiten.

Ein wenig aufgeregt folgte mir meine Mutter über die Straße. Wir kamen an die kleine, halb geöffnete Pforte zum Park. Sie starrte suchend in die Dunkelheit, dann warf sie mir einen fragenden Blick zu. Plötzlich trat eine große Gestalt aus dem Schatten. Strahlend, mit ausgestreckten Armen lief sie auf meinen Vater zu.

«Mein Gott, David! Du bist es, du lebst!»

Jetzt, da sie abermals wartete, dachte ich mir tausend kleine Lügen aus, damit sie nicht den Mut verlor.

Ich erzählte ihr von einem Mann, dem es gelungen sei, sich heimlich ins Gefängnis zu schleichen, und dort hätte er von jemandem gehört, daß Papa noch am Leben sei. Ich erzählte ihr von einem anderen Mann, der in der Festung der Nazis gewesen sei, um etwas abzugeben, und Vater dort gesehen habe. Und so fort. Ben half mir, immer wieder etwas Neues zu erfinden.

Sie ließ sich durch unsere kindlichen Einfälle nicht lange täuschen, aber sie tat so, als glaubte sie mir.

Doch ihr Lebenswille, ihre Entschlossenheit zu kämpfen, schien mit dem Tod des Mannes, den sie mehr liebte als alles andere auf der Welt, plötzlich verschwunden zu sein.

Eines Tages nahmen die Deutschen bei einer ihrer Razzien meine Großmutter und meinen Onkel Memel mit. Memel, ein sehr sportlicher junger Mann von fünfundzwanzig Jahren, hätte mit Leichtigkeit fliehen können, aber er wollte seine alte Mutter nicht allein lassen.

Kurz darauf verschwand auch Ben.

In dem kleinen Zimmer waren wir jetzt nur noch zu dritt: meine Mutter, meine Schwester und ich. Wir fühlten uns verurteilt.

Schließlich machten die Nazis das Getto dem Erdboden gleich und deportierten alle Bewohner. Ein paar Männer, ein paar Jugendliche machten – völlig unbewaffnet – den Versuch, Widerstand zu leisten: ein heroischer und zugleich absurder Aufstand, der grausam niedergeschlagen wurde. Man tötete sie alle. Einer der Kämpfer, Malmed, wurde vor meinen Augen gehenkt, weil er einem SS-Offizier eine Flasche Schwefelsäure ins Gesicht geworfen und ihn für immer geblendet hatte.

Wir waren nachts durch brennende und mit Leichen übersäte Straßen geflohen. Dann hatten wir in einem Keller Zuflucht gefunden, in dem sich über dreißig Personen seit Tagen ohne Nahrung und ohne Waser versteckt hielten.

Im Licht einer Kerze erkannte ich unter den hohlwangigen Gesichtern meinen Geschichtslehrer. Er hieß Bergman. Bis auf die Knochen abgemagert, stand er über seinen kleinen Sohn gebeugt, der, ein Säugling noch, unaufhörlich hustete.

Auf der Straße, wenige Meter über uns, näherte sich jetzt das Gebrüll der SS-Männer, die auf der Jagd nach den Überlebenden waren, und das Gebell ihrer Hunde.

Jeder in dem Kellerloch erkannte am Geklapper der Stiefel und an den kurzen Befehlen, wie sie immer näher kamen.

Bergmans kleiner Sohn, der von Krämpfen geschüttelt wurde, konnte nicht aufhören zu husten. «Ruhe!» zischte ein Mann am Eingang des Kellers zornig. Verzweifelt begann Bergman, das Kind in seinen Armen zu wiegen, aber der Hustenanfall hörte nicht auf.

Der Mann schritt über die Leute, die auf dem Boden lagen, hinweg durch den Raum und preßte dem kleinen Kind die Hand auf den Mund. Das Husten verstummte.

Die Minuten versickerten. Als die Geräusche draußen darauf hindeuteten, daß die Nazis sich entfernten, nahm der Mann die Hand von dem Gesicht des Kindes. Schlaff und leblos lag es in den Armen des Vaters – erstickt.

Bergman betrachtete es wie versteinert. Er hatte hinnehmen müssen, daß ein Leben geopfert wurde, das Leben seines Sohnes, damit die anderen gerettet würden.

Am nächsten Tag fanden wir Zuflucht in einem Krankenhaus – der Direktor, Kniazeff, war der beste Freund meines Onkels Nachman gewesen. Jeden Augenblick wurden neue Verwundete gebracht.

Dort verbrachten wir unsere letzte gemeinsame Nacht. Die Nacht, in der meine Mutter mir das Leben rettete.

Sorgfältig legte sie meine Sachen zusammen, mit scheinbar sicheren Bewegungen, als bereite sie meine Abreise in ein Ferienlager vor.

Plötzlich hielt sie inne und sah mich an.

«Ich überlege gerade, soll ich dich in eine lange oder in eine kurze Hose stecken?»

In Gedanken verloren richtete sie den Blick auf meine Schwester, dann wieder auf mich. Sie versuchte zu einer Entscheidung zu kommen.

«Wenn ich dir eine kurze Hose anziehe, lassen sie dich wahrscheinlich bei den Frauen und Kindern. Dann bleiben wir auf dem Transport zusammen. Wenn du eine lange Hose anhast, wirst du mit den Männern gehen. Du bist jetzt ein großer

Junge, hörst du? Du könntest arbeiten, dann hättest du vielleicht . . .»

Sie verstummte. Ich sah sie angstvoll an, während ich die lange Hose, die sie mir gab, anzog.

«Und du? Und Frida?»

Sie antwortete nicht.

Mich beschäftigte nur ein Gedanke: Was soll aus ihnen werden? Und was soll ohne sie aus mir werden? Eine schmerzende Frage, und wie verzweifelt ich auch überlegte, ich wußte nicht die geringste Antwort darauf.

Frida, meine Schwester, hatte sich an meine Mutter geschmiegt und schlief jetzt friedlich.

Wir lebten nun schon seit mehreren Monaten in einer Atmosphäre absoluter Gewalt. Wohin ich auch gekommen war, überall hatte man vom Tod gesprochen, und ich wußte sehr wohl, was der Tod bedeutete. Und trotzdem, meine kleine Schwester, meine noch so junge Mutter – sie war erst achtunddreißig – und ich, wir konnten doch nicht sterben, meinte ich, ohne richtig gelebt zu haben. Nein, es war unvorstellbar.

Während draußen Schüsse hallten und rings um uns die Verwundeten verzweifelt stöhnten, versuchten wir die letzten Augenblicke des Beisammenseins zu verlängern. Kostbare, vergängliche Augenblicke, erfüllt von zärtlichen Gesten und liebevoll lächelnden Blicken.

Im Morgengrauen brachen die SS-Männer die Tür auf. Sie stürmten in den Krankensaal und trieben uns mit Kolbenstößen auf die Straße, wie eine Viehherde.

Plötzlich trat eine dunkle Gestalt mit dem Totenkopf an der Mütze auf uns zu und versperrte uns den Weg.

«Da! Her damit!»

«Was meinen Sie?» fragte meine Mutter.

«Den Ring, da, an Ihrem Finger.»

Es war ihr Verlobungsring. Ein kleiner Brillant, von kleinen, herzförmig angeordneten Rubinen umgeben.

Meine Mutter wollte ihn vom Finger ziehen. Aber ihre Finger waren geschwollen von der Erschöpfung.

Der SS-Mann zog sein Bajonett: «Schnell! Oder der Finger muß mit dran glauben.»

Da erinnerte ich mich, in meinem Schrecken, an das Stück Seife, das meine Mutter mir ganz unten in meinen Koffer gepackt hatte. Sekunden später hatte ich es herausgeholt. Ich spuckte auf den Finger meiner Mutter und rieb ihn mit der Seife ein. Der Ring glitt vom Finger. Ich hielt ihn dem Nazi hin.

«Da, Herr.»

In diesem Augenblick war ich ein anderer geworden. Ich hatte den Entschluß gefaßt, um mein Leben zu kämpfen . . .

Wenige Stunden später wurden wir für immer getrennt.

Die Frauen und Kinder mußten heraustreten und, wie meine Mutter es vorausgesehen hatte, zusammen mit den Alten und Kranken und mit Kindern, die man aus Waisenhäusern geholt hatte, eine eigene Marschkolonne bilden. Dank meiner langen Hose wurde ich in die andere Kolonne eingereiht, die der Männer, der «Arbeitskräfte».

Wir marschierten los. Verzweifelt blickte ich zurück und konnte die Augen nicht losreißen von ihren Gestalten, die sich immer weiter entfernten. Meine Schwester hatte die eine Hand vertrauensvoll in die meiner Mutter geschoben und drückte mit der anderen ihre Lieblingspuppe an sich. Auch sie sahen mir, über die Schulter hinweg, noch lange nach.

Dann entschwanden sie meinem Blick. Ihre Kolonne verlor sich in der Ferne.

Dadurch, daß sie mich von sich stieß, hatte meine Mutter dem Schicksal eine Chance abgetrotzt – wenn auch nur eine Chance von eins zu einer Million –, daß ich am Leben blieb.

Während ich, nun mutterseelenallein in der Welt, mit kummervollem Herzen weitermarschierte und die Tränen zurückzuhalten versuchte, wurde ich von Zorn gegen die Menschen und gegen Gott ergriffen. Jeder Stütze, jeden Trostes beraubt, hob ich in einem gotteslästerlichen Aufschrei gegen den Allmächtigen die Faust gen Himmel.

«Ungeheuer, wie kannst du es wagen?»

Zwanzig Jahre später kam ich wieder nach Bialystok. Als Berater des amerikanischen Kongreßausschusses für Wirtschaftsfragen begleitete ich eine Gruppe von Senatoren, die sich mit den Handelsbeziehungen zwischen Ost und West beschäftigten, auf einer Reise nach Moskau, Prag und Warschau.

Nach der Ankunft in Warschau faßte ich aus einer plötzlichen Regung heraus den Entschluß, meine Heimatstadt zu besuchen.

Der amerikanische Botschafter, dem ich ohne eine weitere Erklärung sagte, wohin ich wollte, stellte mir einen Wagen mit Chauffeur zur Verfügung. Bei trübem Wetter kam ich in Bialystok an. Die Stadt war nur noch ein Schatten dessen, was sie einst gewesen war.

Ich wollte das Grab meines Vaters suchen. Aber wen sollte ich danach fragen?

Von den sechzigtausend Juden, die vor dem Krieg in Bialystok gelebt hatten, waren sicher nur noch eine Handvoll am Leben. Und die anderen Bewohner hatten keinen Grund, sich zu erinnern.

Es wurde schon dunkel, als ich bei meiner Suche in ein großes Heim für Taubstumme geriet. Es lag ein wenig außerhalb der Stadt. In einem sonderbaren, nur mit Hilfe von Gebärden geführten Gespräch zeigten sie mir eine Richtung an, und ich stieß auf ein unauffälliges Denkmal, das von einer dicken

Schneedecke verhüllt war: ein einfaches Kreuz mit einer Inschrift, aus der hervorging, daß hier, an dieser Stelle, mehrere Gruppen von Menschen, Gefangene der Gestapo, getötet worden waren. Wahrscheinlich lag auch mein Vater unter diesem Kreuz begraben.

In der Stadt entdeckte ich noch einige Spuren der Vergangenheit. So zum Beispiel die Kirche, deren Glockenturm sich in meiner Erinnerung hoch in den Himmel reckte. Wie bescheiden er mir jetzt vorkam!

Ich wies dem Fahrer den Weg zu meinem Elternhaus.

Kinder liefen hinter der großen schwarzen Limousine her, als wir in den Hof fuhren. Das Haus kam mir immer noch groß vor, obwohl ich es nun mit Erwachsenenaugen sah. Der Garten war verschwunden, aber es existierte noch der Teich, wo Frida immer die Enten gefüttert hatte. Ich fand auch den kleinen Seitengang wieder, wo mein Vater mir das Radfahren beigebracht hatte, wo er mir gesagt hatte, ich dürfe keine Angst im Dunkeln haben. Das Haus war heruntergekommen, aber aus dem Schornstein stieg eine dünne Rauchfahne auf.

«Wer wohnt hier?» fragte ich die Kinder, die um mich herumstanden.

Die Namen, die sie mir nannten, sagten mir nichts.

«Und was ist mit den früheren Bewohnern geschehen?»

Ein älterer Mann kam heran: «Alle von den Nazis umgebracht.»

«Alle?»

«Alle, bis auf einen», sagte der Alte. «Einer, ein kleiner Junge, hat es offenbar überlebt. Es hat irgend etwas über ihn in der Zeitung gestanden. Er arbeitet anscheinend in Washington.»

Ich wandte mich schnell ab, ich wollte mir meine Bewegung nicht anmerken lassen. Wenn ich dem Schmerz, den ich so beharrlich verdrängt hatte, Jahr um Jahr, auch nur im geringsten nachgab, würde er mich lähmen. Nein!

Ich stieg wieder in den Wagen und bat den Chauffeur, schnell nach Warschau zurückzufahren. Und ich schloß die Augen, um den Alptraum zu vertreiben.

3

Zu Tausenden standen wir, in Gruppen angetreten, auf einem riesigen Feld, vor einem langen Zug von Viehwagen, deren Türen geöffnet waren.

Nach endlosem Warten erhielt eine Gruppe nach der andern den Befehl, das Feld im Laufschritt zu überqueren und in den ihr zugewiesenen Waggon einzusteigen. Um die Türen zu erreichen, mußte man eine Reihe von SS-Männern passieren, die mit Stöcken bewaffnet waren und auf die Gefangenen einschlugen.

Einige von den Gefährten, die besonders heftig getroffen worden waren, gerieten ins Wanken und stürzten unter den Schlägen zu Boden. Manche bemühten sich noch verzweifelt, wieder auf die Beine zu kommen, brachen aber gleich darauf mit zerschmettertem Schädel zusammen.

Nun war ich an der Reihe.

Ich lief los.

Die Stöcke sausten auf meinen Rücken nieder, auf meinen Kopf. Ich lief geduckt weiter, in der einen Hand den kleinen Koffer, die andere schützend über dem Kopf. Ich taumelte vor Schmerzen. Das Blut strömte mir über das Gesicht. Ich sah nichts mehr. Aber ich mußte, ich mußte weiterlaufen, um jeden Preis.

Endlich erreichte ich den Waggon. Er erschien mir wie eine Zuflucht.

Als der Waggon vollgepfercht war, wurden die schweren Schiebetüren geschlossen. Dunkelheit umhüllte uns.

Mehrere Stunden lang geschah nichts. Dann setzte sich der Zug langsam in Bewegung.

In dem engen Raum, wo wir halb übereinander geschichtet waren, wurde es bald unerträglich stickig. Ich konnte erst wieder etwas leichter atmen, als ich einen kleinen Spalt zwischen den Brettern fand und die Nase daran preßte.

Die Angst und die Unruhe schnürten manchen die Luft ab. Einige, die bereits besonders geschwächt waren, brachen zusammen. Merkwürdigerweise empfand ich keine Furcht.

Ein paar Männer, denen auffiel, daß ich jünger und sehr viel leichter war als die anderen, ließen mich auf ihre Schultern klettern, damit ich an eine der beiden kleinen Luken herankam, die sich an beiden Enden des Waggons befanden. Ich konnte den Kopf hinausstecken und sollte Bescheid sagen, wenn der Zug durch eine Gegend fuhr, die für einen Versuch abzuspringen geeignet sein könnte.

Hin und wieder ließ man mich auf mein Zeichen schnell herunter. Und dann zwängte sich ein Mann durch die Luke und stürzte sich hinaus.

Meist hörten wir unmittelbar darauf die langen Salven der Maschinengewehre, die auf den Dächern einiger Waggons postiert waren.

Einigen wenigen gelang die Flucht. Die meisten jedoch wurden getroffen und sanken gleich neben dem Bahndamm zu Boden.

Angesichts dieser blutigen Aussichten hörten die Fluchtversuche sehr bald auf.

Als der Zug das erste Mal anhielt, wurden die hinteren Waggons, in denen sich die Frauen und Kinder, also auch meine Mutter und meine Schwester befanden, abgekoppelt. Sie entschwanden im morgendlichen Dunst in einer friedlichen grünen Landschaft, in der es einen gewaltigen Eisenbahnknotenpunkt mit einem primitiven Schild gab: Treblinka.

All diese langen Züge, die langsam, wie der unsere, durch Europa fuhren, zu den Vernichtungslagern – wie viele von den Menschen, die sie vorbeifahren sahen, ahnten, was für eine Fracht sie enthielten?

Diese Deportationszüge, die nicht vorrangig abgefertigt wurden wie die Militärtransporte, blieben oft stundenlang und manchmal tagelang auf Abstellgleisen stehen.

Da standen sie, immer der sengenden Sonne oder der eisigsten Kälte ausgesetzt – nein, es war unvorstellbar, daß sie verderbliche Güter beförderten.

Ein paar Meter von diesen Waggons entfernt ging das Leben weiter, das normale Leben, während hinter diesen unbarmherzig verschlossenen Türen Tausende von zusammengepferchten Menschen in äußerster Verzweiflung elend dahinstarben.

Männer, Frauen, Kinder durchlitten dort, von ihren Familien getrennt, ihre letzten Augenblicke, und das einzige, was sie an die Welt draußen erinnerte, waren die dumpfen Schritte eines Postens, der auf dem Bahndamm hin- und herging und auf seine Ablösung oder die ungewisse Weiterfahrt des Zuges wartete.

Wer hätte sich vorstellen können, daß diese wie Vieh behandelten Menschen, diese armseligen, ohnmächtigen Jammergestalten den strahlendsten aller postumen Siege vorbereiteten?

Diese Schatten ohne Grabmal, diese Opfer des größten Massenmordes in der Geschichte, appellieren noch heute und bis in alle Ewigkeit an diejenigen, die ihre Pflicht, Mensch zu sein, immer noch versäumen: die Demokraten, weil sie zu lasch, die Totalitären, weil sie verblendet sind.

Die Opfer haben damals den Staat Israel geschaffen. Sie haben ihn bevölkert, bewaffnet, verteidigt.

Als ich 1967 eines Abends nach Hause kam, in meine Pariser Wohnung, sah ich das unglaubliche, unvorstellbare Ereignis im Fernsehen: die Befreiung der Klagemauer in Jerusalem. Ich sah die israelischen Soldaten, die am Fuße dieses Heiligtums, dieses Symbols von soviel Leid und Hoffnung beteten.

Plötzlich brach ich, der ich mich sonst immer in der Gewalt habe, in Tränen aus.

Die Erinnerung an das, was ich erlebt hatte, und die tausendjährigen Erinnerungen des Volkes, dem ich angehörte, hatten in einem Gefühl Ausdruck gefunden, das mich übermannte. Ja, an diesem Tag hatten die Züge nach Treblinka, nach Maidanek und nach Auschwitz endlich ihr wahres Ziel erreicht.

«Diese Züge! Diese Transporte! Diese Bestimmungsorte!» Golda Meir, die Ministerpräsidentin, zieht tief bewegt an ihrer unvermeidlichen Zigarette. Sie schien, während ich ihr in ihrem bescheidenen Haus in Tel Aviv zuhörte, die ganze Last der Tragödie auf ihren schwachen Schultern zu tragen.

Bei unserer ersten Begegnung Anfang der siebziger Jahre hatte sie mir selbst die Tür geöffnet, als der Regierungswagen, der mich zu ihr brachte, vor ihrem Haus eintraf. Es war ein Herbstabend.

«Was, ohne Mantel? Du wirst dir eine Lungenentzündung holen!»

Mein Gott, dachte ich, wie meine Großmutter! Die Verkörperung der vielen tausend Großmütter, die von jenen Zügen zu den Gaskammern gebracht worden waren.

«Was repräsentiert denn dieser arme Staat Israel?» sagte sie. «Was ist denn der Sinn unseres ganzen Unternehmens, unserer Opfer, wenn die russischen Juden nicht hierherkommen können, um in Freiheit und Würde zu leben? Deine Ideen über den Frieden, über die Koexistenz zwischen Ost und West haben Erfolg gehabt. Du mußt noch weiter nachdenken, das ist ungeheuer wichtig, über alles, was unserem Volk helfen könnte.»

Dann fing sie sich. «Entschuldige. Ich hatte dich mit all diesen ausländischen Persönlichkeiten in einen Topf geworfen, die mir abstrakte Analysen vorlegen, sich aber nicht an die blutigen Tragödien erinnern wollen, die so fernen und so neuen Dramen, die unablässig unsere Geschichte geprägt haben. Komm, Samuel», fügte sie auf jiddisch hinzu, «ich mache dir eine Tasse Tee.»

Angesichts dieser Mischung aus Fürsorglichkeit und Autorität begriff ich, warum sie einen solchen Einfluß auf alle ihre Kinder ausübte. Sie, ein Fels von Mut, war entschlossen, bis zuletzt dafür zu kämpfen, daß jene Züge nie wieder rollten.

Zweiundsiebzig Stunden blieben wir in unserem Waggon eingeschlossen. Ohne Essen und ohne Wasser. Und so dicht gedrängt, daß wir uns kaum rühren, kaum eine Bewegung machen konnten. Die Kräfte ließen nach, die Moral sank. Man lebte buchstäblich in einer Kloake, in einem bestialischen Gestank, jeder Möglichkeit, frische Luft zu atmen, beraubt. Geschwächt und gedemütigt stellte man sich am Ende nur noch eine Frage: Wie viele Stunden bleiben mir noch?

Als der Zug hielt und die Türen geöffnet wurden, waren viele der Männer tot.

Sie waren elend zugrunde gegangen, totgetreten von ihren

Gefährten oder verdurstet. Die Masse bläulicher Leichname breitete sich wie Lava aus.

Es war Nacht, und die Überlebenden standen wie betäubt da, geblendet vom grellen Licht der Scheinwerfer. Ich sah einen Kordon von SS-Männern mit mehreren Polizeihunden.

Ein kurzer Befehl, und die Hunde sprangen in den Waggon. Innerhalb weniger Sekunden wurden einige Nachzügler buchstäblich zerrissen vor unseren entsetzten Augen.

Auf der Rampe herrschte Panik. Ich hörte Schläge, Schreie. Meinen kleinen Koffer fest an mich gepreßt, hatte ich, über Tote stolpernd und von allen Seiten gestoßen, den Ausgang erreicht.

Die Aufregung und das wütende Gedränge nahmen immer mehr zu: die Männer waren erschöpft von dem tagelangen Transport, sie waren am Verdursten, und sie wußten, daß ihnen ein baldiger Tod sicher war.

Ich hielt mich ein wenig abseits. Ich hatte wie sie begriffen, wo ich mich befand und was uns erwartete. Aber diese Aufregung erschien mir auf tragische Weise vergeblich. Ich hatte nur einen Gedanken: Wasser.

Ich näherte mich einem SS-Posten, der auf der anderen Seite des Stacheldrahts stand. Er richtete seine Maschinenpistole auf mich.

Ich holte aus meinem Koffer ein kleines Päckchen, das meine Mutter mir bei unserem Abschied gegeben hatte. Darin waren die Uhr und der Siegelring meines Vaters. Ich zeigte beides dem Nazi. Er sah mich an.

«Wirf her!»

«Ja – wenn Sie mir Wasser bringen.»

«Wirf her, oder ich schieße.»

«Nein, erst das Wasser.»

Ich hatte mir meine entschlossene Antwort wohl überlegt.

Ich wußte, er konnte mich töten, aber dann würde er seine Beute nicht bekommen, weil ich auf der anderen Seite des Zauns stand.

Er ging fort. Und kam nach einigen Minuten wieder, mit einer vollen Flasche.

Dieses Wasser, sagte ich mir, würde mir vielleicht vorerst das Leben retten, aber es war ratsam, sparsam damit umzugehen. Ich hob die Flasche an die Lippen und trank einen großen Schluck, dann einen zweiten . . .

Ein Aufschrei. Männer stürzten von allen Seiten her brüllend auf mich zu.

Ich überließ die Flasche dem ersten besten und sprang zur Seite. Die Männer fingen an sich zu prügeln, die Flasche fiel zu Boden und zerbrach.

Darauf warfen sie sich verzweifelt und wie von Sinnen auf die Knie und leckten gierig die feuchte Erde.

Zwei amerikanische Spezialisten für Probleme der Übervölkerung, die Brüder William und Paul Paddock, haben vor nicht langer Zeit eine Theorie entwickelt, die lebhaftes Echo auslöste.

Sie meinten, man solle die «unterentwickelten» Länder in zwei Kategorien einteilen: diejenigen, denen man helfen müsse, und diejenigen, die man ihrem Schicksal überlassen solle. Die Kriterien, die sie aufgestellt hatten, um ihre «Selektion» zu rechtfertigen, waren rein utilitaristischer Natur. Ihrer Ansicht nach sollte die zwangsläufig begrenzte Hilfe des Westens nur den Ländern zukommen, die imstande seien, uns bei der Verfolgung unserer strategischen oder wirtschaftlichen Ziele zu unterstützen. Welch eine Tragödie für ein armes Land, sich gehorsam anzustellen, um sich der Demütigung einer solchen «Selektion» zu unterziehen! Wird man es als zu schwach befinden – als untauglich, den Interessen der Hilfe leistenden Länder zu dienen – und es zum Verfall, zum Tode verurteilen? Ich kenne diese Angst nur zu gut. Zwischen meinem ersten Lager, Maidanek, und meiner Ankunft in Auschwitz habe ich vier solche «Selektionen» durchgemacht. Viermal stand ich an der Weiche zum Tod oder zum Leben.

Beim erstenmal bin ich noch ahnungslos. Ein paar Stunden nach Verlassen des Zuges erhielten wir den Befehl, uns zu entkleiden und unsere Sachen zusammengelegt zurückzulassen. Wir könnten sie uns wieder abholen, wenn wir geduscht hätten.

Die lange Reihe nackter Männer bewegt sich ruckweise vorwärts – im Rhythmus der Befehle eines SS-Offiziers, der hinter einem Tisch sitzt. Er wirft einen schnellen Blick auf jeden Mann, der an ihm vorbeigeht, und stößt jedesmal nur ein Wort hervor: «Links!» Oder: «Rechts!»

Ein paar Meter vor mir erkenne ich in einer gebeugten Gestalt den alten Dr. Kaplan, unseren Hausarzt, der mich auf die Welt geholt hat. Ich gehe ein paar Schritte vor, bis ich in seiner Höhe bin. Der fünfundsechzigjährige Mann hält einen breiten Gürtel in der Hand.

Der SS-Offizier, der die Selektion vornimmt, zeigt auf den Gürtel in der Hand des Arztes: «Was ist das?»

«Ich habe einen Bruch, und der Gürtel dient mir als Bruchband.»

Der Deutsche nickt mit verständnisvoller Miene und sagt mit gleichmütiger Stimme: «Legen Sie ihn dorthin, und stellen Sie sich links an. Sie bekommen ihn nachher wieder.»

Gleich darauf sieht er mich an und fragt überrascht: «Wie alt bist du?»

«Achtzehn. Ich bin ein bißchen klein, aber sehen Sie mal, wie stark ich bin.»

«Rechts.»

«Kann ich nicht mit dem Doktor nach links gehen?»

Der Befehl wird barsch wiederholt: «Rechts!»

Dr. Kaplan hat das eigentliche Lager nie betreten.

Die Alten, die Kranken, die Schwachen und selbst die Pickligen, alle, die sich der linken Reihe anschließen mußten, wurden sofort vergast.

Nicht lange darauf, als man mich nach Auschwitz verlegt hatte, machte ich erneut eine Selektion durch. Sie wurde von Dr. Mengele vorgenommen, dem Mann, der für seine pseudomedizinischen Experimente an Häftlingen traurig berühmt wurde. Mit unsicheren Schritten rückt man in der Schlange vor, angstvoll, ohne zu ahnen, wie das Urteil lauten wird, auf welcher Seite man sich einreihen muß, ob das «Links!» oder «Rechts!», das einem befohlen wird, Leben oder Tod bedeutet.

Ein paar Sekunden wird man gemustert, taxiert. Man versucht, aus dem Blick, aus den Gesten des Mannes, der da über Leben und Tod entscheidet, etwas herauszulesen – ein gutes Zeichen, eine Chance. Aber seine Augen bleiben starr, seine Stimme gleichmütig, fast traurig.

Hin und wieder unterbricht er den Rhythmus und hält inne, um lange an seiner Zigarette zu ziehen, ehe er sein Urteil über den vor ihm wartenden Häftling fällt.

Wer diese «Selektionen» überlebt, gehört zur Elite der Lagerwelt.

Es ist eine Welt, in der die Schwachen, die Frauen, die Kinder, die Armseligen ausgemerzt sind . . . Eine trügerische Welt, in der man ein paar Tage, ein paar Wochen, ein paar Monate lebt – das Vorzimmer des Todes.

Wie alle, die die erste Probe bestanden hatten, bekam ich in Maidanek primitive Holzschuhe, eine Mütze, eine Jacke und eine Hose aus gestreiftem Baumwolldrillich und einen Blechnapf, den ich am Gürtel tragen mußte.

Man schor uns den Schädel kahl und pferchte uns in Barakken, wo jeder nur ein Brett zum Schlafen hatte.

Sehr schnell fand ich heraus, daß die Gesten, die Haltung, die uns aufgezwungen wurden, unsere physische und moralische Vernichtung zum Ziel hatten.

Ich mußte mich mit aller Kraft, die mir noch blieb, darum bemühen, diesen Verfall aufzuhalten. Das war von nun an mein einziger Gedanke.

Trotz der Nähe des Todes und trotz der sadistischen Aufseher war der Hunger die härteste Probe.

Ein quälender, unablässiger Hunger. Die Kräfte schwanden unaufhaltsam dahin, und eine fixe Idee verdrängte alle anderen Gedanken: essen, essen, einerlei was und einerlei wo.

Wenn die Pfeife ertönt, stellt man sich an. Vorsichtig hält man seinen Napf hin. Eine ekelerregende, lauwarme Flüssigkeit wird hineingeschüttet. Man hält seinen vollen Napf wie ein kostbares Juwel in den Händen, während man sich einen Platz sucht, wo man in Ruhe seine Suppe trinken kann. Man schließt die Augen, man schlürft in winzigen Schlucken, weil man diese Augenblicke, in denen man sich einbildet, etwas für sein Überleben zu tun, um jeden Preis verlängern möchte.

Ich erinnere mich noch ans erste «Essenfassen» nach meiner Ankunft im Lager. In meinem Topf schwamm eine widerliche Brühe, die wie Teer aussah und auch so roch.

Ich betrachtete sie lange voller Mißtrauen und Abscheu. Der Hunger peinigte mich noch nicht so sehr, und ich dachte leichtsinnigerweise, ich könnte diese eine Ration auslassen, morgen sei noch Zeit genug, um mich an diese ekelhafte Kost zu gewöhnen.

Ein rund fünfzigjähriger Häftling, der mir gegenübersaß,

hatte mein Zögern, meinen Widerwillen bemerkt. Er beugte sich vor: «Hör zu, mein Sohn», sagte er. «Du möchtest doch eines Tages hier rauskommen, wie? Du willst doch noch ein bißchen leben, oder? Also, dann überleg nicht lange, iß! Oder gib es mir.»

Wie recht er hatte . . . Die Entbehrungen, denen man ausgesetzt war, schwächten den Organismus so sehr, daß eine einzige ausgelassene Ration den Tod bedeuten konnte.

Wie kann man anderen die Besessenheit begreiflich machen, das Zerstörerische dieses Kampfes ums nackte Überleben, der in jedem Augenblick geführt werden mußte? Wie kann man so etwas den heute mit Verantwortung betrauten Menschen begreiflich machen, deren einziges Dilemma bei Tisch vielfach darin besteht, daß sie auf die Frage des Obers, wie sie ihr Steak gebraten haben wollen, reagieren und ihre Wahl treffen müssen.

Maidanek, das erkannten wir bald, war ein reines Vernichtungslager.

Ein schrecklicher Gestank erinnerte uns in jedem Augenblick an die Nähe des Todes. Der Rauch und die Flammen, die aus den hohen Ziegelschornsteinen am anderen Ende des Hofes ausgespien wurden, verbreiteten den Geruch der in die Verbrennungsöfen geworfenen Leichen über das ganze Lager.

Selbst die ungläubigsten unter den Deportierten mußten es sich eingestehen: Hier war wohl keine Hoffnung mehr.

Tag für Tag, jeden Morgen und jeden Abend, wurden die Reihen der zum Appell angetretenen Männer grausam gelichtet. Die ausgesonderten Häftlinge mußten heraustreten und sich neu aufstellen. Die Lagerleitung setzte alles daran, um die festgesetzten Vernichtungsquoten genau einzuhalten.

Jeden Morgen und jeden Abend mußten wir zum Appell

antreten. «Stillgestanden! Müt . . . zen ab! Müt . . . zen auf! Korrigieren!» Zehntausende befolgten diese Kommandos wie ein Mann.

Eines Abends, nach einem endlosen Appell, ertönte der Befehl: «Alle, die von Beruf Schneider sind, bleiben hier. Die anderen wegtreten!»

Mein Instinkt riet mir, mich nicht von der Stelle zu rühren. Wenn sie Schneider brauchen, dachte ich, werden sie sie am Leben lassen.

Der Offizier, der die Reihen abschritt, musterte mich mit einem abschätzigen, skeptischen Blick. «Du willst Schneider sein?»

«Nein, Herr, Schneider bin ich nicht.»

«War dein Vater Schneider?»

«Ja, und mein Großvater auch. Ich war der Knopflochmaschinist.»

«Knopflochmaschinist? Was ist das?»

«Das ist der, der die Knopflöcher macht. Mit einer sehr großen und komplizierten Maschine. Versuchen Sie mal, Knopflöcher mit der Hand zu nähen, dann werden Sie sehen, wie lange das dauert. Mit der Knopflochmaschine dauert es nur eine Minute. Man arbeitet Hand in Hand mit dem Schneider.»

In Bialystok war in einem der Häuser, die meinem Vater gehörten, eine Schneiderwerkstatt gewesen, in der, wie mir plötzlich wieder eingefallen war, eine Maschine zum Ausstanzen und Nähen von Knopflöchern gestanden hatte. Wenn ich nach der Schule den Schneider besuchte, durfte ich immer ein paarmal auf die Fußhebel treten und irgendwelche Löcher stanzen, weil mir das so großen Spaß machte. Die Logik meiner Geschichte – Schneider und Knopflochnäher ergänzen einander – leuchtete dem SS-Offizier ein.

Mit einer Handbewegung forderte er mich auf, mich bei den

Schneidern aufzustellen. Auf der Seite der Lebenden.

Zum zweitenmal innerhalb weniger Wochen hatte mein Instinkt mir das Leben gerettet.

Als ich an diesem Abend auf meiner Holzpritsche lag, kam ich mir wie der junge Joseph in der Bibel vor. Allein und ganz auf sich gestellt hatte er in Ägypten auf Mittel und Wege sinnen müssen, um am Leben zu bleiben. Der Pharao hatte im Traum sieben fette und sieben magere Kühe gesehen. Gab es in seinem Königreich irgend jemanden, der diesen Traum deuten konnte? Joseph beschloß, sich als Traumdeuter zu betätigen – und rettete so sein Leben. Er hatte seine Knopflochmaschine erfunden . . .

Am nächsten Tag wurde ich zusammen mit den Schneidern abtransportiert. Nach zweitägiger Fahrt kamen wir in Blizin an, einem Ort, der bei den Menschen, die den KZ-Archipel der Nazis bevölkerten, traurige Berühmtheit erlangte. Es war ein Arbeitslager, das in der trostlosesten Gegend lag, die ich je kennengelernt habe – öde, flach, steinig, von unbarmherzigen Winden heimgesucht.

Nach einer Nacht im Freien wurden wir in die größte Werkstatt gebracht, wo Uniformen für die deutsche Wehrmacht hergestellt wurden.

Und dort erblickte ich – in einem gestreiften Sträflingsanzug, wie ich ihn trug, und mit kahlgeschorenem Schädel wie ich – meinen Freund Ben. Er stand an einem Tisch, mit dem Rücken zu mir. Aber es war kein Zweifel möglich, er war es.

«Benek!»

Er fuhr herum.

«Mula!»

Ich hatte nicht mehr gewußt, daß seine Augen so groß waren. In den wenigen Monaten, die wir uns nicht gesehen hatten, war er um Jahre gealtert. Wir umarmten uns unter Tränen und fragten einander beide gleichzeitig: «Wie hast du es geschafft, daß du . . .»

Wir konnten nicht lange miteinander reden. Der Vorarbeiter kam angerannt und schlug ihn mit der Peitsche.

Man trieb mich zur Arbeit an, die darin bestand, gebrauchte Uniformen zu sortieren, die gewendet und neu zusammengenäht werden sollten.

Ben, der sich in dem Lager bereits auskannte, brachte es irgendwie fertig, daß ich seiner Baracke zugeteilt wurde.

Am Abend erzählte er mir, daß er direkt vom Getto in Bialystok nach Blizin deportiert worden war. Auch er war, wie ich, von seiner Familie getrennt worden.

Ich sagte ihm, ich sei überzeugt, daß man meine Mutter und meine Schwester gleich am Anfang umgebracht habe. Ich hatte die Waggons mit den Frauen und Kindern gesehen, die in Treblinka von unserem Zug abgekoppelt worden waren.

«Was für ein Recht haben wir zu leben, wenn alle unsere Angehörigen vernichtet worden sind?» fragte ich ihn niedergeschlagen.

Er fiel mir heftig ins Wort: «Aber du hast nicht den geringsten Beweis! Und wenn sie nun doch noch leben? Du hast kein Recht zu sterben!»

Gleich darauf gestand er mir jedoch, daß auch er an Selbstmord gedacht hatte. Aber jetzt, wo wir wieder zusammen seien, müßten wir solche Gedanken vertreiben, sagte er. Zusammen könnten wir mehr für unser Überleben tun als ein erwachsener Mann. Wir schworen einander feierlich, alles zu teilen, das Unmögliche zu versuchen, um beisammen zu bleiben und am Leben zu bleiben.

Wir mußten jede Gelegenheit ausnutzen, zu essen, uns auszuruhen, neue Tricks und Kniffe zu lernen, die uns das Leben erträglich machten. Die Vorarbeiter und Kapos waren ein übler Haufen, und wir vermieden es, ihre Aufmerksamkeit zu erregen, die den Tod bedeuten konnte.

Das Deutsch, das wir während der zwei Jahre in der russischen Schule in Bialystok gelernt hatten, war jetzt ein Geschenk des Himmels, weil wir schneller als die meisten anderen Häftlinge verstanden, worum es ging. Wir entdeckten schnell, daß es am besten war, wenn einer von uns Tagschicht und der andere Nachtschicht machte: so konnten wir uns gegenseitig unsere Kleidungsstücke geben und froren nicht so sehr. Wir beobachteten, daß die Suppe am dicksten war, wenn sie vom Grund des Kübels geschöpft wurde, und stellten uns, damit wir jedenfalls eine gute Portion bekamen, einer am Anfang und einer am Ende der Schlange an. Wir blieben möglichst immer beieinander, damit wir uns besser wehren konnten, wenn jemand uns etwas wegnehmen wollte.

Meine Mutter hatte mir in der Nacht vor unserer Trennung ein zweites Mal das Leben geschenkt. Und diese zweite «Entbindung» war für sie sicherlich die bei weitem schmerzlichere gewesen. Deshalb war es meine Pflicht, alles zu versuchen, um am Leben zu bleiben. Vielleicht würde ich dann eines Tages in Frankreich, in Amerika, in Australien, wo ihre Familie lebte, Zeugnis ablegen können . . . von der unsäglichen Erniedrigung, in die uns eine pervertierte Welt gestürzt hatte.

Mein Pakt mit Ben war besiegelt: der Wille zu leben.

4

Alexander Solschenizyns Enthüllungen über den Archipel GULAG haben überall in der Welt Erschütterung ausgelöst.

Diese Prüfungen, bei denen der Mensch, von der internationalen Gemeinschaft im Stich gelassen, dem Schrecken preisgegeben und ständig von Vernichtung bedroht, nur noch seinen Lebenswillen wert ist, seine wider jede Vernunft, wider jede Logik aufrechterhaltene Hoffnung – diese Prüfungen habe auch ich kennengelernt, ich habe sie selber erlebt. Und ich durchlebe sie noch einmal, wenn ich Solschenizyn lese.

Ich spüre, daß mich mit dem großen Russen etwas verbindet, ein Band der Brüderlichkeit. Aber diese Verbindung ist nicht frei von Widersprüchen.

Denn wenn der totalitäre Staat auch immer und ewig dieselbe schändliche Bestie ist, so ist der Archipel GULAG doch nicht das gleiche wie Auschwitz, ist der Kommunismus nicht der Bruder des Nazismus.

Außerdem ist inzwischen noch eine andere Dimension hinzugekommen: unsere Welt lebt gegenwärtig unter der Drohung der atomaren Vernichtung.

Als kürzlich die *Prawda*, die maßgebliche sowjetische Tageszeitung, zahlreiche «positive Elemente» in meiner These über «die Waffen des Friedens», die wirtschaftliche Integration von Ost und West, erkennen wollte und sie als Beitrag zur Entspannung wertete, war ich nicht weiter erstaunt.

Doch als Solschenizyn, der unerbittlichste Kritiker der Politik des Kreml, ebenfalls schrieb, «Pisar sieht richtig», war ich freudig überrascht.

Obwohl wir über die Notwendigkeit der Koexistenz ganz und gar nicht der gleichen Meinung sind, ist das, was mich mit diesem Propheten verbindet, unendlich viel stärker als unsere divergierenden Standpunkte. Wir kommen beide aus dem gleichen Scherbenhaufen. Wir sind beide Zeugen und Opfer einer unter ideologischen Vorzeichen errichteten Schreckensherrschaft geworden und haben beide in der Hölle gelebt, er mit dreißig Jahren, ich als Junge, halb so alt wie er. Unsere tiefgründigsten Gedanken treffen sich ganz natürlich in allem, was wesentlich ist.

Wir wissen auch beide, daß es uns nie gelingen wird, den «anderen» das absolute Grauen des Lebens in der Welt der Lager begreiflich zu machen, das uns von zwei totalitären, brudermörderischen Ideologien aufgezwungen wurde.

Ich habe fasziniert seinen Roman «Ein Tag im Leben des Iwan Denissowitsch» gelesen. Diese Chronik des Lageralltags – ja, sie ist auch die meine. Die Einzelheiten, die von den sowjetischen Häftlingen erlebten oder durchlittenen Episoden sind die gleichen, die ich durchmachte. Die Atmosphäre ist nahezu identisch, geprägt von der gleichen Trauer, der gleichen Tragik.

Die Schilderung war so präzis, so genau, daß ich nichts hinzuzufügen hatte.

Dennoch gab es einen prinzipiellen Unterschied. Das Lager,

das Solschenizyn beschrieb, war schrecklich, aber es war kein reines Vernichtungslager.

Beim Lesen ertappte ich mich dabei, daß ich es fast bedauerte, nicht an der Seite Iwan Denissowitschs gelebt zu haben, und sei es nur einen Tag lang. Es wäre eine Atempause gewesen! Er und seine Gefährten warteten auf einen Brief, auf Pakete von ihren Familien oder von Freunden, die immerhin noch am Leben waren. Sie erhielten Post, sie bekamen Besuch – selten, zugegeben, aber welch ein Trost, wenn es noch ein Band gibt, das einen mit der Welt draußen verbindet, und sei es noch so dünn! Eine Quelle der Kraft, die wir in Auschwitz nicht besaßen.

Es ist mir durchaus bewußt, wie traurig solche makabren Vergleiche zwischen dem schlimmsten Todeslager der Nazis, das ich überlebte, und dem düsteren Lager, aus dem Solschenizyn entlassen wurde, sind. Denn das Entscheidende ist doch, daß diese beiden entsetzlichen Institutionen uns nach wie vor in unserer Erinnerung, in unseren Gedanken verfolgen. Es kommt darauf an, solche Methoden für immer zu eliminieren – um jeden Preis. Um jeden Preis!

Aber wir müssen handeln, um diese Relikte der Barbarei, wo immer sie noch bestehen, endgültig zu beseitigen, und wir müssen vor allem versuchen zu verhindern, daß sie sich in all den Ländern, wo sie sich heute drohend ankündigen, wiedererstehen. Das ist unsere Aufgabe – die Aufgabe der Überlebenden.

Auschwitz, wohin man Ben und mich abtransportiert hatte, zusammen mit mehreren hundert anderen Häftlingen, die sich ebenfalls weigerten, an Entkräftung zu sterben, war ein Ort, der einzig und allein zur Vernichtung von Menschen bestimmt war. Bei unserer Ankunft war ich beeindruckt von der gewaltigen Ausdehnung des Lagers. Es war ein Meisterwerk des Gigantismus mit streng geometrisch angeordneten Barackenreihen und Straßen.

Nur der ekelhafte Geruch von verbranntem Fleisch widersprach dem Verlangen nach mustergültiger Sauberkeit und Ordnung, das die Erbauer dieses Lagers inspiriert zu haben schien.

In Blizin hatten wir uns bei Tagesrationen von sechshundert Kalorien zu Tode schuften müssen – das absolute Minimum für einen Schwerarbeiter liegt bei 2500 Kalorien täglich.

Aber Blizin war ein Arbeitslager gewesen – wenn man starb, dann an Hunger, an der Ruhr, an Typhus oder durch Gewalt. Es hatte dort weder eine Gaskammer noch ein Krematorium gegeben – keinen organisierten Tod.

In Auschwitz, dem Zielort riesiger Transporte aus allen Ländern Europas, waren die Hunderttausende von Deportierten, die hier das Lager füllten, bereits die Überlebenden mehrerer Selektionen. Sie waren der Rest . . .

Ich fühlte mich verloren und verängstigt in dieser riesigen Barackenstadt. Ich irrte zwischen den zahllosen Häftlingen umher, anonymen Nummern, bis ich eines Tages in der Menge ein vertrautes Gesicht entdeckte. Ich starrte den Mann, der in der Nähe des Stacheldrahts stand, lange sprachlos an.

Nein, es gab keinen Zweifel. Ich erkannte ihn jetzt ganz deutlich. Es war ein guter Freund meiner Eltern, der in Bialystok oft in unserem Haus zu Gast gewesen war. Er hatte Frida und mir immer kleine Geschenke mitgebracht. Und er ist hier, im Lager! Ich bin also nicht mehr so allein. Ich rannte auf ihn zu und rief ihm froh entgegen: «Heniek!»

Er drehte sich um und musterte mich kühl. «Hau ab! Laß mich zufrieden!»

Ich war jetzt ganz nahe bei ihm. Ich streckte linkisch die Hände aus, verlegen, fast beschämt.

«Aber ich will doch gar nichts von dir, ich wollte nur mit dir reden!»

Er wandte den Kopf ab und murmelte barsch: «Verschwinde!»

Ich stand wie versteinert da, wie vor den Kopf geschlagen von dieser Härte.

Ein wenig später habe ich sein Verhalten verstanden. Es war schon schwer genug, für das eigene Überleben zu sorgen! Auschwitz forderte, daß man auf jedes Gefühl und jede Herzensregung verzichtete. Der Mann hatte gefürchtet, ich könnte ihm zur Last fallen, ich könnte ihm vielleicht einen winzigen Teil seiner Chance rauben. Es war schrecklich, doch indem er mich zurückstieß, hatte er mir blitzartig eine außerordentlich wichtige Lektion erteilt.

Diese Lektion entdeckte ich viele Jahre später in Gestalt eines chinesischen Sprichworts wieder. Ich mußte es mehrere Male lesen, so verblüfft war ich, wie genau es meine Erfahrung widerspiegelte:

> «Wenn du einem Menschen einen Fisch gibst,
> Ißt er einmal.
> Wenn du ihn fischen lehrst,
> Wird er sein Leben lang essen.»

Heniek, der mir jeden Trost verweigerte, gehört so zweifellos mit zu denen, die mir das Leben retteten: er lehrte mich fischen – mich allein auf mich zu verlassen.

Ich mußte meinerseits jede Empfindlichkeit, jedes Schamgefühl ablegen. Ich mußte, obwohl ich noch ein Kind war, Härte lernen, um mich in der unbarmherzigen Welt der Erwachsenen durchzusetzen. In einer Welt, deren Realität man nie begreift, wenn man von so abstrakten Begriffen wie Mut, Ehre, Würde ausgeht. Solcher Luxus nützt einem dort nichts. In einer solchen Situation fragt und überlegt man nicht lange. Das einzige, was zählt, ist der besessene, zähe und beharrliche Wunsch, irgendwie zu überleben. Ich wurde sehr schnell mißtrauisch und vorsichtig.

Natürlich galt die Lektion, die Heniek, der Freund meiner Eltern, mir erteilt hatte, nicht für Ben. Wir hielten fester zusammen denn je. Auch Ben hatte keinen Erwachsenen, mit dem er sprechen konnte.

Und dann, nach vier Monaten im Lager, machten wir eine Ausnahme und setzten uns über unsere Regel des allgemeinen Mißtrauens hinweg, indem wir Nico in unser Bündnis aufnahmen.

Nico kam aus Rotterdam. Er war achtundzwanzig. Er hatte seine alten Eltern am Lagereingang zurücklassen müssen. Er wußte – wie ich es von meiner Mutter und meiner Schwester wußte –, daß sie vergast worden waren.

Durch seine geschmeidige und elegante Art stach er von der Masse der Gefangenen ab. Sein scharfer, ironischer Blick verriet eine schnelle Auffassungsgabe, die ihn gegen die unvorhergesehensten und die gefährlichsten Situationen wappnete. Er wurde also der Dritte in unserem Bund, ein tatkräftiger und einfallsreicher Mitstreiter in unserem täglichen Kampf. Er sprach wie wir ganz gut Deutsch, mit einem kehligen holländischen Akzent.

In seiner nüchternen, praktischen Art paßte er gut zu uns. Nico war neben Ben mein zweiter Freund im Lager geworden. Er wurde mein Bruder fürs Leben.

Kein Bett, keine Laken, keine Decke, sondern einfach nur Holzpritschen. Und man muß sie mit anderen teilen – Leidensgenossen, die man zwangsläufig als lästig empfindet. Man legt sich fröstelnd, mit den Zähnen klappernd in seiner durchnäßten Häftlingskleidung schlafen. Der Tag ist erfüllt gewesen von

Schlägen, von anstrengender Arbeit und Anspannung, von dumpfer Angst vor der nächsten «Selektion», die einen vielleicht in die Gaskammern bringen wird. Man schläft schlecht, man denkt an das Leben draußen, aber ohne große Hoffnung.

Aber mit keinem der Mitgefangenen kann man seine Ängste teilen. Und doch sind es die gleichen Ängste bei allen denen, die in diesen Enklaven des Todes leben.

Krankheit höhlt einen aus, zermürbt einen. Jeden Morgen mustert man die Gesichter der anderen ringsum und versucht, ihren Verfall mit der Verschlechterung des eigenen Zustands zu vergleichen.

In der Mitte des Blocks steht ein großes Becken, in das die Häftlinge urinieren können; schon um Mitternacht ist es voll und läuft über: der Urin ergießt sich in die Baracke.

Jeden Morgen wird man, ehe es Tag wird, von brüllenden Aufsehern geweckt. Sie entriegeln die Türen und verteilen blindlings Faustschläge und Stockhiebe. Man steht hastig auf, man schüttelt einen Kameraden, der noch schlafend auf der Nachbarpritsche liegt, an den Schultern, denn jede Verspätung wird bestraft.

Raustreten zum Appell! Man wendet sich ein letztes Mal dem reglos daliegenden Kameraden zu, um ihn zu drängen, ihn zu warnen, ihm zu helfen. Man faßt ihn an, man dreht ihn herum – er ist kalt, er ist tot. Aber kein Gedanke daran, daß man bei dem Toten verweilt. Die tägliche Bestandsaufnahme, der Appell, hat Vorrang vor allem andern. Es kommt auf die Sekunde an.

Unter den Befehlen, unter den schrillen Pfiffen und den Strafandrohungen der Aufseher verläßt man die Baracke, während andere den «Abfall» hinausschaffen: das Urinbecken und die Leichen der vergangenen Nacht. Denn in dieser geordneten Welt ist alles geregelt: die Toten müssen auf dem Boden aufgereiht werden, schnurgerade, wie die Reihen, in denen die Lebenden anzutreten haben.

In den Lagerstraßen sieht man jetzt Zehntausende in Lumpen gehüllter Gestalten, die geradewegs aus einer Schreckensvision des Hieronymus Bosch zu kommen scheinen, Männer mit starren, ergebenen Gesichtern. Wie Automaten, abgerichtet zu Gehorsamsgesten, zu einer Psychologie der Unterwerfung, stehen sie in militärischer Haltung da und warten darauf, daß die SS-Männer und die Kapos, diese sadistischen Kreaturen, ihre Zählung der Häftlinge beenden.

Ein Fehler, eine Laune, und das Zählen der Nummern beginnt von vorn. Diese Appelle, die zweimal täglich stattfinden, können Stunden dauern. Man steht regungslos im eisigen Wind oder in der sengenden Hitze, bei Temperaturen manchmal bis zu dreißig Grad. Und bemüht sich, unter den Blicken der SS-Männer, der Aufseher eine gute Figur zu machen – es ist lebenswichtig.

Man muß jeden Moment gegen sich selbst ankämpfen, gegen die Verzweiflung, die einen immer wieder überkommt. Manchmal denkt man: Nun bist du am Ende. Man hört die Pfiffe im Halbschlaf und denkt: Meinetwegen, ich kann nicht mehr, ich bleibe liegen. Sie machen ja doch, was sie wollen. Was nützt es, sich mit soviel Energie am Leben zu erhalten, wenn . . .

Solche Gedanken muß man auf der Stelle vertreiben. Man muß weiter schauspielern: man steht auf und nimmt erhobenen Hauptes seinen Platz in der Reihe ein, man bemüht sich – was für ein absurder Reflex! – die magere, nur noch aus Haut und Knochen bestehende Brust vorzuwölben. Um gesund zu wirken.

Wenn man zur Arbeit abmarschiert, zu einer Tätigkeit, die oft grotesk, immer aber anstrengend ist und bei der man alles tun muß, um den Strafen und Verstümmelungen zu entgehen, ist man das Musterbild des glückseligen «Untermenschen», der froh ist, überhaupt eine Beschäftigung zu haben.

In geschlossenen Reihen zieht man im Gleichschritt durch das Tor mit der Parole «Arbeit macht frei». Man fällt in die Lieder zum Ruhme des «Vaterlandes» ein, die der gesangsfreudige Kapo anstimmt – ich erinnere mich noch heute Wort für Wort an ihre Texte: «SA marschiert, mit ru-hig festem Schritt . . .»

Absoluter Gehorsam ist alles im Lager. Jede Geste des Deportierten muß von Ehrerbietung gegenüber den Vorgesetzten geprägt sein.

Man tritt respektvoll beiseite, oder man drückt sich an die Wand, wenn Angehörige der «Herrenrasse» durch die Baracke gehen. Nur kein trotziger Blick! Man braucht die unsteten, ängstlichen Augen eines Vogels. Begegnet man im Lager einem Nazi, erstarrt man sogleich, reißt sich die Mütze vom Kopf und nimmt Haltung an – im Bruchteil einer Sekunde.

Eines Tages gehe ich an einem Offizier von der Kommandantur des Lagers vorbei, ohne Haltung anzunehmen. Es ist keine herausfordernde Geste, ich habe ihn einfach nicht bemerkt. Am Abend, beim Appell, wird auch schon das Urteil verkündet. Wir stehen alle unbeweglich auf dem Platz, dem Stacheldraht und den Wachtürmen gegenüber. «Häftling Nummer B-1713 erhält fünfundzwanzig Peitschenhiebe wegen mangelnden Respekts.»

Ich werde entkleidet, angebunden, vor den Augen meiner Kameraden.

Die ersten Schläge sausen nieder; die mit kleinen Bleikugeln verlängerten Lederriemen treffen die Leistengegend.

«Eins, zwei, drei, vier, fünf, sechs, sieben . . .»

Ich habe, sei es in einer Anwandlung knabenhaften Stolzes, sei es in dem naiven Glauben, man würde es mir positiv anrechnen, keinen Schrei, keinen Laut von mir gegeben. Der SS-Mann, der mich auspeitscht, hält neugierig inne.

«Sieh da, heute abend haben wir einen Häftling, der keine Schmerzen empfindet! Da müssen wir es wohl mal anders versuchen: Sieben, sechs, fünf, vier, drei, zwei, eins.»

Dann beginnt er wieder von vorn: «Eins, zwei . . .»

Die Riemen schneiden wie Messer in meine Haut. Ich bleibe stumm. Dann höre ich, wie aus den Reihen der Häftlinge mir jemand zuruft: «Schrei, du Dummkopf. Sonst wirst du krepieren!»

Ich habe sicher über dreißig Hiebe bekommen, ehe ich das Bewußtsein verlor.

In unserer Baracke komme ich schließlich wieder zu mir. Mein Rücken ist zerfetzt, der Bauch geschwollen. Ben und Nico beobachten mich und versuchen mich zu pflegen. Die Schmerzen sind so groß, daß ich mich nicht rühren kann.

Doch in diesem Augenblick ertönt die Pfeife. Wir müssen den Block räumen.

Sie stellen mich auf die Beine. Ich schwanke. Ich versuche, mich an die Wand zu lehnen. Ich ziehe meine Häftlingskleidung über das wunde Fleisch. Die Schmerzen sind unerträglich. Ich denke, daß ich es nie schaffen werde, auch nur einen einzigen Schritt zu tun. Aber ich muß um jeden Preis meinen Platz wieder einnehmen.

Die oberste Regel, die man ständig befolgen muß, wenn man versuchen will zu überleben, lautet: Nie die kleinste Krankheit, die geringste Schwäche zugeben oder sich anmerken lassen!

Eine Angina, ein verrenktes Bein, eine entzündete Wunde? Unmöglich! Das Prinzip ist unbarmherzig: Die Schwachen müssen vernichtet werden.

Im Zentrum des Lagers gibt es ein Krankenrevier. Wenn

man danach fragt, kann man dort eingewiesen werden. Man wird ordentlich aufgenommen und untergebracht. Man braucht nicht mehr zu frieren, man wird gepflegt, man bekommt zu essen. Und dann, wenn man wieder genesen ist, wird man als Versuchskaninchen benutzt und grausam kastriert.

Wir leben ständig im Gestank menschlicher Exkremente. Wir haben das Recht, einmal täglich zu den Latrinen zu gehen – zehn Sekunden lang, und ohne Papier.

Wie auch immer, die Typhusepidemien erledigen einen Menschen innerhalb weniger Tage und sorgen so für eine gewisse «Selbstregulierung» in dieser Welt, die der bunteste aller «multinationalen Mikrokosmen» ist.

Wir sind Juden, Zigeuner, Russen, Polen, Griechen, Franzosen und Angehörige anderer Gruppen und Länder, aber alle rassischen, ideologischen und religiösen Gegensätze lösen sich hier in der gemeinsamen Angst auf. Wir sind, so könnte man meinen, eine nach dem Prinzip der Gleichheit lebende Gesellschaft, in der jeder das gleiche Recht auf Hunger, Folter und Tod hat.

Bei allem Erfindungsreichtum der Nazis – angesichts der Transportzüge, die unaufhörlich ihre Ladungen zu diesem größten Schlachthof bringen, müssen höhere Quoten erreicht werden: 6000, 7000 und dann 8000 Menschen werden täglich vergast.

Das ist nicht genug! Man muß eine noch höhere Quote schaffen – 10000 am Tag oder mehr. Die Todesfabrik darf nicht aufhören, ihre eigenen Rekorde zu brechen.

Heinrich Himmler und Adolf Eichmann versuchen energisch und mit allen Mitteln, die Todesraten zu erhöhen. In ihrem Eifer, Menschen zu vernichten, geraten sie schließlich sogar mit den für die Kriegswirtschaft des Dritten Reiches Verantwortlichen in Konflikt, die natürlich ein Interesse an diesem

Reservoir billiger Arbeitskräfte haben, das die Lagersklaven bilden.

Bis zum letzten Atemzug bleiben die Opfer Teil anonymer Massen. Sie werden in einen Raum getrieben, der wie ein Duschraum aussieht, und gezwungen, sich dicht aneinander zu drängen. Je mehr der Raum sich füllt, um so brutaler werden die SS-Männer, um so wilder schlagen sie. Ich habe es gesehen. Männer, Frauen, Jugendliche werden auf diese Weise zusammengepfercht. Dann schließen sich die schweren Eisentüren hinter den Opfern. Ein paar Schreie, das Gemurmel hastig gesprochener Gebete. Dann die Stille.

Das Zyklon B tut seine Arbeit. Nach drei Minuten ist alles zu Ende.

Die Türen der Gaskammern werden wieder geöffnet, und verschlungene Leichen fallen nach draußen, wie ein Berg schmutziger Wäsche.

Jetzt sind die Sonderkommandos an der Reihe: Häftlinge, die als befohlene Leichenfledderer die Aufgabe haben, die noch warmen Leichen zu sortieren. Sie nehmen ihnen die Goldzähne und die Wertgegenstände ab, die regelmäßig nach Berlin geschickt werden, an die Adresse der Deutschen Reichsbank. Die Angehörigen dieser Kommandos leben in einem eigenen Bezirk, völlig getrennt vom übrigen Lager; sie werden ihrerseits systematisch nach wenigen Wochen oder Monaten vernichtet.

Auch wenn man nicht auffällt und immer arbeitsfähig bleibt, kann bei den täglichen «Ziehungen» das Los auf einen fallen.

Eines Tages werde ich auf diese Weise ausgesucht. Zusammen mit den anderen warte ich mehrere Stunden vor dem Zaun des Krematoriums. Niemand von uns denkt mehr, daß er davonkommen könnte. Aber ganze Kolonnen ziehen an uns vorbei – sind vor uns an der Reihe. Vielleicht sind wir dem Plan nach zu früh hergebracht worden. Oder die Vernichtungsstrategen sind aus dem Takt gekommen. Jedenfalls bringt man uns nach langer Wartezeit wieder zu unseren Baracken zurück. Das Spiel des Zufalls geht weiter.

Nicht lange darauf werde ich erneut bei einer Selektion ausgesucht.

Ich habe gerade noch Zeit, Ben und Nico zum Abschied zuzuwinken. Dann müssen wir antreten und quer durch das ganze Lager marschieren. Trotzdem kommt uns der Weg viel zu kurz vor . . . Wir werden in eine besonders bewachte Baracke geführt. Von dort wird man uns, sobald unsere Häftlingsnummern registriert worden sind, mit Lastwagen zu den Gaskammern bringen.

Die Verdammten tauschen schweigend wilde gehetzte Blikke aus, in denen sich ohnmächtiger Zorn und die Angst vor dem bevorstehenden Ende mischen.

Hinten in dem Raum: ein mit Wasser gefüllter Holzkübel und eine Bürste.

Inmitten der allgemeinen Verwirrung, der Lähmung aller, die hier versammelt sind, ducke ich mich. Ich bewege mich langsam auf den Zuber zu. Ich fange an, den Fußboden zu schrubben, mit dem ganzen Eifer des fleißigen, gefügigen Häftlings, der sich Mühe gibt, jede ihm aufgetragene Arbeit auf das beste auszuführen.

Ich lasse keinen Winkel aus, ich arbeite gründlich und emsig – und nähere mich dabei ganz langsam dem Ausgang . . . Die Wachen, die in regelmäßigen Abständen einen Blick durch die offene Tür in den Raum werfen, haben mich bemerkt. Aber sie werden unfreiwillig meine Komplizen.

«He, da drüben ist es noch schmutzig, fang da noch mal an!»

Ich liege auf den Knien und schrubbe. Sie rufen mir Befehle

zu. Ich gehorche. Jede einzelne Fußbodendiele wird mit dem Mut der Verzweiflung eingeseift und blankgescheuert. Ich krieche zwischen den Beinen der anderen Verurteilten hindurch, die mich in ihrem Schrecken nicht mehr beachten.

Schrubbend krieche ich weiter, unter den spöttischen Blikken der Posten, die sich einen Spaß daraus machen, mich zu schikanieren.

«Hier mußt du noch mal schrubben, du Faulpelz!»

Mein Gehorsam ist total.

Als ich schließlich, nach einer endlosen Zeit, die Stufen erreiche, die ins Freie hinausführen, scheuere ich sie, eine nach der andern, mit einer Hingabe, die auch den härtesten Kapo milde stimmen müßte. Ich schrubbe und schrubbe diese ausgetretenen Stufen, über die Tausende von Füßen hinauf- und hinuntergegangen sind.

Die hohen Stiefel der Deutschen umgeben mich. Der Augenblick der Wahrheit. Ich nehme den Zuber mit einer Hand, die Bürste mit der andern und gehe langsam davon.

Ich warte auf das «Halt!», auf das Geräusch der Schritte, die mein Todesurteil sind. Nichts.

Die Posten haben das Interesse an mir verloren und sind gleichgültig stehengeblieben. Ich gehöre jetzt nicht mehr ganz der Welt der Toten.

Und nun kehre ich mit Schritten, die lässig wirken sollen, in die Anonymität des Lagers zurück, werde wieder eine lebende Nummer. Erschöpft gelange ich zu meiner Baracke.

Ehe ich in Schlaf sinke, sehe ich einen Augenblick lang das Gesicht meiner Mutter vor mir. Hätte sie sich vorstellen können, wie erfinderisch, wie listig der kleine Junge, den sie so sehr behütet hatte, einmal werden würde?

Morgens beim Wecken starren mich Ben und Nico sprachlos an. Sie können es nicht fassen, daß ich zurückgekehrt bin. Sie hatten mit angesehen, wie ich fortging, und sie hatten fest geglaubt, daß unser Überlebensbund nun unwiderruflich aufgelöst sei . . .

Im abendlichen Brotritual spiegelt sich alles Leid, alle Verzweiflung des Lagerlebens.

Beim Abendessen werden kleine Graubrote verteilt, jeweils eins für sechs Häftlinge, die es sich aufschneiden und teilen sollen. Die Gruppe tritt zusammen, der begehrte Gegenstand wird begutachtet, gemessen, fasziniert betrachtet.

Und dann entbrennen in dieser Welt, in der jeder nur an sich, an seine eigenen Leiden denkt, nahezu wahnwitzige Diskussionen. Erbittert streitet man darüber, ob die einzelnen Stücke gleich groß sind oder nicht.

Ein paar Millimeter, die man mehr zu haben glaubt, ein paar Gramm, die man zu verlieren fürchtet – hier verläuft die Grenze zwischen Leben und Tod.

Einer von der Gruppe nimmt ein Messer, ein zweiter kehrt ihm den Rücken zu. Die anderen, Zeugen und Partei zugleich, beobachten stumm. Der Mann mit dem Messer schneidet das Brot in sechs Scheiben, und der andere verteilt sie, ohne zu sehen, wer welche Scheibe bekommt. Dann wird verglichen – freudiges Gemurmel, enttäuschte Blicke!

Die durch den Hunger verursachte Psychose wird zahlreiche Deportierte die ganze Nacht über wachhalten. Sie wälzen sich auf ihrer Pritsche und denken an das Stück Brot, das ihnen entgangen ist, an das Stück, das ihnen zugefallen ist.

Die Ängste wechseln sich mit Fragen ab: Soll ich das Brot jetzt gleich essen, heute abend? Ist es nicht besser, es bis morgen früh aufzuheben und es dann als zusätzliche Ration zu haben? Aber wenn man es mir nun stiehlt? Wo könnte ich es verstecken?

Ich erinnere mich an einen fünfundvierzigjährigen Mann und seinen zwanzigjährigen Sohn. Die beiden waren in derselben Baracke untergebracht wie ich. Eines Abends aß der Sohn sein Stück Brot, während der Vater beschloß, sich sein Stück unter den Kopf zu legen und es sich bis zum Morgen aufzusparen.

Im Morgengrauen ein gellender Schrei: das Brot des Vaters ist verschwunden. Der Sohn hatte es ihm in der Nacht fortgenommen. Für den Vater sollte sich das fehlende Glied in der Nahrungskette sogleich als verhängnisvoll erweisen. Seltsam, wie ein Organismus, der die Grenzen der physischen Widerstandskraft erreicht hat, unter einem psychischen Schlag endgültig zerbrechen kann. Noch vor dem Abend war der Vater tot.

In dieser Welt ohne Spiegel, wo man nicht mehr als ein wandelndes, seiner eigentlichen Existenz beraubtes Skelett ist, sind es die anderen, die einen kritisch mustern, einem sagen, woran man ist, einen verurteilen . . .

«Du bist ein Muselmann!»

Der so Bezeichnete hat nicht einmal mehr die Kraft, aufzubegehren, sich gegen das Etikett zu wehren. Kraftlos, ausgezehrt, mit schwankendem Gang und stumpfem Blick weiß er, fühlt er, daß er verurteilt ist. Die Bezeichnung «Muselmann», an die jeder Deportierte sich erinnert – ich habe nie herausgefunden, woher sie in diesem Zusammenhang kam –, ist das schrecklichste aller Urteile. Sie wird auf diejenigen angewandt, denen man ansieht, von denen man weiß, daß sie am Ende ihrer letzten Kräfte angekommen sind; auf diejenigen, die nur noch aus physischen Reflexen bestehen. Sie sind dem Tod in der Gaskammer entronnen, sie haben die Gefahr, erhängt oder totgeschlagen zu werden, glücklich überstanden und werden nun an Entkräftung sterben – man sieht es.

Ein oder zwei Tage später werden sie auf einer der Lagerstraßen oder beim Appell oder an ihrem Arbeitsplatz einfach zusammenbrechen. Sie werden die Schläge, die man ihnen versetzt, damit sie wieder aufstehen, nicht mehr fühlen und auf der Stelle sterben.

Kontakt mit dem anderen Geschlecht war in Auschwitz unvorstellbar. Unsere Gedanken waren einzig und allein von dem Willen zu überleben beherrscht. Jeden Tag zogen Kolonnen von weiblichen und männlichen Häftlingen aneinander vorbei. Ob Männer oder Frauen, alle dachten: «Für uns ist es schon schlimm, aber wie schrecklich muß es für sie sein?» So war es, wie sich Männer und Frauen in Auschwitz begegneten.

Während Tag für Tag Häftlinge in geschlossenen Reihen zum Sterben geführt werden, ziehen andere zu dem riesigen Abfallhaufen in unmittelbarer Nähe des Lagers: Kompostierung II.

Dieses Stück Weg wird außerdem der Treffpunkt zu unglaublichen Liebesabenteuern. Die Männer, die den Karren zum Abladeplatz bringen, sind priviligierte Kapos, gewalttätige, sadistische Kerle, die eine gewisse Narrenfreiheit genießen. Die Frauen, die von eingeweihten Aufseherinnen ausgesucht und dazu bestimmt werden, die Karren vom Frauenlager zur Kompostierung zu bringen, haben keine Ahnung von dem Schicksal, das sie hier erwartet; sie sind jung, hübsch, meist noch unberührt. Ein wenig abseits von dem Abfallhaufen steht ein verfallenes Haus; der Dachboden in dem Haus ist mit Stroh bedeckt: das Bordell von Auschwitz.

Episoden von seltsamer Schönheit, Schamgefühl, das mit der Unschuld kämpft! Ein Kapo, der als brutal und sadistisch bekannt ist, bedeckt ein junges Mädchen unbeholfen mit Küssen und sinkt wie bezwungen, hilflos aus ihren Armen zur Seite. Bei diesem Anblick spürte man plötzlich, wie der sexuelle Akt

selbst die auf die tiefste Stufe Gesunkenen wieder einen Moment lang in menschliche Wesen zurückverwandelte.
Ich war vierzehn oder fünfzehn, ich war bei diesen Orgien zugegen – ich hatte den Auftrag, den Teilnehmern Wasser zu reichen.

Nach anfänglicher Panik begreifen die Frauen schnell, daß ihnen nichts anderes übrigbleibt, als mitzumachen. Sie müssen ihren Abscheu überwinden und diese Götter unter den Verfolgten zufriedenstellen, denn die Götter können sie bestrafen. Ein junges Mädchen, das sie enttäuscht, kann unter Vorwürfen wieder gehen, aber dies ist eine Strafe, die sie dazu verurteilt, kurz darauf halb totgeschlagen, exekutiert zu werden.

Nicht alle Kapos waren willige Werkzeuge der Nazis. Otto, mein Kapo von Kompostierung II, ein außergewöhnlich kleiner, fast zwergenhafter Mann mit einem umfangreichen Strafregister, gewährte mir das Privileg, seine Schuhe zu putzen und seine Kleidung in Ordnung zu halten. Mit seiner Kleidung hatte es seine besondere Bewandtnis: Otto hatte sie sich von einem Häftling ändern lassen, der Schneider war; deshalb hob sie sich durch einen erstklassigen Schnitt von den gestreiften Lumpen der anderen Kapos ab. Derselbe Häftling schneiderte mir eine Mütze, die sehr gut saß: die Seitenstreifen schlossen genau an die Streifen des Oberteils an. Jeder Häftling, der sie sah, wußte sofort, daß ich einen gewissen Rang in der KZ-Hierarchie einnahm und daß man sich besser nicht mit mir anlegte. Die Mütze war lange Zeit mein wirksamster Schutz.

Die Arbeit am Abfallhaufen Kompostierung II bot noch andere Vorteile: fast jeden Tag entdeckten wir unter den Abfällen aus den Transportzügen eßbare Lebensmittelreste. Ich konnte es so einrichten, daß auch Ben zu meiner Guppe abkommandiert wurde. Leider dauerte diese «nahrhafte» Periode nur kurze Zeit.

In all den Jahren meines Daseins als «Untermensch», das mir immer schlimmer und immer auswegloser erschien, geschah nichts, was auch nur zu einem Fünkchen Hoffnung berechtigte.

Nie drang eine Nachricht aus der Außenwelt in unser völlig abgeschlossenes Universum. Und aus welcher Außenwelt auch? War der Krieg noch im Gang? Die Überheblichkeit der SS-Männer veranlaßte uns schließlich zu glauben, ganz Europa sei inzwischen ebenso unterjocht wie wir.

Eine so starke Streitmacht wie die Rote Armee war von den Deutschen besiegt worden! Welches Wunder hätte da Großbritannien vor der Kapitulation bewahren können?

Und Amerika? Amerika war weit weg. Amerika war auf den Krieg nicht vorbereitet. Und wie hätte es auch all die entsetzlichen Tatsachen rückgängig machen können? Nein, nichts konnte das Tausendjährige Reich mehr verhindern.

Ein Tag folgt auf den andern, und man ergibt sich schließlich in alles. In dieser Verzweiflung verschwimmt allmählich das Leben, das man früher geführt hat, werden aus Erinnerungen unscharfe Bilder.

Man verliert jedes Zeitgefühl, weiß nicht mehr, welcher Tag, welcher Monat ist. Nur winterliche Kälte und sommerliche Hitze erinnern daran, daß die Jahreszeiten vergehen.

Das Schauspiel der «anderen», der SS-Männer, der Kapos, die ein normales, ein menschliches Leben zu führen scheinen, macht die eigene Lage noch unerträglicher. Der verabscheuenswürdige Mechanismus, der den Häftling zerbrechen und in einen «Untermenschen» verwandeln soll, funktioniert. Am Ende gibt man zu, daß die Unterdrücker tatsächlich kraft ihrer Rasse und ihrer Geburt die «Herren» sind und das Recht haben, über Leben und Tod minderwertiger Wesen zu entscheiden.

Jeden zweiten Sonntag brauchen wir nicht zu arbeiten und haben ein paar Stunden Ruhe. Am ganzen Leib von Läusen und anderem Ungeziefer bedeckt, liegen wir im Dreck und in den eigenen Exkrementen und lassen die großen, stinkenden Wunden, die wir überall am Körper haben und die sich nicht schließen wollen, von den seltenen Sonnenstrahlen bescheinen. Wir versuchen, diese Verletzungen mit Papierstreifen zu verbinden, die jedoch bei den ersten Bewegungen reißen. Ständig vom Wundbrand bedroht, bleiben die offenen Stellen dem Schmutz der zerlumpten Kleidung, dem Dreck der Strohsäcke ausgesetzt – und darüber hinaus allem, was ein Häftling, der die Erde umgräbt und schwere Lasten transportiert, im Lauf des Tages berühren kann.

Einige Häftlinge schleppen sich in kleinen Gruppen mühsam am Stacheldrahtzaun entlang; andere hocken regungslos und mit abwesendem Blick auf der Erde. Ein Stück weiter drängen sich Deportierte um einen Wasserhahn. Der freie Sonntag ist der einzige Tag, an dem man sich Gesicht und Hände abspülen kann; danach trocknet man sich mit seiner schmutzigen Jacke ab. Die Schornsteine haben für einen Tag aufgehört, Rauch und Flammen auszuspeien. Auf den Eisenbahngleisen, die im Lager enden, stehen die verschlossenen Waggons mit ihrer verderblichen Ladung – bis zu vierundzwanzig Stunden.

Man beurteilt seinen körperlichen Zustand und kalkuliert seine Überlebenschancen. Diese geschwollenen, eitrigen Beine, die einen beim Gehen behindern, fordern einem die ständige Anstrengung ab, möglichst normal zu gehen und sich nichts anmerken zu lassen. Man weiß, was unweigerlich passiert, wenn ihr Zustand sich verschlimmert und wenn der Kapo es bemerkt.

In Auschwitz waren noch andere Jungen, Juden und Zigeuner, denen es wie mir gelungen war, die ersten Selektionen zu überstehen. Ihr Vorhandensein störte die Nazis: Sie sterben zu langsam!

Es war ein besonders strenger Winter. Eisige Kälte herrschte, und wir bekamen weniger zu essen denn je. Eines Tages wurde in den Baracken in unserem Bezirk des Lagers bekanntgegeben, alle Jugendlichen sollten erscheinen, um eine Sonderration, bestehend aus Milch und Weißbrot, in Empfang zu nehmen. Das waren zwei Delikatessen, von denen die Deportierten schon lange nicht mehr wußten, wie sie schmeckten oder wie sie aussahen oder daß es sie überhaupt gab. Ein Traum.

Einige hungrige Kinder nähern sich langsam der Ausgabestelle. Jedes erhält die versprochene Ration.

Am Abend wird der Aufruf wiederholt, wird wieder eine Sonderration versprochen.

Am nächsten Tag gehen noch ein paar mehr Jugendliche hin, aber noch erscheinen nur diejenigen, die nicht mehr die Kraft haben, mißtrauisch zu sein. Strahlend ziehen sie mit der kostbaren Flüssigkeit ab. Auch an den folgenden Tagen gibt es Sonderzuteilungen.

Bald breitet sich ein fieberhafter Optimismus im Lager aus. Alle meinen jetzt, daß es sich tatsächlich um eine humanitäre Geste handelt, mit der man die Verletzlichsten am Leben erhalten will.

Die Mehrheit der Häftlinge in unserer Baracke gibt sich einer wahnwitzigen Illusion hin. Irgendeine hochgestellte Persönlichkeit, vermutlich in Berlin, vielleicht Hitler selbst, habe sich über die menschenunwürdigen Lebensbedingungen in den Lagern empört und Weisung gegeben, die Jüngeren menschlicher zu behandeln . . .

Vom Hunger geschwächt, weigere ich mich dennoch einen Tag um den andern, mit zu der Ausgabestelle zu gehen.

Dann sage ich mir, daß es doch eigentlich albern ist, mich hinter meinem Mißtrauen zu verschanzen. Ist es nicht inzwischen erwiesen, daß keine Gefahr droht? Jeden Tag laufen ein paar Jugendliche mehr hin, um ihre Sonderration in Empfang zu nehmen, und sogar einige junge Männer schmuggeln sich unter sie. Und die Kinder wirken plötzlich gelöst, fast zufrieden. Und trotzdem, ich bleibe in Deckung . . . Ich zögere noch immer.

Wieder die Stunde der Sonderzuteilungen. Die Kinder kommen mit ihrem Napf in der Hand. Sie stellen sich friedlich an. Wie jeden Tag.

Ein paar schrille Pfiffe. Bewaffnete SS-Männer erscheinen. Innerhalb weniger Sekunden werden die Wartenden umzingelt, zusammengeschlagen, auf Lastwagen geladen und zu den Gaskammern gebracht. Sie werden liquidiert, alle, ohne Ausnahme.

Auschwitz kehrt, von diesen nutzlosen Essern befreit, zu seinen Normen zurück. Einem Instinkt gehorchend, bin ich dem Grauen an den Grenzen des Wahnsinns noch einmal entkommen.

5

Der 6. Juni 1944, der Tag der heroischen Invasion in der Normandie, war in Auschwitz ein Tag wie jeder andere. Die Zahl der Menschen, die täglich vergast wurden, war größer als die Zahl der Alliierten, die an diesem «längsten Tag» an den Stränden Nordfrankreichs ihr Leben verloren.

Polen, die der SS Waren lieferten, verbreiteten wenig später im Lager die Nachricht, daß eine Invasion stattgefunden habe – irgendwo im Westen.

Einige Häftlinge behaupteten, auch die Russen seien auf dem Vormarsch. An der Ostfront sei eine Gegenoffensive im Gange.

Unvorstellbar!

Das Unmögliche war also nicht mehr undenkbar: der britische Widerstand, die wiedererstarkte Rote Armee, Amerikas Eintritt in den Krieg hatten die Eroberungszüge des Dritten Reichs zum Stillstand gebracht? Unfaßbar!

Für Ben, Nico und mich wurde das Leben deshalb nicht einfacher. Die deutsche Kriegsindustrie litt unter dem zunehmenden Mangel an Arbeitskräften. Da wir noch verhältnismäßig gut bei Kräften waren, wurden wir, zusammen mit einem

Kontingent anderer Häftlinge, in einen Güterzug geladen und nach Deutschland geschickt.

Nach einem kurzen Aufenthalt in der Nähe von Berlin, in den Lagern Oranienburg und Sachsenhausen, wurden wir weitertransportiert, bis man uns in einer großen Lichtung inmitten eines verschneiten Waldes aussteigen ließ. Wir sollten in der eisigen Kälte des Winters, der gerade erst begonnen hatte, ein ganz neues Lager aufbauen: das Lager Kaufering.

Viele von unseren Leidensgefährten starben vor Kälte und Erschöpfung, während wir die Baracken und die Werkstätten errichteten.

Der Bau einer Gaskammer war jedoch, zumindest den Plänen nach, nicht vorgesehen.

Die erste Arbeit, die mir nach der Errichtung des Lagers aufgetragen wurde, erinnerte mich an das Bordell von Auschwitz. Transportzüge, die aus Budapest kamen, brachten regelmäßig Gruppen junger Frauen, die ursprünglich für die deutsche Wehrmacht an der Ostfront bestimmt waren, die nach allem, was wir hörten, im Zusammenbruch begriffen war.

Da ich der jüngste war – ich war inzwischen fünfzehn –, fiel mir die Aufgabe zu, sie vor dem Betreten des Lagers zu durchsuchen. Ich mußte sie, auch an den intimsten Körperstellen, nach Gold und anderen Wertsachen, die sie möglicherweise versteckt hatten, absuchen.

Ben hatte eine weniger heikle Aufgabe: er mußte Bäume fällen. Nico, der fast doppelt so alt war wie wir, erhielt dagegen eine Aufseherfunktion. Er wurde schließlich sogar Oberkapo und hatte mehrere tausend Häftlinge unter sich.

Die Kapos waren in der Mehrzahl brutale Bestien, und bei der Befreiung hatten viele der Überlebenden im ersten Moment keinen anderen Wunsch, als diese Männer, die am unmittelbarsten und am häufigsten für den Tod ihrer Kameraden verantwortlich gewesen waren, zu ergreifen und zu lynchen.

Aber es gab auch Ausnahmen. In Kaufering hatten wir einen Vorarbeiter, der so fürsorglich war, daß wir ihn nur «Mutter» nannten, wenn wir unter uns waren.

Und auch meinem Freund Nico konnte niemand etwas vorwerfen. Die Häftlinge wußten, was für ein unerhörtes Glück es war, ihn als Oberkapo zu haben, und sie wußten auch, welche Gefahren er Tag für Tag auf sich genommen hatte. Seine Methode bestand darin, uns fürchterlich zu beschimpfen und zu bedrohen, um uns dann, ohne daß die Nazis es bemerkten, um so nachsichtiger zu behandeln.

Eines Tages erhielt er den Befehl, drei Männer, die in der Wache Zigaretten gestohlen hatten, auf der Stelle zu erhängen.

Die Verurteilten fielen vor ihm auf die Knie und flehten ihn an, sie zu retten.

Nach wilden, unflätigen Beschimpfungen hängte er sie am Galgen auf – mit den Füßen. Und er flüsterte ihnen zu, sie sollten in dem Augenblick, wenn die Nazis ihre Inspektion machten, möglichst laute Schmerzensschreie ausstoßen. Als es soweit war, ordnete er im gleichen Augenblick an, daß sie ausgepeitscht werden sollten. Wieder setzte er so sein Leben aufs Spiel.

Die SS-Männer aber fanden das Schauspiel so amüsant, daß sie ihren Vorsatz, die drei Männer hinrichten zu lassen, darüber vergaßen und statt dessen Nico befahlen, ihnen noch weitere Peitschenhiebe zu verabreichen.

Nico sprach selten von seinem früheren Leben. Er war Matrose bei der Holland-Amerika-Linie gewesen, und er hatte im Umgang mit den Passagieren Deutsch und Englisch gelernt. Es hieß auch, er habe sich in Rotterdam als Gangster betätigt. Ich habe das nie geglaubt, und wie auch immer, es hatte keine Bedeutung. Er war neben Ben mein bester Freund.

Ich hätte ihn bestimmt nicht gegen ein Dutzend der hochgestellten Persönlichkeiten, die ich heute kenne, eingetauscht, denn sie hätten nie die Kühnheit, den Großmut und die Tatkraft besessen, die er tagtäglich bewies.

Diese Periode, in der ich dank seiner Stellung vor den Übergriffen anderer Kapos verhältnismäßig sicher war, dauerte leider nur kurz.

Im Winter 1944 wurde ich nach Dachau gebracht, in das riesige alte Konzentrationslager, das zu einem großen Teil mit politischen Gefangenen, Kriminellen und Homosexuellen belegt war. Ich hatte nicht einmal Gelegenheit, mich von Ben und Nico zu verabschieden.

Ich ahnte inzwischen, daß die häufigen und schlecht organisierten Verlegungen Ausdruck der chaotischen Zustände waren, die jetzt in Deutschland herrschten.

Wenige Wochen später wurde ich nach Leonberg bei Stuttgart verlegt.

Leonberg wirkte damals wie eine typische deutsche Kleinstadt. Aber eines unterschied den Ort von anderen friedlichen Kleinstädten: in einem an der Ortsgrenze gelegenen Berg befand sich eine unterirdische Flugzeugfabrik, die man durch einen Tunnel erreichte. Hier verbrachte ich mehrere Monate. Ich mußte Bolzen an den Rumpf von Heinkel-Jägern nieten, die unmittelbar nach ihrer Fertigstellung gegen die Truppen der Alliierten eingesetzt wurden.

Die Produktion wurde beschleunigt und nahm hektische Züge an. Wir mußten täglich zwölf Stunden in dieser Schmiede des Vulcanus schuften. Die Verpflegung und die allgemeinen Lebensbedingungen im Lager waren darauf abgestellt, uns am

Leben zu erhalten – unsere Arbeit war «kriegswichtig».

Es klingt paradox, aber aus der Sorge der Nazis um unsere Sicherheit erwuchs uns jetzt die größte Gefahr. Albert Speer, der Rüstungsminister, hatte angeordnet, daß alle im Bereich der Flugzeugindustrie tätigen Arbeiter so gut wie möglich vor den Luftangriffen der Alliierten zu schützen seien.

So brachte man uns bei jedem Fliegeralarm unverzüglich in das unterirdische Werk.

Manchmal, wenn wir gerade von der Nachtschicht kamen und unterwegs waren zu unseren Baracken, um zu schlafen, heulten die Sirenen, und wir mußten umkehren und in den Berg zurück und dort abwarten, bis der Fliegeralarm zu Ende war.

Oder wir waren ins Lager zurückgekehrt, hatten uns erschöpft hingelegt und waren gerade eingeschlafen, wenn Alarm gegeben wurde, und mußten dann wieder aufstehen und in die Flugzeugfabrik im Berg zurück.

Dieses zermürbende Hin und Her wiederholte sich mehrmals jeden Tag und jede Nacht. Wir waren buchstäblich am Ende. Daß wir nie schlafen konnten nach der schweren Arbeit, war noch schwerer zu ertragen als Hunger oder Krankheit. Es zehrte unsere letzten Reserven auf.

Es war nicht mehr auszuhalten. Wir hätten alles gegeben, wir hätten die Gefahr zu sterben auf uns genommen für ein paar Stunden Schlaf. Dieser Zustand der völligen Erschöpfung begann die im Lager untergebrachten Arbeitskräfte zu dezimieren. Die Bombenflugzeuge der Royal Air Force und die «Fliegenden Festungen» der Amerikaner kamen immer näher an uns vorbei. Oft wurden wir im Lager oder auf freiem Feld überrascht, wenn sie ihre Bombenteppiche warfen.

Die nächtlichen Luftangriffe mit dem Lichtregen der Leuchtraketen waren ein Schauspiel, das uns berauschte: sie verkündeten uns, daß der Tag der Erlösung nahe war. Sie schenkten uns mehr Gewißheit, als irgendeine heimlich abgehörte Rundfunksendung es hätte tun können. Jetzt hieß es aushalten, um jeden Preis aushalten, noch ein bißchen länger aushalten, bis der Augenblick unserer Befreiung kam, sei es aus dem Osten oder aus dem Westen.

Wenn unsere arischen Herren und Meister sich in panischer Angst vor den Bomben der Länge nach zu Boden warfen, wurden sie ein wenig zu . . . unseresgleichen. Wir empfanden sogar ein Gefühl der Überlegenheit, wenn wir inmitten des Bombenhagels mit beinahe mystischer Zuversicht dachten, daß ein Mensch, der so lange die Bestialitäten der Nazis überlebt hatte, unmöglich von den Bomben seiner Freunde, seiner Brüder getroffen werden konnte.

Die Luftangriffe brachten unsere Schichten und Arbeitszeiten durcheinander. Manchmal brachte man uns nach Stuttgart, wo wir die Toten und die Verwundeten aus den Trümmern bergen mußten. Unsere Gedanken waren mehr auf die warme Unterkleidung als auf die Leichen gerichtet. Was mir heute undenkbar scheint, das habe ich damals, mit fünfzehn Jahren, ohne die geringsten Skrupel getan. Einer Leiche die Kleider ausziehen? Was bedeutete das schon nach alldem, was ich gesehen und durchgemacht hatte? Leben, um, wenn irgendmöglich, die Freiheit zu erlangen – das war alles, was unser Denken beherrschte.

Die Aufseher und Vorarbeiter in der Fabrik wurden immer nervöser und immer feindseliger. Wenn dies für sie der Anfang vom Ende war, würden sie keine Gelegenheit ungenutzt lassen, um uns daran zu erinnern, daß wir eines Tages an die Reihe kämen – vor ihnen.

Eines Nachts wurde die nächtliche Stille von anhaltenden Explosionen zerrissen, die völlig anders klangen als die Bombendetonationen. Kameraden, die in der Armee gedient hatten, waren der Meinung, daß es sich um schweres Artilleriefeuer handelte.

Einige Nächte darauf wurden wir von einem ohrenbetäubenden Krachen geweckt, dem eine Reihe von Detonationen folgte, die das ganze Lager erbeben ließen. Am Morgen sahen wir, was geschehen war. Die Deutschen hatten, da die Alliierten immer näher rückten, den Beschluß gefaßt, diese strategisch wichtige Fabrik der Heinkel-Flugzeugwerke zu zerstören. Sie hatten den Tunnel gesprengt. Viele der Häftlinge, die zu dieser Zeit dort arbeiteten, waren von den Trümmern begraben worden.

Am nächsten Morgen wurden wir zum Bahnhof gebracht, um verlegt zu werden – wegen des «Vormarschs der Alliierten». Diese unerhörten, diese verbotenen Worte wurden nun immer häufiger gemurmelt.

Auf dem Bahnhof herrschte ein panikartiges Durcheinander. Unsere Gruppe wurde mit Kolonnen von Zwangsarbeitern aus den verschiedensten Teilen Europas zusammengewürfelt.

Ich hatte eine Idee. Ich wollte mich als Deutscher, als Arier ausgeben.

Ich sprach inzwischen fließend deutsch, und ich konnte behaupten, ich sei ein jugendlicher Straftäter, zwangsverpflichtet nach geltendem Recht, geboren im Ausland, als Sohn deutschstämmiger Eltern. Ein italienischer Arbeiter gab mir Zivilkleidung – eine Hose und eine Jacke –, und ich taufte mich auf den Vornamen Gerhardt.

Als Nichtjude, meinte ich, würde ich im Durcheinander der letzten Augenblicke des Dritten Reiches eine sehr viel größere Chance haben . . . Ich irrte mich.

Wir wurden in einen Zug gpfercht und auf eine endlose und

chaotische Reise geschickt. Zuletzt kam mir die Landschaft, durch die wir fuhren, immer bekannter vor, und einige Stunden später betraten wir das Lager, das ich ein paar Monate zuvor verlassen hatte: Kaufering.

Ben und Nico waren noch dort. Glücklicherweise, denn der Mangel an Schlaf hatte mich gezeichnet: ich befand mich in einer katastrophalen körperlichen Verfassung. Ich war fast ein Muselmann geworden.

Nico und Ben waren über meinen Zustand entsetzt und brachten es irgendwie fertig, Verbandszeug und Medikamente zu stehlen. Als ich wieder ein wenig zu Kräften kam, erblickte ich Nico an meiner Seite. Er lächelte spöttisch. «Da sieht man's, dieser Grünschnabel hat geglaubt, er würde es woanders besser haben», neckte er mich. «Und jetzt kommt er reumütig zurück, nur noch Haut und Knochen, und bittet, daß man ihm verzeiht.»

Nichts und niemand, so schien es, konnte uns für längere Zeit trennen. Ben und ich glaubten schließlich sogar an irgendeine Art göttliche Vorsehung. Nico blieb skeptisch und betrachtete unser Wiedersehen eher als glücklichen Zufall.

Der Krieg neigte sich dem Ende zu. Aber je näher der Tag der Entscheidung rückte, um so größer wurde für uns die Gefahr. Die Nazis verloren den Boden unter den Füßen, jetzt war es an ihnen, um ihr Überleben zu kämpfen. Das Dritte Reich war am Ende.

Da sie nicht mehr hoffen konnten, daß sich das Schicksal noch einmal zu ihren Gunsten wendete, mußten sie uns alle liquidieren, wie sie es geschworen hatten und wie sie es in Leonberg bereits getan hatten. Die Welt sollte nicht erfahren, welche Verbrechen sie begangen hatten.

Was sollten wir tun? Den Kopf einziehen und auf unsere

Befreiung warten, in der Hoffnung, die SS würde uns in der letzten Panik vergessen?

Es war nicht unsere Art, auf ein Wunder zu bauen.

Zusammen mit einem Dutzend anderen Gefangenen machten wir uns daran, einen Plan auszuarbeiten. Wir wollten den Stacheldrahtverhau in einem Augenblick durchtrennen, in dem die Scheinwerfer auf Grund eines Ablenkungsmanövers auf einen anderen Teil des Lagers gerichtet waren, und dann wollten wir loslaufen.

Dieser Fluchtversuch bedeutete ein gewaltiges Risiko, aber angesichts dessen, was uns erwartete, mußten wir es eingehen.

Bei einem solchen Plan spielte Nico natürlich eine entscheidende Rolle. Als Oberkapo war er der einzige, der die Metallschere beschaffen konnte, die wir unbedingt brauchten.

Die anderen Mitglieder unserer kleinen Gruppe betrachteten Ben und mich mit skeptischem Blick. War es nicht ein Wahnsinn, sich in einer so gefährlichen Situation mit zwei Kindern zu belasten?

Aber sie wußten, daß sie uns akzeptieren mußten, wenn sie wollten, daß Nico mitmachte.

Wir lauerten auf den richtigen Augenblick. Dann überstürzten sich die Ereignisse.

Ein paar Tage später wurde uns befohlen, in zwei Kolonnen anzutreten: in der einen die Juden und in der anderen die Nichtjuden.

Auf Grund meiner Umwandlung in eine andere Person mit dem Vornamen Gerhardt reihte ich mich in die Kolonne der Nichtjuden ein, während Ben und Nico sich resigniert zu der anderen Kolonne begaben. Im Durcheinander des Aufbruchs fand keinerlei Kontrolle der Personalien statt. Meine Kolonne setzte sich in Bewegung und war im Begriff, durch das Lagertor hinauszuziehen. In diesem Augenblick gehorchte ich einem unwiderstehlichen Impuls.

Blitzschnell sprang ich zu der anderen Kolonne hinüber. Als ich bei meinen beiden Freunden ankam, erhielt ich einen mächtigen Faustschlag mitten ins Gesicht. Es war Nico. «Idiot!» zischte er. «Jetzt mußt du mit uns krepieren.»

Vielleicht war ich ein Idiot, aber jedenfalls waren wir wieder zusammen.

Ben war gleichzeitig bekümmert und froh über das, was ich getan hatte – genau wie Nico. Nicos heftige Reaktion – das war nur seine Art, seine Zuneigung auszudrücken.

Ich sollte bald erfahren, daß meine Verwandlung in Gerhardt mich um ein Haar das Leben gekostet hätte.

Die deutsche Front brach zusammen, und die Kolonne der Nichtjuden geriet ins Kampfgebiet, was der Wehrmacht gar nicht paßte. Daraufhin wurde die gesamte Gruppe auf einer Brücke von SS-Männern mit Maschinenpistolen niedergeschossen.

Unsere jüdische Kolonne, die aus mehreren tausend Mann bestand, bewegte sich auf kleineren Landstraßen vorwärts. Es ging das Gerücht um, wir marschierten nach Dachau. Da ich schon einmal im Konzentrationslager Dachau gewesen war und die Todeseinrichtungen dort gesehen hatte, wußte ich, daß Dachau für uns das Ende sein würde.

Diejenigen von uns, die Nico für den geplanten Fluchtversuch zum Anführer gewählt hatten, marschierten unmittelbar hinter ihm.

Sobald sich eine günstige Gelegenheit bot, wollten wir, auf sein Zeichen hin, den geringsten Zwischenfall ausnutzen und in den Wald fliehen. Dieser Plan beruhte auf der Überzeugung, daß die Aufseher nicht den Verlust einer ganzen Kolonne riskieren würden, um hinter einem Dutzend Flüchtiger herzulaufen. Nico sagte nur immer wieder: «Bleibt in meiner Nähe.»

Wir marschierten zwei Tage und zwei Nächte. Am Nachmittag des dritten Tages hielten Jagdflieger der Amerikaner uns für eine Kolonne der deutschen Wehrmacht und griffen uns im Tiefflug mit Maschinengewehrfeuer an. Die SS-Männer sprangen in die Gräben zu beiden Seiten der Straße und schossen in alle Richtungen.

Nico rief: «Los!»

Ich hielt mich an Bens Seite. Wir rannten auf die Bäume zu. Andere Häftlinge folgten. Die Nazischützen schossen die meisten von ihnen nieder. Einige wenige erreichten den Wald: Nico, Ben, ich und zwei oder drei andere.

Wir liefen und liefen. Wir schleuderten unsere Holzschuhe von den Füßen und liefen, bis uns der Atem ausging und wir, am Ende unserer Kräfte, nicht mehr konnten. Dann blieben wir stehen und horchten.

Kein Geräusch, das auf Verfolgung schließen ließ. Man hörte nur das unregelmäßige Gewehrfeuer von der Straße her.

Wir drangen tiefer in den Wald vor.

Als es Nacht wurde, machten wir erschöpft Rast. Ich sank in Schlaf. Am Morgen wurde ich von den Sonnenstrahlen geweckt. Kein Stacheldraht! Aber auch noch nicht die Freiheit.

Am sichersten schien es uns, nach Einbruch der Dunkelheit in Richtung Westen zu gehen und uns tagsüber versteckt zu halten.

Da ich der jüngste war und wohl am wenigsten wie ein geflohener Häftling aussah, erhielt ich den Auftrag, Essen, Wasser und Kleidungsstücke für unsere Gruppe zu beschaffen. Als erstes stahl ich, um noch jünger zu wirken, in einem Bauernhaus eine kurze Hose – eine Lederhose, wie sie in Bayern viel getragen werden. Die Idee meiner Mutter nützte mir so noch einmal – nur daß ich diesmal als kleiner Junge angesehen werden wollte.

Wir kamen in eine dichter besiedelte Gegend nahe der Front. Es wimmelte von Soldaten, und es wurde immer schwieriger, sich unbemerkt durchzuschmuggeln. Eines Nachts gerieten wir sogar versehentlich auf einen Fliegerhorst der deutschen Luftwaffe.

Am Ende beschlossen wir, uns ein Versteck zu suchen, wo wir uns verborgen halten konnten, solange der Rückzug der Deutschen dauerte. Wir fanden eine verlassene Scheune am Rande des Dorfes Penzing, wo wir uns mehrere Tage und Nächte auf dem Dachboden versteckt hielten.

Eines Nachmittags, während wir im Stroh lagen, hörten wir plötzlich ein dumpfes Summen. Es klang wie ein Bienenschwarm.

Unmittelbar darauf ertönte das laute Knattern eines Maschinengewehrs, das gleich rechts von der Scheune stehen mußte. Als das Knattern aufhörte, war das Summen gewaltig angeschwollen: ein ungewöhnlich metallisches Dröhnen. Ich spähte durch ein Loch in der Bretterwand: ein Panzer.

Der Panzer hielt an.

Das Summen hörte auf.

Maschinengewehre und Granatwerfer schossen auf ihn.

Der Turm des Panzers drehte sich, die lange Kanone schien innezuhalten, genau auf die Scheune gerichtet, drehte sich noch ein kleines Stückchen weiter und spie eine riesige Flamme. Das Schießen hörte auf.

Der Panzer blieb noch einen Augenblick stehen, dann rollte er langsam auf uns zu. An seinen Flanken sah ich ein Emblem: es war nicht das verhaßte Hakenkreuz, sondern ein weißer Stern.

Das Emblem der amerikanischen Armee! Mir war, als würde

mir der Schädel zerspringen. Unter wildem Gebrüll stampfte ich ein Loch in die strohbedeckten Bretter des Scheunenbodens. Ich sprang hinunter und rannte auf den Panzer zu.

Aber die Deutschen hatten das Feuer wieder eröffnet, und ich war genau in der Schußlinie. Ohne darauf zu achten, lief ich weiter. Der Panzer feuerte zweimal zurück, und die Schießerei hörte auf. Ich erreichte den Panzer.

Ein hochgewachsener Neger kam aus dem Turm hervor und redete mich in einer unverständlichen Sprache an. Ich warf mich dem Soldaten zu Füßen und schlang die Arme um seine Beine. Die drei englischen Worte, die meine Mutter so oft gesagt hatte, wenn sie von unserer Erlösung träumte, kamen mir in den Sinn, und ich schrie aus vollem Halse: «God bless America!»

Der schwarze Amerikaner hob mich hoch und ließ mich in den Turm klettern.

Wir waren frei.

Zweiter Teil
Die Rettung

6

Die GI's begrüßen mich: «Hi, kid.» Ich antworte: «Heil Roosevelt.» Ich werde von der Army aufgenommen.

Ich bekomme zu essen, und ich bekomme Kleidung. Ich lebe. Aber ich bin nicht zufrieden.

Ich möchte, daß General Pattons Panzer mit dem weißen Stern weiter vorstoßen, nach Berlin, nach Auschwitz, Maidanek, Treblinka. Vielleicht, ich wage es kaum zu denken, ist von den Meinen noch jemand am Leben.

Warum bleiben die Panzer hier?

Meine neuen amerikanischen Freunde verstehen meine Ungeduld. Einige von ihnen sprechen Jiddisch – sie haben es von ihren Großeltern gelernt. Ein Colonel aus Chicago erzählt mir, daß seine Familie aus einem Dorf bei Bialystok stammt.

Er hat an der Befreiung eines Konzentrationslagers teilgenommen, und als er davon spricht, wird er totenbleich.

Er und seine Männer hören mir schweigend zu, viele Stunden lang, unfähig, ihre Tränen zurückzuhalten.

Der jüdische Colonel muß seine Leute nach dem Durchkämmen der Wälder immer wieder darauf hinweisen, daß alle deutschen Kriegsgefangenen, auch die Angehörigen der SS, nach den Grundsätzen der Genfer Konvention behandelt werden müssen. Wer dagegen verstößt, wird vor ein Kriegsgericht gestellt.

Eines Morgens hören wir im amerikanischen Soldatensender, daß Deutschland kapituliert hat. Das Dritte Reich hat aufgehört zu existieren. Großer Jubel bei den Amerikanern: das Regiment feiert ausgelassen. Ben, Nico und ich halten uns abseits von dem Freudentaumel. Wer feiert das Ereignis in Rotterdam? Wer feiert es in Bialystok? Ich komme mir verloren vor. Ich zittere bei dem Gedanken, jene vernichtete Welt, in der die Toten lebten, die mich jetzt in meinen nächtlichen Träumen heimsuchen, wiederzusehen, und sei es nur ein einziges Mal.

Was ist aus mir geworden? Was fange ich an mit meiner Freiheit, mit meinem Leben?

Nur Ben wollte nicht wahrhaben, daß seine Familie nicht mehr existierte. Er wollte nach Bialystok fahren – in der unsinnigen Hoffnung, seine Mutter und seine Schwestern lebend wiederzufinden.

Ich versuchte es ihm auszureden. Abgesehen davon, daß meiner Meinung nach keine Chance bestand, Überlebende anzutreffen, befand sich die Stadt, in der wir geboren und aufgewachsen waren, inzwischen in den Händen der Russen. Ben und ich waren nach wie vor sowjetische Staatsbürger – ein Status, der uns von Stalin aufgezwungen worden war, nachdem er sich 1939 Polen mit Hitler geteilt hatte. Ben riskierte, daß man ihn nicht wieder ausreisen ließ. Und wir hatten ja bereits einen Vorgeschmack vom sowjetischen Paradies bekommen . . . Wir wollten leben.

Ben ließ sich jedoch nicht beirren und fuhr los.

Unterwegs, auf Straßen, die von Karawanen von Flüchtlingen verstopft waren, traf er mehrmals Leute, die aus der Gegend von Bialystok kamen. Sie berichteten, daß die Stadt vollständig zerstört und daß die jüdische Bevölkerung vernichtet sei; die Rote Armee sei an der Macht. Er kehrte auf halbem Wege um.

Im besiegten Deutschland herrschten Chaos und Gewalt. Viele der befreiten Gefangenen stillten ihren Rachedurst an den Nazis, die nun ihrerseits ängstlich und unterwürfig waren.

Andere Deportierte hatten sich zusammengetan, um die SS-Männer aufzuspüren. Es war leicht, sie zu überführen, selbst wenn sie Zivil trugen, da sie alle eine Tätowierung unter der Achselhöhle hatten. Ich fand keinen Spaß daran, diese verächtlichen Kreaturen zu jagen. Und Ben erging es ebenso. Bei Nico bin ich mir nicht so ganz sicher.

Einer der erbarmungslosen Jäger, die unsere Gegend durchforschten, hieß Mosche. Er war in Auschwitz gewesen und hatte seine ganze Familie bei der Zerstörung des Warschauer Gettos verloren. Rasend vor Schmerz zog er jeden Morgen los, SS-Männer aufzuspüren und zu töten.

Unser Trio war nicht sehr kriegerisch und auch nicht weiter von Rachegedanken beseelt. Wir glichen eher drei Ertappten – die wiedergefundene Freiheit machte uns fast verlegen. Aber der Gedanke daß niemand es wagen würde, mir irgend etwas zu verbieten, berauschte mich.

Die erste Tat, die wir als freie Männer vollbrachten, war, daß wir aus einem ehemaligen Wehrmachtsdepot drei schwere Motorräder stahlen. Mit diesen starken Maschinen donnerten wir ganze Tage lang durch die Umgebung von Penzing, wo wir untergebracht waren; die Nächte verbrachten wir mit deutschen Mädchen.

Die Streifzüge waren Nicos Hauptbeschäftigung geworden,

und er hatte Ben und mich nicht lange zu überreden brauchen, damit wir seinem Beispiel folgten.

Wir fuhren mit unseren Motorrädern auf einen Bauernhof und baten den Bauern höflich um Schmalz, um Butter, um Käse und um Eier: Ich trug eine gewaltige Mauser an der Hüfte, aber ich dachte nicht im Traum daran, sie zu gebrauchen. Der Bauer gehorchte widerspruchslos. Wenn wir alle Sachen aufgeladen hatten, schob ich ihm einen sorgsam zusammengefalteten Zettel in die Hand, auf dem er, wenn er ihn entfaltet hatte, lesen konnte: «Der barmherzige Gott wird Sie bezahlen – Samuel Pisar.»

Das schwierigste war der Anfang gewesen. Danach wurde es uns schnell zur Gewohnheit, in der Gegend herumzufahren und uns mit den köstlichsten Delikatessen zu versorgen. Aber wir waren diese Raubzüge bald leid. Und in dem kleinen Dorf wurde es uns allmählich zu eng.

Wir verlegten unsere Tätigkeit nach Landsberg. Auf der Suche nach einer Bleibe bestachen wir einen Hausmeister und konnten uns auf diese Weise in einer großen Wohnung am Marktplatz einquartieren. Sie hatte einer deutschen Familie gehört, die im Krieg ums Leben gekommen war.

Das besetzte Deutschland bot jedem, der die Chancen zu nutzen wußte, die ergiebigsten und verlockendsten Möglichkeiten. Unser erfinderisches Geschick, das wir uns im Lager erworben hatten, suchte, durch neue Energie und neuen Ehrgeiz angestachelt, ein Betätigungsfeld. Wir fanden es schnell. Die meisten Deutschen lebten in abgrundtiefer Armut gegenüber den gutmütigen, in einsamem Überfluß schwelgenden Amerikanern. Wir konnten die Vermittler zwischen diesen beiden Welten spielen.

Für eine Stange Lucky Strike brachten wir einen einsamen

schwarzen GI mit einer zugänglichen deutschen «Frau» zusammen. Doch unser bestes Tauschobjekt war Kaffee – höchster Genuß und unerreichbar damals für die Deutschen.

Ben hatte bei einem amerikanischen Regiment eine Stelle als Hilfskoch bekommen. Jeden Morgen, wenn er das Frühstück zubereitete, tat er einige Hundert Portionen Kaffee zusätzlich in den großen Kessel. Den nassen Kaffeesatz hob er auf.

Dann kam ich mit meinem Motorrad, verstaute den ganzen Kaffeesatz in meinem silbern glänzenden Beiwagen und brachte ihn zu unserer Wohnung, wo ich ihn in dem großen alten Backofen trocknete. Den trockenen Kaffeesatz füllten wir in Tüten mit der Aufschrift «Echter brasilianischer Bohnenkaffee» und tauschten ihn auf dem Schwarzen Markt gegen alle möglichen Wertgegenstände.

Die Deutschen, die kaum noch wußten, was Kaffee war, da sie schon vor dem Krieg Ersatzkaffee hatten trinken müssen, waren zu allen Opfern bereit, um endlich wieder einmal das Aroma und den Geschmack von «echtem» Kaffee zu genießen.

Dann entwickelten wir das System weiter. Ein gewisser Herr Pflanz, der ein Schuhgeschäft besaß und verzweifelt war über den geringen Wert der Mark, erklärte sich bereit, uns einen Teil seiner Lagerbestände zu überlassen. Der Handel wurde auf folgender Grundlage abgeschlossen: zwei Pfund Kaffee gegen ein Paar Schuhe – die wir sogleich gegen andere Waren tauschten.

Nach ein paar Monaten waren wir berühmte Persönlichkeiten in Landsberg. Nico, ständig in Hochstimmung, sammelte schöne Frauen und die besten Schneideranzüge. In einem marineblauen Überzieher, einen weißen Seidenschal lässig um den Hals geschlungen, spazierte er wie ein Dandy durch die Stadt.

Ich bewunderte Nico nicht zuletzt wegen seiner zahlreichen Affären. Aber obwohl ich mir alle Mühe gab, auch darin seinem Beispiel zu folgen, wollte es mir nicht recht gelingen. Mit Gertrud, die sechzehn Jahre alt war, machte ich abends lange Spaziergänge. Ich spürte, daß sich Gefühle in mir regten, die ich noch nicht kannte – Funken, die schnell aufblitzten und wieder erloschen.

Nico freundete sich mit Mimi an, einer schönen jungen Frau, die mit einem Architekten verheiratet war. Sie wünschte sich einen Sohn von Nico, den sie – nach Nicos Vater – Moritz nennen wollte. Sie wollte für immer bei Nico bleiben, aber Nico scheute vor der Verantwortung zurück und verließ sie. Als ihr Mann aus dem Krieg kam, kehrte sie zu ihm zurück. Sie zogen nach Frankfurt, wo Mimi später starb.

Bei Mimi und ihrer Mutter, die uns – Ben und mich – aufnahmen, als gehörten wir zur Familie, lernte ich wieder, was menschliche Wärme war – Mimi behandelte mich wie einen eigenen Sohn, und für ihre Mutter war ich wie ein Enkel, obwohl ich grausame Scherze mit ihr trieb: ihr Sohn war bei der SS gewesen, und ich drohte ihr, ihm die Hölle heiß zu machen, sobald er in Landsberg auftauchte.

In Landsberg machte ich die Entdeckung, daß die Deutschen menschliche Wesen waren, eine Feststellung, die mich zunächst beunruhigte. Erst allmählich gelang es mir, sie zu verarbeiten.

Bei meinen Motorradfahrten lernte ich viele Städte und Dörfer der Umgebung kennen: Augsburg, Kempten, Fürstenfeldbruck, den Starnberger See. Einmal kam ich sogar bis Ulm.

Ich frönte meiner Leidenschaft für das Motorradfahren von morgens bis abends. Ich machte die gefährlichsten Kunststücke und gewann die verrücktesten Wetten. Nach all den in Lagern verbrachten Jahren hatte ich das Gefühl, unverwundbar zu sein: wie aus einem Reflex heraus fuhr ich fort, mit dem Tod zu spielen.

An einem Sommertag fuhren Nico, ein paar Freunde von uns und ich an den Ammersee. Wir zogen uns aus und sprangen ins Wasser, und da ich in meiner Unbekümmertheit dachte, so wie ich bisher alles geschafft hatte, dürfe mir auch das Schwimmen nicht schwerfallen, lief ich gleich in das tiefere Wasser. Ich ging sofort unter und schluckte so viel Wasser, daß ich nicht um Hilfe rufen konnte. Die anderen, die nicht begriffen, wie ernst meine Lage war, hielten sich den Bauch vor Lachen. Endlich, im letzten Augenblick, holte mich Nico heraus.

Wir waren völlig entfesselt, entschlossen, jederzeit alles zu versuchen, wenn es nur aufregend, amüsant, neu oder eine Herausforderung war. Mindestens ein dutzendmal wären wir um ein Haar ums Leben gekommen, so wild und leichtsinnig lebten wir. Aber für uns war das die Freiheit.

Der Fall kam um so jäher: er war die Folge einer Begegnung mit einem Deutschen, der einen gut sortierten Weinkeller besaß.

Für ein Pfund Kaffee «aus zweiter Hand» gab er uns eine Flasche erstklassigen Cognac. Und für fünf Flaschen Cognac und ein blondes Fräulein als Zugabe überließen uns amerikanische Tankwagenfahrer einen Teil ihrer Ladung.

Der neue Geschäftszweig florierte dermaßen, daß wir auf dem besten Weg waren, die gesamte US-Division, die in der Gegend stationiert war, sozusagen lahmzulegen.

Diese Verletzung ihres Eigentums und ihrer Disziplin konnte die Army nicht, ohne zu reagieren, hinnehmen. Außerdem waren sowohl die Behörden der Besatzungsmächte als auch die deutsche Bevölkerung daran interessiert, daß allmählich wieder geordnete Verhältnisse hergestellt wurden.

Eines schönen Morgens wurde Nico verhaftet und ins Gefängnis geworfen. Ich war empört. Ein von den Nazis Verfolgter war erneut seiner Freiheit beraubt worden. Und der Gipfel der Provokation war, daß Nico, der gute, liebe Nico, ausgerechnet in der Feste Landsberg gefangengehalten wurde, die vor zwanzig Jahren einen gewissen Agitator namens Adolf Hitler beherbergt hatte, der seinen Aufenthalt dort ausnutzte, um sein Buch «Mein Kampf» zu schreiben.

Das war in meinen Augen ungeheuerlich. Was hatten wir denn anderes getan, als geschickt und mit Erfolg auf das Gesetz von Angebot und Nachfrage zu reagieren? Zugegeben, das völlig pervertierte Leben im Lager und die Wirren der Nachkriegszeit mochten unsere Fähigkeit, zwischen Gut und Böse zu unterscheiden, etwas beeinträchtigt haben. Na und?

Ich zögerte keinen Augenblick, einen der deutschen Gefängniswärter zu bestechen. Er ließ mich in den Gefängnistrakt hinein.

Wir gingen durch lange hallende Gänge, bis der Wärter vor einer Zellentür stehenblieb. Nach einem schnellen Blick durch den Spion suchte er umständlich aus seinem schweren Schlüsselbund den richtigen Schlüssel heraus. Das Schloß knirschte, die Tür öffnete sich halb, und ich erblickte Nico; stoppelbärtig, nackt, nur mit einer Unterhose bekleidet, saß er auf seiner Pritsche. Er starrte mich verblüfft an: «Das kann doch nicht wahr sein! Was machst du denn hier?»

«Ich komme, um dich zu befreien.»

«Du bist verrückt, du mußt den Verstand verloren haben.»

«Nein, ich habe alles genau durchdacht. Ich habe einen der Wärter geschmiert. Wir haben einen Fluchtplan.»

«Hör zu!» Nicos Stimme wurde schneidend. «Hör endlich auf zu glauben, du wärst noch im Lager. Die Amerikaner sind nicht die Nazis. Im übrigen werden sie nichts aus mir herausbekommen, und in ein paar Tagen bin ich wieder frei.»

Eine falsche Hoffnung! Nicht nur, daß er nicht freigelassen

wurde, sondern Ben und ich wurden ebenfalls festgenommen.

Ben kam in dasselbe Gefängnis wie Nico.

Da ich erst sechzehn Jahre alt war, wurde ich in eine Anstalt für jugendliche Delinquenten gesteckt.

Nach ein paar Tagen war es mir ohne große Mühe gelungen, eine so rebellische Atmosphäre unter meinen deutschen Mitgefangenen zu erzeugen, daß man mich in Einzelhaft steckte.

Es nützte wenig. Von meiner Zelle aus setzte ich die Beschimpfungen und die Aufrufe zur Revolte in verstärktem Maße fort. Von den Wärtern alarmiert, kam der Gefängnisdirektor zu mir.

«Beruhige dich, ich rate es dir im guten, sonst . . .»

«Was soll das? Sie wollen mir jetzt plötzlich ins Gewissen reden? Sie Nazi, Sie SS-Mann! Sie sollten irgendwo in einem Lager sitzen! Und fahren statt dessen mit Ihrer schmutzigen Arbeit hier fort!»

Der Mann, letzten Endes auch nur ein kleiner Beamter im Strafvollzug, wußte sich nicht mehr zu helfen, angesichts der Heftigkeit meiner Reaktion.

Er rief bei der amerikanischen Militärregierung an und bat darum, daß man mich nach Landsberg verlegte – in das ehemalige Gefängnis Adolf Hitlers.

Dort fand ich meine beiden Freunde wieder, in einer riesigen Zelle, die außer ihnen eine Mustersammlung von abgebrühten Kriminellen beherbergte.

«Hallo!»

«Mann . . .! Nicht möglich! Wie hast du das geschafft?»

«Ich habe sie davon überzeugt, daß . . .»

Plötzlich Brandgeruch in der Zelle. Ich merke, daß mein Rücken in Flammen steht. Sie haben meine Jacke in Brand gesteckt – die Feuertaufe für Neuankömmlinge. Ich wälze mich auf dem Boden, um die Flammen zu ersticken. Die anderen biegen sich vor Lachen.

Nico, Ben und ich tauschen einen schnellen Blick aus und werfen uns auf sie. Binnen weniger Sekunden wird die Zelle Schauplatz einer regelrechten Straßenschlacht.

Ich muß sagen, Nico war ein Profi. Er setzte seine Gegner einen nach dem andern mit Schlägen von teuflischer Präzision außer Gefecht, während Ben sie umklammert hielt und ich ihnen die Arme auf den Rücken drehte. In den Lagern hatten wir schlimmere Kämpfe bestanden.

Nach ein paar weiteren, ebenso gewalttätigen Begegnungen, die genügen, um den anderen unsere Kaltblütigkeit und unsere Erfahrung zu demonstrieren, lassen sie uns schließlich in Frieden.

Nach acht Tagen hatten wir immer noch keine genaue Kenntnis, welches Los uns erwartete.

Daraufhin bestach ich einen Wärter. Gegen eine Goldmünze, die ich in einem Schuh versteckt hatte, verschaffte er mir die Möglichkeit, das Telefon in seiner Wachstube zu benutzen.

Ich bat das Fräulein vom Amt, mich mit dem Münchener Büro der UNRRA, der Hilfsorganisation der Vereinten Nationen zur Unterstützung der Flüchtlinge und Verschleppten, zu verbinden. Die Vertreter der UNRRA waren überall in Deutschland tätig: sie halfen den Deportierten, Nahrung und Unterkunft zu finden, und bemühten sich, sie in ihre Heimatländer zu repatriieren. Wir hatten alle drei nicht die geringste Absicht, uns in einem Flüchtlingslager unterbringen zu lassen. Doch hielten wir die Zeit für gekommen, unsere Rechte geltend zu machen.

Mein Gesprächspartner am anderen Ende der Leitung sprach Deutsch mit einem starken amerikanischen Akzent.

«Hier Goldberg», sagte er.

Ich stieß einen Seufzer der Erleichterung aus.

«Schalom! Hören Sie, ich bin gerade sechzehn geworden. Ich war in den Lagern der Nazis. Kaum hat man mich befreit, werde ich wieder eingesperrt, ohne jeden Grund, und wissen Sie wo?»

Ich machte eine kurze Pause.

«In dem Gefängnis, in dem Hitler gewesen ist, in Landsberg. Sie müssen alles tun, um mich hier rauszuholen, und meine Freunde auch.»

Ich spürte förmlich, wie bestürzt der junge Amerikaner war.

«Wie heißen Sie?» fragte er.

Ich sagte es ihm. Ich erzählte ihm auch von Ben, von Nico und von Auschwitz. Ich ließ alles aus mir heraus.

Zwei Tage später wurden wir aus dem Gefängnis entlassen und einem Offizier der UNRRA übergeben, der mit dem Jeep gekommen war und uns mit offiziellen, von den amerikanischen Besatzungsbehörden ausgestellten Papieren versah. All das war das Werk des wunderbaren Goldberg.

Wir fuhren nach München und wurden in einem Flüchtlingslager in der unmittelbaren Umgebung der Stadt untergebracht. Um unsere Zukunft besorgt, wollten die Verantwortlichen des Lagers uns überreden, nach Palästina zu gehen. Aber wir wollten nicht schon wieder in einem Kollektiv leben. Inzwischen bemühte man sich, alle unsere Bitten und Wünsche zu erfüllen. Wir verbrachten die meiste Zeit außerhalb des Lagers, in Kinos und Cafés.

Es war ein sorgloses Dasein, aber wir sehnten uns nach unserem alten Leben zurück. Eines Tages nahmen wir einfach den Zug nach Landsberg, fest entschlossen, unsere geschäftlichen Aktivitäten wieder aufzunehmen und da weiterzumachen, wo wir aufgehört hatten.

Aber die Atmosphäre hatte sich verändert. Goldbergs Pfadfinderblick, die Hingabe der UNRRA-Leute hatten ihre Wirkung nicht verfehlt. Im Grunde unseres Herzens hatten wir ein schlechtes Gewissen, das sich nicht so leicht beruhigen ließ.

Gewissensbisse können sich auf die verschiedenste Weise äußern. Bei uns bewirkten sie, daß wir erbittert aufeinander herumhackten.

«Seht euch doch an», ermahnte uns Nico. «So könnt ihr nicht weitermachen. Reißt euch zusammen, fangt endlich etwas Vernünftiges an. Lernt etwas, legt euch ein bißchen Allgemeinbildung zu. Was seid ihr denn? Nichts als zwei kleine Strolche.»

Ich war mir bewußt, daß ich erhebliche Lücken hatte. Ben sagte nachdenklich: «Ich will . . . ja . . . ich möchte gern irgend etwas lernen.» Und als er diese Worte aussprach, wußte ich, daß auch ich das gern wollte.

Nico hatte klar erkannt, was uns fehlte.

Und so machten wir uns kleinlaut auf die Suche nach einem Lehrer. Wir fanden ihn in einem ehemaligen Wehrmachtsoffizier.

«Was möchtet ihr denn lernen?»

Ich tauschte einen verlegenen Blick mit Ben.

«Nun ja, soviel wie möglich – ein bißchen Latein zum Beispiel, ein bißchen Mathematik, ein bißchen Erdkunde . . .»

Wir wußten praktisch nichts. Uns dürstete nach ein wenig Bildung. Und den Mann dürstete nach Kaffee. So wurden wir handelseinig. Für ein paar Tüten Kaffee von unserem Lagerbestand, den wir in weiser Voraussicht angelegt hatten, gab er uns Unterricht.

Aber die geistige Anstrengung war zu groß, und sie kam zu früh. Sehr viel mehr entsprach das Pokern unserem Naturell. Wir gaben unserem Lehrer den Abschied. Und verbrachten von nun an die Nächte beim Kartenspiel in einem geheimen Lokal mit hartgesottenen Gaunern.

In einer Nacht verlor ich zuerst mein ganzes Geld und dann die Sammlung von Ringen, die ich mit der Zeit angehäuft hatte.

«Du hast doch noch dein Motorrad», sagte einer der Spieler zu mir. «Setz doch dein Motorrad!»

«Nie!»

Ich stand auf, voller Zorn gegen . . . meinen Vater. Wenn er, der es zu solcher Meisterschaft gebracht hatte, mich doch nur in die Geheimnisse des Kartenspiels eingeweiht hätte!

Erst sehr viel später wurde mir klar, wie recht er gehabt hatte. Wenn er meinem Drängen nachgegeben und mir seine Kunststücke beigebracht hätte, dann hätte ich hier sicher sehr schnell mit einem Messer im Leib geendet.

Nach und nach waren wir ein wenig vernünftiger geworden. Wir hatten für uns eine Köchin eingestellt, und wir dachten daran, einen Laden zu eröffnen.

Landsberg war für uns so etwas wie eine Dekompressionskammer gewesen, ein erstaunliches Niemandsland zwischen der Hölle der Vergangenheit und der unausweichlichen Rückkehr zum normalen Leben. Wenn wir in der Stadt bleiben wollten, mußten wir jedoch bereit sein, uns bis zu einem gewissen Grade den allgemeinen Sitten und Gebräuchen anzupassen. Kein sehr verlockender Gedanke, fand ich.

Eines Tages, als wir gerade beim Mittagessen saßen, kam die Köchin ins Eßzimmer.

«Draußen ist ein Herr in Uniform», sagte sie zu mir, «der Sie sprechen möchte.»

Wir legten sofort Messer und Gabel hin. Leute, die am Rande der Legalität Geschäfte machen, sind nie sehr erfreut über den unangemeldeten Besuch eines Uniformierten.

«Sagen Sie ihm, ich sei nicht zu Haus.»

Und im nächsten Augenblick sprangen wir alle drei aus dem Küchenfenster.

Einige Stunden später, als wir zurückkamen, überzeugt, daß die Luft wieder rein war, erschien abermals die Köchin in der Tür. «Der Herr in Uniform ist wieder da. Er möchte Sie unbedingt sprechen. Er sagt, er ist ein Verwandter von Ihnen.»

Der Gedanke, daß vielleicht noch Verwandte von mir lebten, war mir seit langem nicht mehr in den Sinn gekommen.

«Was ist es für ein Mann?»

«Er spricht Deutsch, aber mit einem starken französischen Akzent. Ach ja, beinahe hätte ich es vergessen . . . Er hat gesagt, er wäre Journalist und er wäre mit einer Tante von Ihnen verheiratet.»

Was mir undenkbar schien, wurde auf einmal plausibel. Lange versunkene Erinnerungen kamen wieder herauf. Richtig, eine Schwester von meiner Mutter hatte in Paris studiert.

Ich mußte an das Sträußchen weißer Blumen denken, das wir in Bialystok in unserem Kamin verbrannt hatten – es war für mich zum Symbol für den Tod unserer Familie geworden. War es möglich, daß von meinen Angehörigen noch jemand lebte – außer in meiner Erinnerung?

Der Mann hieß Léo Sauvage. Er trug eine Uniform der französischen Armee, und sein Gesicht war hinter dicken Brillengläsern versteckt. Er war Mitte dreißig, schätzte ich. Mit seiner zögernden Sprechweise und seinem intellektuellen Habitus kam er mir jedoch sehr zerbrechlich und sensibel vor – das genaue Gegenteil von meinen Freunden und mir. Er war sichtlich verwirrt.

Darauf gefaßt, ein bis zum Skelett abgemagertes und vom Leiden gezeichnetes Kind vorzufinden, hatte er einen wohlgenährten, kerngesunden und mit sich und seiner Welt höchst zufriedenen jungen Mann vor sich.

«Mein Gott», sagte er, «wie du deiner Tante ähnelst!»

Wir sprachen deutsch, die einzige Sprache, in der wir uns fließend unterhalten konnten.

Langsam, aber sehr präzise berichtete er. Gleich nach Kriegsende hatte seine Frau, meine Tante Barbara, wieder Verbindung mit meinen Onkeln Nachman und Lazarus in Australien und mit unseren Verwandten in den Vereinigten Staaten aufgenommen. Als sie von der grauenvollen Vernichtung der Juden erfuhren, hatten sie alles versucht, um eine Spur zu finden, einen Hinweis, der darauf schließen ließ, ob irgend jemand von uns überlebt hatte. Jedoch ohne Erfolg.

Dann hatten sie in einer von der amerikanischen Armee herausgegebenen Liste der geretteten Lagerhäftlinge den Namen Samuel Pisar entdeckt. Samuel war der Sohn Davids. Er war ungefähr zehn gewesen, als das östliche Polen von der Sowjetunion und später vom Dritten Reich geschluckt worden war. Unfaßbar, daß der kleine «Mula» die Heimsuchungen lebend überstanden hatte, während so viele Erwachsene zugrunde gegangen waren.

«Dann hat deine Tante ein Telegramm nach Brüssel geschickt, an die Adresse, die auf der Liste angegeben war. Sie erhielt folgende Antwort: ‹Liebe Tante, bitte komm sofort, ich bin krank, ich brauche deine Hilfe!›»

Ich lächelte: «Ehrlich gesagt, das ist nicht ganz mein Stil.»

«Warte nur ab. Sie kommt in Brüssel an, sucht die Straße, das Haus, steigt mehrere Treppen hinauf und klingelt. Ein alter Mann öffnet ihr die Tür. Er hat eine Glatze, und er ist offensichtlich sehr krank. Sie fragt ihn: ‹Sind Sie Samuel Pisar?›

‹Nein›, erwidert der Alte. ‹Mein Name ist Stachelberg.›

‹Aber Sie haben auf mein Telegramm geantwortet.›

Der Mann sinkt zusammen, Tränen treten ihm in die Augen. ‹Ich bin so allein und krank. Ich war in einem Konzentrationslager. Als ich das Telegramm sah, habe ich gedacht, ich könnte mir den Namen borgen, ich könnte mich Pisar nennen, und Sie würden mir ein bißchen helfen.›

Deine Tante war sprachlos. Aber sie klammerte sich an eine letzte Hoffnung und fragte ihn: ‹Wissen Sie denn, wo Monsieur Pisar wohnt?›

‹Nein, ich hatte den Namen vorher noch nie gehört.›

Es war ein harter Schlag für uns alle.»

Léo Sauvage, der als Kriegskorrespondent über eine gewisse Bewegungsfreiheit verfügte und in den Besatzungszonen der Alliierten herumreisen konnte, bat überall, wohin er kam, Einsicht in die Unterlagen über *Displaced Persons* nehmen zu dürfen.

Auf diese Weise stieß er in München abermals auf den Namen Samuel Pisar. Der Mann war in ein Flüchtlingslager eingewiesen worden – aber er war spurlos verschwunden. Die einzige andere Adresse, die von ihm existierte, war das Gefängnis von Landsberg, wo er inhaftiert gewesen war.

Sauvage hatte sich sofort auf den Weg nach Landsberg gemacht. Zuerst hatte er in der Festung, dann im Einwohnermeldeamt nach mir gefragt. Vergeblich. Schließlich war er am Marktplatz in ein Café gegangen.

«‹Ist Ihnen zufällig jemand, der Samuel Pisar heißt, bekannt?›

‹Herr Pisar? Aber ja. Er wohnt im Haus nebenan.›»

Léo betrachtete mich halb verwirrt, halb beunruhigt. Ich mußte ihm wie ein seltsames Tier vorkommen.

«Deine Tante hat mir aufgetragen, daß ich dich mitbringen soll, falls ich dich finde.»

«Aber ich fühle mich hier sehr wohl . . . Ich habe meine

Freunde, ich habe meine . . . meine Beschäftigung, meine Arbeit.»

Sauvage nickte scheinbar zustimmend. Sicher dachte er: Erst einmal das Vertrauen des Jungen gewinnen, dann sehen wir weiter.

«Übrigens – hier, das ist ein kleines Geschenk von deiner Tante.»

Er hatte eine Stahluhr aus der Tasche gezogen. Es war eine sehr großzügige Geste, denn bei der allgemeinen Knappheit hatte die Uhr in Paris sicher eine hübsche Summe gekostet.

Ich nahm sie lässig entgegen.

«Oh, das ist aber nett!»

Er hatte die protzige goldene Armbanduhr an meinem Handgelenk bemerkt, und er schien seine Verlegenheit hinter dem beißenden Rauch seiner schwarzen französischen Zigaretten zu verbergen. Er war bei seiner letzten Schachtel angelangt.

«Hm . . . Onkel Léo, komm mal mit.»

Ich ging in eines der Nebenzimmer. Nachdem ich ein paar Schnapsflaschen, Kaffeetüten und Milchdosen beiseite geräumt hatte, öffnete ich den Deckel einer großen Holzkiste. Sie enthielt hundert Stangen Lucky Strike. Ich bot Onkel Léo eine an und sagte prahlend: «Ich rauche nur amerikanische.»

Er nahm die Stange, die ich ihm hinhielt, schweigend und biß sich auf die Lippen.

Eine Woche später erschien Tante Barbara. Mit ungewöhnlicher Tatkraft hatte sie die vielfältigen administrativen Hindernisse überwunden, die eine Reise französischer Zivilisten ins besetzte Deutschland erschwerten. Der Bericht ihres Mannes hatte sie in Panik versetzt . . .

Sie war neunundzwanzig, hübsch, geistreich und kultiviert – und sie war zu einer langen Belagerung bereit. Sie verkündete, sie werde bei uns wohnen. Nico, galant wie er war, überließ ihr das Schlafzimmer, das er sonst für seine Eroberungen benutzte.

Ich warnte ihn. «Hör zu, Nico, eine falsche Bewegung gegenüber meiner Tante, und ich schlage dir die Visage ein!»

Ihr Humor, ihr Esprit bezauberten mich. Ich glaube, daß sie es durchaus amüsant fand, wie wir da als Taugenichtse lebten. Aber sie sah auch die Grenzen und die Gefahren.

Sie drängte mich nicht, denn sie wußte, daß sie behutsam sein mußte. Sobald sie davon sprach, daß es vielleicht besser sei, wenn ich mein Leben änderte und mit ihr käme, machte ich Ausflüchte. Aber ich fragte mich schon, wie lange es mir wohl noch gelingen würde, ihr Widerstand zu leisten. Schließlich spielte sie ihren Trumpf aus und griff zu dem einzigen Argument, das mich ins Wanken bringen konnte: «Im Namen deiner Mutter, du mußt mitkommen.»

Bilder aus der Vergangenheit stürmten auf mich ein. Ich sah wieder das Lächeln meiner Mutter, ihre Gesten vor mir. Barbara hatte mich in die Falle gelockt – mit einer Wirklichkeit, die ich versunken, auf immer vergessen geglaubt hatte.

«Einverstanden, ich fahre mit nach Paris . . . aber nur, wenn Ben und Nico mitkommen.»

Nach langen und zähen Verhandlungen schlossen wir einen Kompromiß. Ich würde abreisen, sobald Léo und Barbara alle nötigen Formalitäten für meinen Aufenthalt in Frankreich erledigt hatten. Dann, so war es versprochen, würden sie das gleiche für Ben tun. Nicos Vergangenheit und seine derzeitige Situation warfen schwierigere Probleme auf, deshalb sollte sein Fall später noch einmal untersucht werden.

Es fiel mir schwer, meinen Freunden mitzuteilen, daß wir uns wieder einmal trennen mußten, wenn auch nur für eine kurze Zeit. Und diesmal entwickelten sich die Dinge immerhin unter erfreulicheren Begleitumständen. Außerdem dachten sie ohnehin, daß ich nicht lange bleiben würde.

Der amerikanische Kommandant, der meinen Fall zu prüfen hatte, empfing Barbara und mich nicht gerade herzlich.

«Ich würde Ihnen», sagte er zu meiner Tante, «die von Ihnen gewünschte Ausreisegenehmigung liebend gern geben, aber haben Sie sich auch gut überlegt, was Sie da tun?»

Meine illegalen Transaktionen, meine Festnahme, dann die Gefängnishaft und schließlich die Flucht aus dem Lager der UNRRA berechtigten in seinen Augen zu keinen großen Hoffnungen, was die Möglichkeiten meiner moralischen Regeneration betraf. Ehe der das Dokument unterschrieb, beugte er sich zu meiner Tante vor und sagte fast flehend: «Da Sie offenbar so fest entschlossen sind – Sie könnten nicht zufällig alle drei mitnehmen?»

Dann fuhren wir mit meinem Motorrad nach München zum französischen Konsulat. Barbara saß im Beiwagen.

Der Konsul war ein pflichtbewußter Beamter. Er zählte der Reihe nach all die Vorschriften auf, die ich zu erfüllen hatte, ehe ich die französische Grenze überschreiten konnte.

«Wir brauchen seinen Ausweis, eine Personenstandsurkunde, ausgefertigt vom Bürgermeisteramt seines Geburtsorts. Außerdem brauchen wir eine Gesundheitsbescheinigung und drei Leumundszeugnisse.»

Barbara sah ihn ungläubig an, dann explodierte sie: «Ist Ihnen überhaupt klar, was Sie da sagen? Seine Geburtsstadt ist dem Erdboden gleichgemacht, die Archive sind zerstört, seine Angehörigen sind ermordet. Sein einziger Ausweis ist auf seinen linken Arm tätowiert: die Häftlingsnummer von Auschwitz.»

Der Konsul wand sich verlegen.

«Ich verstehe, Madame, aber ich kann nichts daran ändern. Kommen Sie in drei Monaten wieder.»

Rasend vor Wut erhob sich Barbara aus ihrem Sessel.

«Sie sind schlimmer als die Nazis . . .»

Der Mann erbleichte.

«Sehen Sie ihn sich an», sagte sie und streckte mit einer heftigen Bewegung den Zeigefinger in meine Richtung. «Er ist verloren, wenn er dieses Land nicht verläßt. Und Sie, Monsieur, haben ihm den Todesstoß versetzt!»

Wir verließen das Konsulat, Barbara völlig aufgelöst, ich verärgert, wenn auch mehr ihretwegen. Ich mochte diese junge Tante, die soviel tat für ihren «kleinen, so zerbrechlichen und so verletzlichen» Neffen, nämlich sehr gern. Und vielleicht würde es ja ganz interessant sein, Paris zu entdecken – ich hatte in Bialystok soviel davon gehört.

«Keine Sorge, Barbara. Fahr du nur zurück, ich komme bald nach. Ich verspreche es dir.»

«Wirklich? Aber wie willst du allein mit all diesen Beamten fertig werden?»

Ich sah sie mit einem beruhigenden Lächeln an, so wie man ein bekümmertes Kind ansieht.

«Ich habe eine Idee, du wirst schon sehen.»

Barbara reiste ab. Es hatte vorläufig keinen Zweck mehr, noch länger zu bleiben. Sie wollte ihre Bemühungen in Paris fortsetzen.

Ein paar Wochen später klingelten Ben und ich an der Tür ihrer Wohnung am Boulevard Saint-Michel, unmittelbar gegenüber vom Jardin du Luxembourg.

Wir waren heimlich in einen Zug eingestiegen, der vor allem eine Gruppe polnischer Militärs beförderte. Als er in Straßburg weiterfuhr, zählte die Gruppe zwei Landsleute weniger . . .

Léo und Barbara waren außer sich vor Freude über mein

Kommen, schienen mir allerdings etwas überrascht, daß ich Ben mitgebracht hatte: das bedeutete weitere Formalitäten. Ich blieb jedoch standhaft.

«Hört zu, ich habe alles aufgegeben, um zu euch zu kommen. Meine Wohnung, meine Bequemlichkeit, meine Motorräder. Und Ben –» dieses letzte Argument war entscheidend – «Ben hat niemanden mehr, er ist völlig allein auf der Welt. Bei Nico eilt es nicht, das finde ich auch, aber vergeßt nicht, er wird ebenfalls kommen.»

Paris war sehr viel größer, als ich es mir vorgestellt hatte. Die Parks, die Palais und Paläste, die Kirchen – alles war ungeheuer imposant. Aber es war eine graue, vom Elend gezeichnete Stadt. Vieles war noch rationiert, und wir mußten uns sehr umstellen nach dem Wohlleben, das wir in Landsberg dank unserer Geschäfte geführt hatten.

Léo und Barbara wohnten mit ihrem kleinen Sohn Pierre in einer winzigen Wohnung und konnten uns deshalb nicht bei sich aufnehmen. Ben wurde im Boulevard Raspail bei einer Freundin von Barbara untergebracht, ich bei einem Professor in der Nähe der Sorbonne.

Ich entdeckte eine neue Welt. Bisher hatte ich, um mich am Leben zu erhalten, hart sein und alle Gefühle, alle Verletzlichkeit verbergen und verdrängen müssen. Dank Léo, Barbara und ihren Freunden bewegte ich mich nun in einem völlig anderen Universum.

Anfangs war es verwirrend. Ich mußte mühsam die einfachsten Dinge lernen – zum Beispiel zu regelmäßigen Zeiten zu essen oder immer im selben Bett zu schlafen.

Die hinreißenden jungen Frauen, mit denen meine Tante befreundet war, halfen mir, mich an das neue Leben zu gewöhnen, und nach drei Wochen verließ ich die Wohnung des Professors und zog zu einer von ihnen.

In ihren Augen muß ich so etwas wie ein wildes Tier gewesen sein, das nach und nach zutraulicher wurde. Zum erstenmal wurden meine Gesten, meine Taten nicht mehr durch dramatische äußere Lebensumstände bestimmt. Ich begann, Gefühle für die Menschen zu empfinden.

Ich glaubte, die junge Frau würde überrascht sein, wie erfahren ich war, doch in Wirklichkeit lernte ich unendlich viel mehr von ihr.

Meine Onkel Lazarus und Nachman, die beide in Australien lebten, warteten ungeduldig darauf, mich in die Arme zu schließen. Ich war nicht einmal abgeneigt, auszuwandern, zumal sie mir versprochen hatten, alles, was in ihrer Macht stand, zu tun, damit auch Ben und Nico nach dort kommen könnten.

Die Zuneigung meiner wiedergefundenen Verwandten war eine ganz neue und sehr schöne Erfahrung, aber ich hatte trotzdem das wenige, was ich noch besaß, verkaufen müssen und nur meine goldene Armbanduhr behalten. Es machte mir keinen Spaß, kein Geld zu haben. Das war nicht das Leben, das ich mir vorgestellt hatte.

Barbara und Léo gaben sofort zu, daß Australien uns sehr viel bessere Möglichkeiten bieten würde als das Frankreich der Nachkriegszeit. Aber um mir die Zeit bis zu meiner Abreise zu vertreiben, sei es das beste, sagten sie, wenn ich mir eine Beschäftigung suchte. Und so arbeitete ich – neben meinen Englischstunden in der Berlitz School – bei einem Fotografen, der sich darauf spezialisiert hatte, Starlets zu fotografieren.

Ich mußte die Filme entwickeln. Ich nehme an, Léo und Barbara hatten damals, was mich betraf, nur einen Wunsch: Mein Gott, wenn er doch bloß in dieser Dunkelkammer bliebe und ehrlich arbeitete – es wäre ein wahrer Segen!

Ich reagierte zwar in mancherlei Hinsicht wieder völlig normal, aber inzwischen konnte sich niemand mehr vorstellen, daß es je noch eine wirkliche Rettung für mich geben würde – das war undenkbar. Ich war zu tief in der Hölle gewesen.

Eines Morgens erhielt ich mein Billett nach Australien. Ich mußte zunächst nach London fahren und dort warten, bis ich einen Platz für den Flug von Southampton nach Melbourne bekam. Ich nahm Abschied von Barbara, Léo, Ben – und von meiner Freundin, deren Tränen schnell versiegt waren: sie hatte gewußt, daß unsere Beziehung nicht von Dauer sein konnte.

Drei Tage später nahm ich in der Kabine des Wasserflugzeugs Platz und schnallte mich an, bereit zum Abflug zu einem anderen Planeten. Ich verließ Europa für immer, wie ich meinte, und ohne Bedauern. Dieser selbstmörderische, von seinem Wahnsinn und von seiner Feigheit verwüstete Kontinent würde nun endlich aus meinem Leben und meinen Gedanken verschwinden.

7

Marseille, Port Said, Aden, Kalkutta, Bangkok – das Wasserflugzeug legte eine Etappe nach der andern zurück und machte jeden Abend Zwischenstation.

Die mit jedem Tag zunehmende Entfernung, die mich von Europa trennte, verstärkte in mir das Gefühl, daß es eine Reise ohne Umkehr war.

Der alte Herzenswunsch meiner Mutter erfüllte sich.

Die Sonne sank in dem Moment, als das Flugzeug in der Bucht von Singapur niederging und wasserte. Durch das Bullauge betrachtete ich die asiatische Landschaft. Die Zukunft . . .

Ich nahm meinen Koffer, stieg in das Boot und fuhr zu dem wartenden Auto, das, wie jeden Abend, die Passagiere zum Hotel brachte. Noch drei Tage, dann würde ich in Australien sein.

Als ich die Augen hob, erblickte ich eine imposante, mächtige Gestalt auf der Terrasse, die mich zu beobachten schien.

Ich blieb stehen, um den Mann genauer anzusehen. Ja – ein Irrtum war ausgeschlossen. Das Gesicht, das mich da tief bewegt betrachtete . . . Ich schloß einen Moment lang die Augen. Ich sah alte Fotos vor mir, Episoden aus meiner Kindheit zogen an mir vorüber. Der Mann, der jetzt mit zögernden Schritten auf mich zu kam, war mein Onkel Nachman, der Bruder meiner Mutter. Er hatte Bialystok verlassen, als ich acht Jahre alt gewesen war.

Er war eine legendäre Persönlichkeit in unserer Familie – er hatte unbedingt gewollt, daß wir alle nach Australien gingen, ehe es zu spät war. Er ahnte das Verhängnis, das grauenvolle Schicksal. Er hatte, wie meine Mutter, das Unheil kommen sehen, das all die Meinen vernichtete.

«Du bist also da!» rief er.

Und er schüttelte den Kopf, als traute er seinen Augen nicht, als könnte er es nicht glauben. Dieser Mann, der soviel Kraft und Gelassenheit ausstrahlte, bebte vor Ergriffenheit, als er mich schluchzend in die Arme schloß.

Lange blieben wir so, Auge in Auge, stehen. Dann schien Nachman in die Wirklichkeit zurückzufinden. Er sah mich mit einem ermutigenden Lächeln an, legte den Arm um meine Schulter und ergriff entschlossen meinen vor ihm stehenden Koffer.

«Nun komm», sagte er. «Ich wollte dich in Singapur abholen, damit ich mit dir sprechen kann.»

Er hielt einen Augenblick inne.

«Wenigstens einmal.»

Er nahm ein Taxi und bat den Chauffeur, uns zum Raffles Hotel zu fahren, einer der Hochburgen des britischen Empire im Fernen Osten.

«Wenn wir gesprochen haben», fuhr er fort, «werden wir alles vergessen – alles. In Australien soll ein neues Leben, ein ganz neues Leben für dich beginnen.»

Im Hotel kam Nachman in mein Zimmer. Ich sah, daß er von einem tiefen Schuldgefühl gezeichnet war. Er konnte es sich nicht verzeihen, daß er nicht mit uns gelitten hatte und daß er es nicht vermocht hatte, den Tod unserer Familie zu verhindern, deren einziger Überlebender jetzt vor ihm saß.

Die sehr genauen Fragen, die er mir stellte, flößten mir Unbehagen ein. Ich verstand, was ihn bedrückte, was ihn quälte, aber was nützte es? Er sprach mir von einem erloschenen Stern.

In der feuchtwarmen Nacht wurden meine Antworten immer ausweichender, immer vager und mein Unbehagen immer größer.

Ich war jung, ich wollte leben. Ich wollte nicht ein Kultgegenstand, ein Mahnmal werden. Etwas in mir lehnte sich auf, und ich hatte plötzlich den Wunsch zu fliehen.

Nachman mußte gespürt haben, daß irgend etwas nicht in Ordnung war. Er verstummte, und ein verlegenes Schweigen breitete sich zwischen uns aus. Draußen brach die Nacht herein.

«Erinnerst du dich noch an deinen Freund Kniazeff?» fragte ich ihn.

Ich wollte ihn beruhigen, ihn trösten, ich wollte ihm zeigen, daß er trotz allem hilfreich gewesen war. Ich wollte mir alle Mühe geben und ihm ein wenig von dem berichten, was er wissen wollte . . .

«Kniazeff? Ja natürlich», erwiderte er. «Kniazeff war einer meiner besten Freunde. Wir waren 1937 im selben Sportverein.»

«Er hat uns das Leben gerettet!»

Ich beschrieb ihm, wie die SS das Getto überfallen hatte und wie meine Mutter mit meiner Schwester und mir inmitten des blutigen Massakers durch brennende Straßen zum Krankenhaus geflüchtet waren. «Da sahen wir Kniazeff, den Direktor. Er stand vor dem Eingang und versuchte, die verängstigte

Menge, die sich vor dem Gebäude versammelt hatte, zu beruhigen. Mutter rief ihm zu: ‹Ich bin die Schwester von Nachman Suchowolski!›

Kniazeff kam sofort zu ihr. Und er bahnte uns einen Weg durch die Menge und führte uns hinein.»

Nachman hörte tief erschüttert zu.

Ich fügte abschließend hinzu: «Das war unsere letzte gemeinsame Nacht. Im Morgengrauen drangen die Nazis in das Krankenhaus ein, und wir wurden getrennt . . . auf immer.»

Mir wurde übel, und ich stürzte ans Fenster, um frische Luft zu atmen. Mein Gott, ich hatte diese Reise nicht angetreten, um all das noch einmal zu durchleben!

Ich sah zu meinem Onkel hinüber, der zusammengesunken und mit abwesendem Blick in seinem Sessel saß. Ich verließ das Zimmer.

Draußen im Flur hörte ich Musik. Ich ging den Klängen nach und kam in den Night-Club des Hotels. Auf einem kleinen Podium stand ein Mädchen und sang.

Sie war sehr hübsch. Sie trug einen bunten Sarong, der raffiniert um ihre Hüften geschlungen war. Wahrscheinlich eine Balinesin, dachte ich und setzte mich in ihrer Nähe an einen Tisch. Unsere Blicke trafen sich. Und sie lächelte mir zu, während sie sang, die ganze Zeit.

Nach ihrem Auftritt dankte ich der Berlitz School in Paris für die Grundkenntnisse der englischen Sprache, die sie mir vermittelt hatte. Ich fragte den Ober, ob die Sängerin bereit sei, ein Glas mit mir zu trinken. Er kam zurück und sagte, sie dürfe nicht mit den Gästen trinken, aber wenn ich es wünschte, nachher . . .

Am nächsten Morgen, beim Frühstück, wirkte Nachman reserviert, angespannt.

Ich dagegen war sehr viel mitteilsamer als tags zuvor. Das

kurze Abenteuer war ein wohltuendes Zwischenspiel gewesen. Ich konnte wieder ruhiger in die Vergangenheit zurückblicken und war nicht mehr so verkrampft angesichts der außerordentlichen Sensibilität dieses Mannes mit den so entschlossenen Zügen.

Er war mir von Melbourne nach Singapur entgegengekommen, um – ein einziges Mal – alles zu hören, was sich zugetragen hatte. Meine Großmutter war seine Mutter, meine Mutter seine Schwester gewesen. Er hatte im Grunde ein Recht darauf, daß ich ihm geduldig von all den Ereignissen berichtete, die auch für ihn so schmerzlich waren. Und so berichtete ich ihm.

In Australien wurde ich von Lazarus, dem anderen Bruder meiner Mutter, begrüßt. Ich war erst ein Jahr alt gewesen, als er von Bialystok nach Paris gegangen war, um dort sein Studium fortzusetzen.

Lazarus, damals australischer Schachmeister, hatte den klarsten und durchdringendsten Blick, dem ich je bei einem Menschen begegnet bin.

Die beiden Brüder, das war wohl unvermeidlich, luden alle ihre Verwandten und Freunde ein, damit sie den Neffen kennenlernten, den sie aus dem düsteren, in Schutt und Asche liegenden Europa zu sich geholt hatten. Aber ich hatte bei diesen endlosen Abendgesellschaften das unerträgliche Gefühl, für die anderen so etwas wie ein seltenes Tier zu sein.

Vor allem war das Leben hier noch sehr viel familiärer als bei Barbara und Léo. Und viel zu ruhig für meinen Geschmack. Nachman wollte, daß ich wieder ein Kind wurde, daß ich – mit meinen siebzehn Jahren – die Zeit, die man mir geraubt hatte, nachholte.

«Wo ist Ben?» fragte ich meine Onkel schon nach wenigen Tagen. «Ihr habt mir doch versprochen, ihn zu holen.»

«Das werden wir auch tun», antwortete Lazarus. «Wir haben mit Barbaras Hilfe auch schon Stachelberg nach Australien geholt – den alten Mann aus Brüssel, der sich als Samuel Pisar ausgegeben hatte. Warum sollten wir für Ben nicht das gleiche tun?»

Vor allem aber fanden sie, daß es an der Zeit für mich war, wieder zur Schule zu gehen.

«Ich hätte lieber ein Motorrad.»

«Hör zu», sagte Nachman zu mir. «Du hast seit sechs Jahren nicht in ein einziges Buch geschaut! Wir müssen sehen, was da jetzt noch zu machen ist. Wir haben morgen früh eine Verabredung.»

Georges Taylor leitete eine angesehene Schule für Kinder, die Lernschwierigkeiten hatten. Er war Mitte Fünfzig und wirkte außerordentlich intelligent. Er musterte mich neugierig. Ich saß zwischen meinen beiden Onkeln, die ihm über mein Leben berichteten.

«Es ist uns klar, daß man das Versäumte nicht wirklich nachholen kann, aber wir haben eine heilige Pflicht. Was noch lebendig in ihm ist, darf nicht ersterben», sagte Lazarus. Und er schloß mit feierlichem Ernst: «Sie sind ein Fachmann. Bitte, geben Sie ihm ein Minimum an Bildung.»

Ich war bis dahin nie auf den Gedanken gekommen, daß meine Lage so verzweifelt sei.

Georges Taylor sah uns alle drei lange an. «Ja, es ist wahrhaftig ein besonderer Fall.»

Er hielt inne und klopfte mit den Fingern auf das Lineal, das auf seinem Schreibtisch lag. Dann schien er einen Entschluß zu fassen.

«Sein Schicksal bewegt mich zutiefst. Wenn wir irgend etwas

versuchen wollen, müssen wir damit anfangen, daß wir ihm ein wenig Englisch beibringen. Und da wir ihn nicht in eine unserer Klassen stecken können, werden wir ein Spezialprogramm für ihn ausarbeiten.»

Und damit schüttelte er uns kräftig die Hand.

In die Freude meiner Onkel mischte sich Besorgnis, als sie das spöttische Gesicht dessen sahen, auf den sie soviel Hoffnung setzten.

Ich fing am nächsten Morgen an.

Miss Lockwood, die Lehrerin, die mich unterrichten sollte, machte einen ziemlich mürrischen Eindruck. Aber ich wollte ihr, Mr. Taylor und meinen Onkeln beweisen, daß ich nicht so zurückgeblieben war, wie sie zu glauben schienen.

Ich war bei dem alterslosen Fräulein sehr viel disziplinierter, aufgeschlossener, als ich es bei einem Mann gewesen wäre, und ich lernte mit der gleichen Besessenheit und Ausdauer, mit der ich einst die Aufseher im Lager hinters Licht geführt oder in Landsberg unseren Kaffee verkauft hatte.

Miss Lockwood machte Tests mit mir, um meine Wißbegier anzustacheln. Und sie schien jedesmal fasziniert von meinen Reaktionen. Schließlich bat sie Taylor, sie von ihren anderen Aufgaben zu entbinden, damit sie sich ausschließlich meiner Erziehung widmen könne.

Nach sechs Jahren der völligen Lähmung, ohne die geringste Nahrung für den Geist, wurde mir eine Offenbarung zuteil, die sich bald in eine absolute Gewißheit verwandelte: Mein Leben war eine «Sackgasse». Physisch war ich Hitler entkommen, aber hatte er nicht meine psychische Zerstörung programmiert? Noch war ich ein Nichts. Erst jetzt begann der Kampf.

Georges Taylor hatte sich höchstens erhofft, daß ich mir einen begrenzten Wortschatz aneignete, ein Immigrantenenglisch, gerade genug, um einen Job zu finden.

Nach wenigen Monaten verstand ich alles, was er sagte, und am Ende des Schuljahrs beherrschte ich die englische Sprache. Sie ist meine Sprache geworden, weil ich sie unter friedlichen Bedingungen lernte. Von nun an dachte ich in ihr: die fremde Zunge befreite mich zumindest vorübergehend von den Schrecken und Ängsten, die ich in anderen Sprachen durchlitten hatte.

Im darauffolgenden Jahr kam ich in eine reguläre Klasse zu anderen, australischen Jungen. Ich lernte Geschichte, Erdkunde, Mathematik. Nichts konnte meinem Wissensdurst Einhalt gebieten. Mein Gehirn war wie ein ausgetrockneter Schwamm, bereit, alles aufzunehmen.

Ich hatte mir zum Ziel gesetzt, in einem möglichst kurzen Zeitraum all das zu lernen, was ich bei normalem Schulbesuch von meinem zwölften Lebensjahr aufwärts in Etappen an Wissen erworben hätte. Der Eifer, mit dem ich dabei vorging, grenzte an Fanatismus. Ich verhielt mich so, als stünde mein Leben erneut auf dem Spiel, und meine Onkel begannen sich wegen meiner Verbissenheit ernstlich zu sorgen.

Sie schlugen mir vor, doch einmal ins Kino oder in ein Konzert zu gehen, doch ich zog es vor, mich daheim in einem Sessel zu vergraben und Dickens zu lesen oder ganze Passagen von Shakespeare oder aus Miltons «Verlorenem Paradies» auswendig zu lernen.

Ich schnappte mir meinen kleinen neunjährigen Vetter, Nachmans Sohn, und sagte zu ihm: «Hör zu, was ich sage, und verbessere mich jedesmal, wenn ich etwas nicht richtig ausspreche!»

Verschreckt von der Strenge des ein wenig sonderbaren Verwandten, hob der arme Junge dann und wann schüchtern die Hand.

«Ja?»
«Nur ein ganz bißchen falsch ausgesprochen.»
«Aha, welches Wort?»
So hielt ich ihn stundenlang gefangen. Eines Tages hob er, nachdem er mir länger zugehört hatte, die Hand.
«Ja?»
«Ich möchte rausgehen und spielen.»
Er war den Tränen nahe.
«Na gut, aber komm morgen um die gleiche Zeit wieder.»
Lazarus gab mir Unterricht in Geometrie, Physik und Chemie. Wir arbeiteten oft bis in die Nacht hinein. Manchmal spielten wir lange Schachpartien.
Eines Abends hob er die Augen vom Schachbrett und sagte nach einer kleinen Pause: «Wenn du da so sitzt, mit deinen glänzenden Augen, meine ich manchmal, meine Schwester wiederzusehen. Sie war genauso eifrig und wißbegierig wie du.»
Es war die einzige Anspielung, die er vor mir auf die Vergangenheit machte.

Ein paar Monate später traf Ben ein, mit dem Schiff. Er betrachtete meinen Lerneifer mit einer Mischung aus Zorn und Verachtung. Nachdem er wie ein Verwandter empfangen und in die Familie aufgenommen worden war, wurde auch er der strengen Lehrmethode Taylor Lockwood unterworfen. Allerdings mit anderem Ergebnis. Ben war geistig sehr rege und lebendig, aber er interessierte sich vor allem für technische Dinge. Er begann sehr bald Maschinenbau und Elektrotechnik zu studieren.

Nur eines machte mir Kummer. Nico ließ nichts von sich hören. Ben und ich hatten Telegramme geschickt, aber sie waren ohne Antwort geblieben. Und bei Nico mußte man auf das Schlimmste gefaßt sein. Vielleicht war er umgebracht worden. Oder verhaftet. Ich hatte nur eine Gewißheit: bestimmt hatte er die Verbindung nicht willentlich abgebrochen. Ich brauchte mehrere Monate, bis ich herausfand, daß meine Onkel die Post abfingen. Sie waren durch Zufall auf ein paar Briefe von Nico gestoßen und waren entsetzt gewesen über den Zynismus und Leichtsinn, der daraus sprach.

Um mein Heil besorgt, hatten sie gemeint, die Ankunft dieses Menschen in Australien würde alle ihre Bemühungen zunichte machen.

Meine Klassenkameraden kamen mir sehr kindlich und gesittet vor, während ich immer noch zu Gewaltausbrüchen neigte. Eines Tages, als ich während der Chemiestunde in meine Jackentasche greife, um einen Bleistift herauszuholen, finde ich statt dessen eine Bananenschale. Der Junge auf der Bank neben mir, Bill Downey, beißt lachend in eine Banane. Ich mustere ihn kurz und versetze ihm einen brutalen Boxhieb, den ich im Lager gelernt und in Landsberg gelegentlich ausprobiert hatte. Er sinkt zu Boden. Die ganze Klasse erstarrt. Ich blicke Beifall heischend in die Runde, aber die anderen sitzen mit unbewegten Gesichtern da und ignorieren mich. Bill Downey betrachtet mich ungläubig, als wäre ich ein Wilder, der sich hierher verirrt hat.

Die Lehrerin hat die Szene beobachtet. Sie hält einen Moment inne, um dann fortzufahren, als wäre nichts geschehen – sie hätte meiner schulischen Laufbahn ein jähes Ende bereiten können.

Ich war wütend, ich ärgerte mich über mich selbst. Ich sagte mir immer wieder: Pisar, du bist ein Idiot. Du hast reagiert, als hätte der Junge dich umbringen wollen. Wenn du ein normales Leben führen willst, mußt du es lernen, dich wie ein zivilisierter

Mensch zu benehmen. Keine unkontrollierten Reaktionen mehr.

So lernte ich das zivilisierte Leben im Klassenzimmer, in der Gruppe. Bei Klassenarbeiten und Prüfungen war mein erster Impuls, zu schummeln, also meinen Lagerinstinkten zu folgen. Ich bezwang mich jedoch und hielt mich an die neuen Spielregeln.

Alles in allem war Australien ein wunderbares Land. Entschiedener noch als England war es die Heimat des fair play, der ungeschriebenen Gesetze, die festlegen, «was man tut» und «was man nicht tut».

Australische Sportler beherrschten den internationalen Sport in so verschiedenen Disziplinen wie Schwimmen, Tennis und Mittelstreckenlauf. Als Junge war ich gut im Hochsprung und ein guter Fußballspieler gewesen, doch als ich in Australien weitermachen wollte, wo ich damals aufgehört hatte, merkte ich – obwohl ich gut lief und ein passabler Tennisspieler war –, daß ich nie an die Leistungen der großen Sportler herankommen würde, von denen einige, darunter Olympiateilnehmer und Weltrekordinhaber, zu meinen Freunden zählten.

Durch sie entdeckte ich voller Staunen, daß man leidenschaftlich kämpfen und dabei Würde und Anstand wahren konnte – ohne daß ein Kampf auf Leben und Tod daraus wurde.

Melbourne war aus meiner Perspektive das absolute Gegenteil von Auschwitz.

Begeistert machte ich mir diese Einstellungen, diese Verhaltensweisen zu eigen, und mir schien, daß sich in dem Sinn für das rechte Maß und für Nuancen, den ich allmählich entwickelte, meine Reise aus dem Dschungel in die zivilisierte Welt manifestierte.

Zwei Jahre nach meiner Ankunft in Australien beendete ich

meine Schulzeit und verließ die Oberschule mit dem normalen Abschlußzeugnis. Ich war inzwischen neunzehn Jahre alt. Ich dachte daran, Naturwissenschaftler zu werden.

Die Naturwissenschaften reizten mich, andererseits aber fand ich, daß ich nicht das Temperament eines Forschers hatte. Die Jurisprudenz, der Beruf des Anwalts schien mir am Ende der verlockendere Weg.

Für mich, der ich so lange ein der absoluten Willkür preisgegebenes Leben geführt hatte, in einer Welt, wo das kleinste Vergehen mit dem Tode bestraft wurde, war das britische Recht der Spiegel einer fest gegründeten, gerechten, solidarischen Gesellschaft.

Die Habeas-Korpus-Akte, die Gerichte, das Geschworenensystem, die bis ins kleinste Detail vorgeschriebenen Verfahren zeigten mir, welchen unendlichen Wert man dem Leben und der Freiheit eines Menschen beimessen konnte.

Die Spannungen, zu denen es 1948 bei der Gründung des Staates Israel kam, brachten für Ben und mich eine Veränderung unseres Lebens mit sich. Die Bedrohung und dann der Angriff arabischer Truppen, die diesen winzigen Landstreifen einkreisten, der Zuflucht zahlreicher Überlebender der Todeslager geworden war, forderten uns zum Handeln heraus. In dieser Zeit kehrten bei Ben und mir die Lageralpträume wieder.

Wir empfanden keinen Haß gegen die Araber, aber wir waren der Meinung, daß es für uns keine andere Möglichkeit gab: wir mußten mit unseren einstigen Leidensgenossen kämpfen und, wenn nötig, bereit sein, an ihrer Seite zu sterben.

Wir nahmen Verbindung mit einer Untergrundgruppe auf. Man wollte uns – wie auch andere junge Männer – ausbilden und uns dann nach Palästina schicken. Wir verbrachten einige Wochen mit Waffenübungen im australischen Busch, eine Beschäftigung, die uns nicht ganz fremd war. Dann machte der Waffenstillstand unser Vorhaben überflüssig. Aber diese Drohung eines neuen Massakers erinnerte uns an die grausame Lektion der Geschichte des jüdischen Volkes: wir waren durch alle Zeiten hindurch und in allen Ländern der Erde durch das Band des Leidens verbunden, und wir waren dazu verurteilt, wachsam zu bleiben, immer und überall, wenn wir überleben wollten.

Mitte 1949 war ich voller großer Pläne. Ich dachte daran, mich für das nächste Semester an der juristischen Fakultät immatrikulieren zu lassen, und ich dachte an die Ferien, in denen ich Tennis spielen, schwimmen und mit meinen Freunden reisen würde. Plötzlich, von einem Tag zum andern, zerschlug sich alles.

Ich hatte schon seit einiger Zeit hin und wieder unter Unwohlsein, Übelkeit und Schmerzen in der Brust und im Bauch gelitten. Eines Morgens waren die Schmerzen unerträglich.

Der Arzt diagnostizierte eine akute Blinddarmentzündung. Ich wurde operiert. Aber einige Tage später: dieselben Symptome. Ich wurde geröntgt. Dann fiel das niederschmetternde Urteil: Tuberkulose.

Damals war die Tuberkulose noch eine Krankheit, die sehr oft tödlich verlief. Es gab noch keine wirksamen Medikamente dagegen.

Zum erstenmal habe ich den Eindruck, bei einer «Selektion» auf die falsche Seite gekommen zu sein. Jetzt ist alles aus.

Ich habe das Gefühl, als erlebte ich das Ende eines Traums, ich schwanke zwischen Auflehnung und Verzagtheit. Ist alle Mühe vergeblich gewesen? Der Knopflochmaschinist ist besiegt, ohnmächtig, bereit aufzugeben.

Wenn ich schon sterben muß, warum hat sich der tückische

Feind dann nicht eher gezeigt, vor der Entdeckung Australiens, das mir die Lust zu einem neuen Leben schenkte? Im günstigsten Fall bin ich jetzt zu einem behinderten Leben verdammt . . .

Meine Onkel konsultieren einen berühmten Spezialisten, Sir Wilberforce Newton. Nachman schlägt vor, daß man mich zu Hause läßt.

«Ausgeschlossen», antwortet Sir Wilberforce. «Die Lungentuberkulose ist eine sehr ansteckende Krankheit. Sie haben zwei Kinder – Sie können Ihre Familie nicht dieser Gefahr aussetzen.»

Nachman beharrt: «Gut, dann bringen wir ihn in einem isolierten Zimmer unter. Das Haus ist groß, und wir haben einen Garten.»

Der Arzt unterbricht ihn: «Das ist ungefähr so, wie wenn Sie von einem Mann verlangten, daß er seinen Wehrdienst per Fernlehrgang absolviert.»

Lazarus, ein stiller, zurückhaltender Mann, wendet sich mit feierlichem Ernst an Dr. Newton: «Hören Sie, er ist gerade dabei, das normale Leben wiederzuentdecken, er ist frei. Sie begreifen doch, was das für ihn bedeuten kann – frei zu sein!»

Und er spricht weiter, von seinen Gefühlen übermannt: «Doktor, dieser Junge war tot, als er hier ankam. Jetzt lebt er wieder. Es ist ein Wunder. Wenn Sie ihn in ein Sanatorium stecken, dann berauben Sie ihn dieser frischen und so zerbrechlichen Freiheit. Seine Psyche wird es nicht überstehen!»

Sir Wilberforce Newton gab nach. Resigniert zuckte er mit den Schultern.

«Also gut! Versuchen wir es.»

Meine lange, meine nicht enden wollende Genesung verbrachte ich in einem großen hellen Raum mit Glaswänden, die meine beiden Onkel eigens für mich errichten ließen.

Die mir aufgezwungene Ruhe führte ganz von selbst dazu, daß ich mir ernstere und tiefere Gedanken machte, als ich es bisher getan hatte. Und ich stürzte mich in die einzige Beschäftigung, die mir erlaubt war: Lesen.

Ich hatte in Nachmans Bibliothek eine Geschichte der Weltliteratur entdeckt, die ich von Anfang bis Ende gelesen und mit Anmerkungen versehen hatte. Danach wählte ich systematisch die englischen, russischen, deutschen und französischen Werke aus, die mir die wichtigsten zu sein schienen. Ich zwang mich, sie alle in der Originalsprache zu lesen. Es war eine regelrechte Metamorphose. Vom Leben abgeschnitten, erlebte ich dennoch auch weiterhin alle Gefühle, und durch meine Unbeweglichkeit und die Medikamente wurden sie sogar noch verstärkt. Ich war verzaubert von Anna Karenina, ich litt mit dem jungen Werther . . . Ich erblickte die Konturen eines anderen Universums, das nicht nur physischer Natur war.

Durch die Literatur entdeckte ich auch, daß Erfolg nicht unbedingt Glück bedeutete und daß ein Scheitern den Menschen nicht zur Hoffnungslosigkeit verdammte. Alles war sehr viel nuancierter und manches sogar paradox. Die Geheimnisse der menschlichen Seele, die Fallgruben und die Herrlichkeiten des Lebens . . .

Ben, der bei Onkel Lazarus wohnte, besuchte mich oft. Eines Tages kam er mit ernstem Gesicht in mein Zimmer und sagte: «Ich muß mit dir reden. Ich will heiraten.»

«Bist du verrückt geworden?» Ich sprang vor Schreck aus dem Bett. Blitzartig wurde mir klar, daß ein Abschnitt meines Lebens zu Ende ging. Von nun an würde jemand anders zwischen uns stehen.

Ich redete erregt auf ihn ein: «Das ist doch nicht möglich! Du willst heiraten, dich an einen anderen Menschen binden, Kinder in die Welt setzen? Nach alldem, was wir durchgemacht haben? Warum?»

«Ich liebe sie.»

«Wer ist es denn überhaupt?»

«Bebka.»

Bebka war ein Mädchen aus Bialystok. Sie war von den Russen nach Sibirien deportiert worden, ehe die Nazis kamen. Später war sie mit ihren Angehörigen nach Australien gegangen.

«Du tust es sicher nur deshalb, weil du in ihr eine Schwester siehst. Du brauchst keine Frau, sondern eine Ersatzfamilie!» In meiner Hilflosigkeit, in meiner Angst wußte ich nichts anderes zu sagen.

Ich las, ich lebte in den Werken der Großen: Tolstoi, Balzac, Schiller, Conrad, Dostojewski.

Überraschende Parallelen taten sich auf. Der Stawrogin aus den «Besessenen» – ich hatte ihn gekannt! Es war Dr. Mengele, der «Todesengel» von Auschwitz. Und ich hatte auch Mischkin, den «Idioten», kennengelernt, diesen gottähnlichen Märtyrer, der für all die «Muselmänner», die Hingerichteten stand.

In der deutschen Literatur suchte ich nach den Triebkräften der deutschen Seele, die zu so schrecklichen Verirrungen und zu so herrlichen Dichtungen imstande war.

Eines Tages hielt ich Thomas Manns «Zauberberg» in der Hand – und stürzte mich in ein neues Universum.

Jetzt *war* ich in dem Sanatorium, in das Dr. Wilberforce Newton mich hatte schicken wollen.

Jetzt *war* ich in der Welt, in der sich alles um jene Krankheit drehte, die zugleich für die Krankheit Europas stand, die schließlich in den Abgrund geführt und mich mit sich gerissen hatte.

Ich durchlebte ein ungeheures geistiges Abenteuer. Ich begann die intensivierende Wirkung der Krankheit zu verstehen. die mir bis jetzt rätselhaft gewesen war: die Steigerung der Empfindungen, der Gefühle, die sexuellen Träume. «Der Zauberberg» trug entscheidend dazu bei, daß ich die körperlichen und seelischen Dimensionen der Tuberkulose begriff und bewältigte. Ich wurde mein eigener Arzt – und wurde dem Leben wiedergeschenkt. War es nicht schließlich ein Kampf gewesen wie der, den ich in den Lagern geführt hatte, um nicht zugrunde zu gehen?

Durch die Krankheit, durch die Literatur und durch Thomas Manns «Zauberberg» wurde ich noch einmal ein anderer.

Ich befolgte peinlich genau die Anordnungen des Arztes, und obwohl ich mich von dem Buch nicht losreißen konnte, machte ich jeden Abend um neun Uhr das Licht aus. Lesen konnte ich nun nicht mehr. Aber meine Phantasie fuhr fort, umherzuschweifen.

Ich war der Krankheit fast dankbar – für die innere Bereicherung, für die Rast, die sie mir aufzwang bei dem Wettlauf gegen die Uhr, zu dem ich mich mir selbst gegenüber verpflichtet hatte.

Aber vor allem wollte ich gesund werden. Nach und nach konnte ich wieder ein normales Leben beginnen und mein Studium an der Universität Melbourne fortsetzen.

Macht unsre Bücher billiger! …

8

Rachel, Nachmans Frau, weckte mich in panischem Schrecken mitten in der Nacht. Als ich an das Bett meines Onkels kam, war er schon nicht mehr bei Bewußtsein. Ein Herzanfall.

Wenige Augenblicke später starb Nachman in meinen Armen. Er war erst achtundvierzig Jahre alt.

Als ich ihn betrachtete, wurde mir plötzlich traurig bewußt, daß wir unser in Singapur unter vier Augen begonnenes Gespräch nie wieder aufgenommen hatten. Wir waren sehr herzlich miteinander gewesen, aber immer irgendwie schamhaft zurückhaltend, ohne wirklich miteinander zu sprechen.

Sein Tod löste Verwirrung und tiefe Verzweiflung in mir aus. In meinem besessenen Lerneifer hatte ich es versäumt, ihn richtig kennenzulernen . . .

Wieder einmal waren die wenigen, die von meiner Verwandtschaft übriggeblieben waren, von einem Unglück betroffen worden. Würde das immer so weitergehen, hörte das denn nie auf?

Ich war bereit, mein Studium abzubrechen und die Universität zu verlassen, um die Verantwortung für die Familie meines

Onkels zu übernehmen, die nun plötzlich ihres Hauptes beraubt war.

Lazarus lehnte diesen Vorschlag kategorisch ab. «Es ist wahr, Nachman hat dich äußerlich und innerlich wieder aufgerichtet. Aber jetzt kommt es darauf an, daß du weitermachst. Du wirst mehr tun können – für uns alle –, wenn du deine Ausbildung richtig abschließt. Du hast eine Pflicht zu erfüllen. Mach weiter.»

Seine Worte weckten in mir Gedanken, die mich von nun an immer mehr beschäftigten. Australien war für mich ein Rastplatz, ein Wunder, aber ich durfte nicht zulassen, daß der Instinkt, der mir befahl zu kämpfen, stumpf wurde. Ich durfte nicht so tun, als könnte das Leben überall so sein wie hier, ruhig und bequem. Das stimmte nicht.

Ich hatte um mein Leben gekämpft, um ein anderes Dasein führen zu können. Aber mein Leben gehörte mir nicht wirklich. Es würde für immer in den Tragödien der Vergangenheit verwurzelt bleiben. Sie würden meinem Leben die Richtung weisen und ihm einen Sinn verleihen.

Meine Freunde an der Universität Melbourne waren Jungen in meinem Alter, aber meine wirklichen Gesprächspartner waren ihre Väter. Mit meinen zwanzig Jahren war ich in Wirklichkeit fünfzig.

George Bernard Shaw hat einmal gesagt: «Die Jugend – welch ein Wunder. Schade, daß es in so unerfahrene Hände gegeben wird.» Für mich hatte sich dieses Problem von selbst gelöst. – Während ich mich noch von meiner Lungentuberkulose erholte, traf ich häufig einen Nachbarn, Robert Menzies, den bekanntesten Politiker des Landes, der von 1931 bis 1941 Premierminister gewesen war. Nach dem Abendessen machten wir oft lange Spaziergänge, bis hinaus zum Kew-Park am Rande der Stadt.

Damals, 1949, war Robert Menzies Führer der Opposition, ehe er wieder, für fast zwei Jahrzehnte, Premierminister wurde.

Es war lustig, ich verabschiedete mich von meiner Familie, wo man Englisch mit jiddischem Akzent sprach, und ging zu Menzies, der reinstes Oxford-Englisch sprach – ich stand mit dem einen Fuß in dieser, mit dem anderen in jener, so ganz anderen Welt. Der große Mann ahnte sicher nicht, daß der Jüngling, der ihm so aufmerksam und eifrig zuhörte, von seiner Aussprache mindestens ebensosehr fasziniert war wie von seinen Ideen.

Als ich die Universität von Melbourne verließ, hatte ich zwar alle Diplome, die ich brauchte, in der Tasche, aber es reizte mich keine der Laufbahnen, die mir damit offenstanden. Zelman Cowen, mein Mentor und mein Professor für Verfassungsrecht – der heutige Staatschef Australiens –, hatte gerade eine Einladung zu einer einjährigen Gastdozentur in den Vereinigten Staaten erhalten. Und ihm lag sehr daran, daß ich ihm nach Amerika folgte und mein Studium dort fortsetzte. Gleich nach seiner Ankunft, 1953, unternahm er die nötigen Schritte, damit ich ein Stipendium erhielt, das es mir erlaubte, internationales Recht in Harvard zu studieren.

Harvard! Ein klangvoller Name in der Welt des Geistes, eine der angesehensten Universitäten! In meiner Vorstellung war es der Inbegriff der Zivilisation, das moderne Athen.

Sollte ich gehen oder nicht?

Nachman hätte mir abgeraten. Er wäre entsetzt gewesen und hätte gesagt: «Du setzt dein wiedergefundenes Glück aufs Spiel.» Er hatte miterlebt, wie ich aus den Trümmern Europas in dieses schöne weite Land gekommen war, er hatte miterlebt, wie ich die Krankheit besiegt hatte, und er hatte miterlebt, wie ich angefangen hatte, zu lernen. Als er starb, konnte er nicht wissen, wie ernst es mir einmal mit meiner Bildung sein würde, wie weit sie mich bringen würde. «Wir dürfen das Schicksal nicht versuchen, der Junge darf nicht noch einmal ins Unbekannte gehen», hätte er gesagt.

Aber Lazarus redete mir zu. Und ich? Ich wollte mich nicht mit einer Anwaltskarriere in Melbourne zufriedengeben – Australien war mir irgendwie zu eng. Ich hatte inzwischen eine Reise in meine Seele hinter mir, und ich hatte festgestellt, daß meine Welt größer geworden war.

Ich buchte die billigste Passage, die es gab, im Zwischendeck eines großen Dampfers, der mich zunächst nach Southampton bringen würde. Am Kai standen meine Verwandten und – etwas abseits von ihnen – meine neuen australischen Freunde.

Ben und Bebka umarmten mich mit den Worten: «Vergiß nicht wiederzukommen!»

Gleich bei meinem Eintreffen in den USA wird mir plötzlich klar, wie entlegen, wie isoliert Australien ist, geschützt, abseits von den Spannungen, die, keine zehn Jahre nach einem schrecklichen Krieg, schon wieder die ganze Welt bedrohen. Harvard gleicht einer belagerten Festung.

Denn die neofaschistische Hysterie des McCarthyismus hat ihren Höhepunkt erreicht. Unter allen möglichen Vorwänden werden Hexenjagden auf diejenigen veranstaltet, die unkonformistisch denken. Kommunisten und Liberale werden verfolgt. Die Universitäten sind das bevorzugte Ziel der «Kreuzritter» des Kalten Krieges geworden.

Ich bin aufs neue bestürzt über das Ausmaß der menschlichen Tragödien, die durch zugespitzte ideologische Konflikte erzeugt werden. Denunziation, abgebrochene Laufbahnen, vernichtete Existenzen, das Gift der Angst.

Die anklagende Frage «Wer ist schuld, daß wir China verloren haben?» war noch fünf Jahre nach der Machtergreifung Maos einer der Streitpunkte, der die amerikanischen Politiker in zwei Lager spaltete.

Ich werde nie vergessen, mit welch tiefer Bewegung Zachariah Chaffee, mein alter Professor für öffentliches Recht, ein hochangesehener Mann, mitten während der Vorlesung auf sein Pult hämmerte und im Zusammenhang mit Alger Hiss rief: «Der Junge, ich schwöre es Ihnen, ist unschuldig!»

Alger Hiss, ein Harvardabsolvent, der sein Jurastudium mit einem glänzenden Examen abgeschlossen hatte, war Beamter im State Department geworden. Er wurde beschuldigt, falsche Zeugenaussagen gemacht und sowjetischen Spionen offizielle Dokumente zugespielt zu haben.

Ich weiß bis heute nicht, ob Hiss unschuldig oder schuldig war, aber sein Fall war damals ein nationales politisches Drama. Es spielte sich in einem Klima der Psychose ab, genau wie jenes andere Drama, das zur Hinrichtung des Ehepaars Rosenberg führte.

Und es machte die Woge von Verfolgungswahn und Haß offenbar, die über das bisher verschont gebliebene Amerika dahinbrandete.

Die gegen Hiss erhobene Anklage hatte einen jungen Anwalt der äußersten Rechten ins Licht der Öffentlichkeit gerückt, der seit kurzem Kongreßabgeordneter und ebenso ehrgeizig wie unbekannt war: Richard Nixon. Nichts sollte ihn in seiner Karriere aufhalten . . . bis er zwanzig Jahre später vom Gipfel der Macht abstürzte.

Die Amerikaner – die Männer mit dem weißen Stern auf dem Panzer, der mich befreit hatte – waren für mich ein von den Göttern begünstigtes Volk. Mit Tränen in den Augen hatte ich die Freiheitsstatue betrachtet, als die *Queen Elizabeth* in den New Yorker Hafen einfuhr.

Und nun stürzte sich dieses magische Land vor meinen Augen auf eine Bahn der Lüge und der Angst, genau wie unsere armen, selbstmörderischen Länder im alten Europa es vor dem Krieg getan hatten! Ich war fassungslos.

Ich mußte feststellen, daß die wahre Demokratie nie und nirgendwo ein Zustand immerwährender Ausgeglichenheit und Heiterkeit war und es auch nie sein würde. Aber sie war ohne Zweifel das einzige System, das die Krisen und die Bedrohungen, auch die extremsten, zu meistern und abzuwehren vermochte. Die Vereinigten Staaten trugen die Keime ihrer eigenen Heilung, ihrer Regenerierung in sich. Und ich erlebte mit eigenen Augen, wie sie diese gewaltige Aufgabe anpackten.

Die Presse, die politisch Interessierten, die Intellektuellen hatten sich ihren gesunden Instinkt bewahrt.

Und schließlich, von einem Tag zum andern, verschwand Joseph McCarthy, der allmächtige Großinquisitor, der ein Klima der Säuberungen und der Panik in Amerika geschaffen hatte, von der Bildfläche – auf Grund eines einfachen Mehrheitsbeschlusses seiner Kollegen im Senat – und geriet in Vergessenheit.

Meine finanzielle Lage ist alles andere als glänzend. Ich erhalte ein Stipendium von 1200 Dollar im Jahr, von dem ich alle meine Ausgaben bestreiten muß. Wahrlich keine Summe, um große Sprünge zu machen.

Ich habe nicht genug zu leben. Meine Situation ist prekär. Ich esse wenig. Ich bin fast schon am Rande des Selbstmitleids. Wie schnell der Mensch vergessen kann . . .

Ich versuche, mich nicht unterkriegen zu lassen. In Harvard wird Perfektion verlangt. Nur einer von tausend Studenten wird zugelassen. Ich erhalte die Zulassung. Aber ich bin bestürzt über die erbitterten Prüfungswettkämpfe.

An der Universität Melbourne war ich begeistert von dem Ehrenkodex, der dort unter den Studenten herrschte. Wenn ein Student zum Beispiel die Frage eines Professors nicht beantworten konnte, taten seine Kommilitonen so, als wüßten auch sie die Antwort nicht – um ihn nicht in Verlegenheit zu bringen. Ein sehr kameradschaftliches Verhalten! In meiner Naivität hatte ich geglaubt, in der übrigen Welt hielte man sich an die gleichen Spielregeln.

Ich muß feststellen, daß dies ein großer Irrtum ist. Die wirkliche Welt, das ist sicherlich nicht das sadistische Inferno von Auschwitz und auch nicht die Anarchie von Landsberg, aber sie ist auch nicht mit dem anständigen, fairen Melbourne zu vergleichen. Zum erstenmal nehme ich eine unsichere, unendlich komplexe Wirklichkeit wahr. Und sie wird für mich immer unsicherer und immer komplexer werden.

Die amerikanischen Unterrichtsmethoden, die sich allmählich auf die ganze westliche Welt ausdehnen, verwirren mich. In Australien zu einem neuen Menschen erzogen, sehe ich jetzt sprachlos das Schauspiel mit an, wie Professoren, von ihren Studenten unterbrochen und gepeinigt, gezwungen sind, von gleich zu gleich mit ihnen zu diskutieren. Die Demokratie in all ihrer vulkanischen Kraft – befreit, regeneriert durch den Kampf gegen Hitler und durch den Sieg.

Die höchsten Persönlichkeiten aus Wirtschaft und Politik, die Präsidenten der größten Unternehmen, die Richter des Obersten Gerichtshofs, die Minister und die Führer der großen Gewerkschaften sprechen vor den Studenten.

Oft müssen sie sich gegen die stürmische Kritik hartnäckiger und gnadenloser Zuhörer im Auditorium verteidigen. Ich bin fasziniert von diesen Konfrontationen, bei denen eine ungestüme Jugend, die keine Komplexe kennt, die etablierten Autoritäten und ihre offiziellen Wahrheiten attackiert. Dieser Mangel an «Respekt» erscheint mir auf Anhieb außerordentlich gesund, und er läßt mich innerlich aufjubeln. Unter den Russen und den Deutschen hatte ich selber erlebt, wohin blinder Respekt führen konnte!

Allerdings ist auch die Rivalität zwischen den Studenten gnadenlos und unerbittlich, und wieder einmal, wie damals, als ich plötzlich allein dastand in der Welt und unter den Schlägen der SS-Männer auf die Viehwaggons zulaufen mußte, zweifle ich, ob ich es schaffen werde.

Psychologisch, seelisch war ich darauf dressiert, in Auschwitz zu überleben, aber nicht, um in Harvard zu existieren: das ist etwas völlig anderes.

Die Reflexe, die Verhaltensweisen, die innere «Muskulatur», die ich in den Todeslagern entwickelt habe, sind das Gegenteil von dem, was ich brauche, um hier Erfolg zu haben. Sinnlos, hier aus meinem Arsenal von Listen und Tricks zu schöpfen oder mich auf meine physische Widerstandskraft zu verlassen! All das hilft hier nicht weiter.

Um den Schritt von einer Welt der animalischen Reaktionen in die Welt des Intellekts, der reinen Reflexion zu tun, muß ich vielmehr die ersten siebzehn Jahre meines Lebens in mir besiegen. Zwischen dem Menschen, der ich war, und dem, der ich werden möchte, ist kein friedliches Beieinander möglich.

Für diesen neuen Kampf, Gehirn gegen Gehirn, Ideen gegen Ideen, muß ich mich von Grund auf neu entwerfen.

Dabei stelle ich nach und nach fest, daß es nur einen Weg gibt, der ein Leben zu bereichern, ihm seinen Sinn zu geben vermag: immer weiter fortschreiten und sich immer höhere Ziele stecken.

Ich verbringe die Nächte im zweiten Untergeschoß der Bibliothek. Ich mache sorgfältige und höchst aufregende Recherchen: ich stöbere unveröffentlichte Manuskripte auf! Unwillkürlich denke ich an die Parole über dem Tor von Auschwitz zurück. Ja, es gibt eine Arbeit, die frei macht. Der Horizont hat für mich keine Grenzen mehr.

Weihnachten rückt heran, die Studenten verlassen den Campus. Ich werde hierbleiben und allein sein. Da erhalte ich unerwartet einen handschriftlichen Brief von Professor Paul Freund, dem Berater der Examensstudenten. «Lieber Pisar», schreibt er, «bei genauer Prüfung meines Etats entdecke ich einen unerklärlichen Mehrbetrag von einigen hundert Dollar. Vielleicht wissen Sie eine Verwendung dafür. Ich lege Ihnen also einen Scheck sowie zwei Karten für das Eishockeyspiel bei.»

Dieses kleine Wunder an Vornehmheit löst all meine unmittelbaren Probleme.

Ich teilte mein Zimmer mit einem brasilianischen Studenten, der heute Rechtsanwalt in Rio de Janeiro ist. In Harvard hörte man die verschiedensten Sprachen, sah man Studenten aller Rassen – die Universität war ein großer Schmelztiegel der Nationen. Die sehr zahlreichen ausländischen Studenten kamen vor allem aus unterentwickelten Ländern. Diese jungen Leute würden eines Tages führende Stellungen und hohe Ämter in ihren Ländern erhalten. Die Vereinigten Staaten halfen ihnen großzügig und umsichtig, hier ihren Studien nachzugehen. Selbstverständlich rechneten sie damit, irgendwann in der Zukunft politischen Nutzen daraus zu ziehen.

Ich hatte unter dem Kommunismus und unter dem Nazismus gelebt. Ich fühlte mich völlig immun gegen jede Propaganda, von welcher Seite sie auch kommen mochte. Aber ein Land, das Fremde «indoktrinierte», indem es sie an seinen besten Universitäten studieren ließ und sich bereitwillig ihre härteste

Kritik gefallen ließ, praktizierte damit eine so offene Art der Konditionierung, daß ich darüber nur staunen konnte.

Ich machte gute Fortschritte und erhielt ausgezeichnete Noten, und im zweiten Semester wurde mir ein Stipendium in Höhe von dreitausend Dollar jährlich angeboten, damit ich noch ein Jahr bleiben und meine Doktorarbeit schreiben konnte.

Ich war reich! Dreitausend Dollar! Auf diese Weise würde ich, der ehemalige «Untermensch» mit der erdgrauen Häftlingsnummer, einen Beitrag zur Neugestaltung der Welt leisten können!

Alle wichtigen Entscheidungen wurden in Washington getroffen. Eine Gruppe junger Intellektueller in Harvard, der auch ich angehörte, war der festen Überzeugung, daß sie in der Lage sei, für die Zukunft der Welt politische Grundsätze zu entwickeln, die denen, die im egoistischen, blinden Europa zu einer Reihe blutiger Kriege geführt hatten, weit überlegen seien.

Etliche dieser jungen Leute stammten aus anderen Ländern, so zum Beispiel der junge Henry Kissinger, der gezeichnet war von der Bekanntschaft mit dem Nazismus, die er als Kind in seinem Geburtsland gemacht hatte.

Er hielt damals bereits ein anregendes und vieldiskutiertes Seminar ab, an dem Männer wie Bülent Ecevit, der heutige Ministerpräsident der Türkei, teilnahmen, und er arbeitete an einem Buch, das später berühmt werden sollte: «A World Restored» (deutsch unter dem Titel: «Großmacht Diplomatie»).

In Harvard war damals auch Zbigniew Brzezinski, heute der Sicherheitsberater Präsident Carters, ein Mann, der unter etwas günstigeren Bedingungen als ich die Zerstörung seiner polnischen Heimat miterlebt hatte. Brzezinski hatte die stalinistische Ideologie gründlich analysiert. Seinen Theorien, die auf eine Unterstützung der von Außenminister John Foster Dulles betriebenen bedingungslosen Politik des Kalten Krieges hinausliefen, konnte ich mich allerdings nicht anschließen.

Und es gab noch andere faszinierende Persönlichkeiten in Harvard. Da war der sanfte, zurückhaltende, fleißige, großherzige Freund, der uns eine Zukunft beschrieb, in der den benachteiligten Massen in der Dritten Welt endlich Gerechtigkeit widerfahren würde. Er beschwor oft die Leiden der Ärmsten der Armen und wollte sein Leben der Aufgabe widmen, ihnen zu helfen. Es war Scheich Ahmed Saki el-Jamani, heute der einflußreiche Erdölminister von Saudiarabien. Ich habe mich oft davon überzeugen können, was für ein moderner, realistischer Manager und geschickter Verhandlungspartner er geworden ist.

In dem erstaunlichen Mikrokosmos, der Harvard damals war, hatte ich also nicht nur die Möglichkeit, die Ideen der Männer, die die Welt lenkten oder sie lenken würden, zu studieren, sondern ich konnte diese Männer dort auch kennenlernen.

Außerdem herrschte hier, unter den Intellektuellen, eine Atmosphäre des Takts und der Diskretion, die mir eine Garantie dafür schien, daß niemand meine Vergangenheit aufdecken würde. Nicht daß ich mich ihrer schämte, aber was ich damals erlebt und durchgemacht hatte, sollte begraben bleiben. Ich wollte um keinen Preis, daß man bei meiner Beurteilung meine Vergangenheit in Rechnung stellte.

Eines Tages spielte ich mit einem deutschen Studenten in der Turnhalle eine Partie Tischtennis. Beim Seitenwechsel krempelte ich mir mechanisch die Ärmel hoch.

Ich gebe an. Aber mein Partner läßt den Zelluloidball an sich vorbeisausen, ohne sich zu rühren.

Bleich, fassungslos steht er da und starrt auf meinen Arm, auf die tätowierte Häftlingsnummer.

Ich krempele wütend den Ärmel wieder herunter.

«Los, spiel!»

«Wie . . . du? Ich habe gar nicht gewußt, daß . . .»

«Mach dir keine Gedanken. Laß uns weiterspielen. Ich habe Angabe.»

Er ist hilflos, es gelingt ihm nicht, den Schock zu überwinden: «Und deine Eltern, deine Familie?»

Ich antworte schroff: «Alle tot. Hast du nie etwas darüber gelesen?»

«Doch, natürlich, aber das ist etwas anderes. Man begreift es nicht wirklich, man kann es sich nicht vorstellen . . . Wie lange bist du drin gewesen?»

«Vier Jahre.»

«Und wie hast du es dann geschafft, jetzt hier zu sein, in Harvard?»

«Laß, hör auf. Das ist vorbei.»

Aber ich mache seine Verwirrung nur noch größer.

Er kommt nicht darüber hinweg, daß wir als Vierzehnjährige nicht weit voneinander gelebt haben, er im Schoße seiner Familie, ich im Todeslager.

Ich werde eine Woche brauchen, um ihn allmählich davon zu überzeugen, daß wir hier sind, um für die Zukunft zu arbeiten, und nicht, um die Wunden der Vergangenheit wieder aufzureißen.

Mein «Fall» löste aber auch Reaktionen aus, die alles andere als dramatisch waren. Er erregte zum Beispiel das lebhafte Interesse eines berühmten Anthropologen von Harvard. Nach langen Gesprächen kam Professor Clyde Kluckhohn zu dem Schluß, daß ich noch Glück gehabt hatte – insofern nämlich, als ich in einem «Zwischenalter» im KZ gewesen war. Seiner Meinung nach hatte ich die schweren Prüfungen mit einem noch nicht ganz ausgebildeten, noch nicht gefestigten ethischen und intellektuellen «Rückgrat» erlebt. Das hatte mir eine außergewöhnliche Flexibilität und Anpassungsfähigkeit verliehen, die mich davor bewahrten, daß ich wie viele meiner jüngeren oder älteren Leidensgefährten zerbrochen wurde. Für Kluckhohn war ich ein faszinierendes Versuchskaninchen.

Er bestürmte mich mit Fragen.

«Sam, bitte, sagen Sie mir eines. Welche Sprache ist Ihre Muttersprache?»

Ich mußte lachen: «Ich habe keine!»

Er sah mich perplex an.

«Sagen Sie, welche Sprache kommt Ihnen instinktiv auf die Lippen, wenn Sie sich nicht unter Kontrolle haben? Zum Beispiel, wenn Sie träumen . . . oder wenn Sie lieben?»

«Oh, das ist ein ganzer Cocktail! Ich denke auf englisch, ich liebe auf französisch, ich jammere auf jiddisch, ich fluche auf deutsch, ich singe auf russisch, ich weine auf polnisch und ich bete auf hebräisch.»

Das war für Kluckhohn zuviel.

«Im Ernst», fragte er gequält, «darf ich daraus schließen, daß die Sprache Ihres Nervensystems instinktiv eine andere ist als Ihre Muttersprache?»

Ich sah ihn belustigt an. «Ich weiß nicht, ob Sie meinen Fall der Akademie der Wissenschaften mitteilen wollen, aber Ihre Schlußfolgerung ist nicht unrichtig.»

Harold Horowitz, ein Gastprofessor aus Los Angeles, und seine charmante und temperamentvolle Frau Liz hatten mich damals unter ihre Fittiche genommen. Horowitz ist heute stellvertretender Rektor der Universität von Kalifornien – und die beiden gehören immer noch zu meinen besten Freunden.

«Meine kleine Schwester kommt von der Westküste zu Besuch», sagte Liz eines Tages zu mir. «Willst du nicht heute abend bei uns essen? Dann kannst du sie gleich kennenlernen.»

«Ein *blind date*? Das ist mir zu amerikanisch.»

«Höchste Zeit, daß du deine altmodischen britischen Manieren ablegst und etwas Neues ausprobierst!»

Norma war ein sehr hübsches Mädchen. Sie hatte dunkelbraunes Haar und große dunkle Augen, war amüsant und, wie viele Neunzehnjährige, entzückend offen und kapriziös. Sie gefiel mir, und ich verabredete mich mit ihr. Wir gingen zu einer politischen Diskussion in der Universität. Sie hörte aufmerksam zu, aber ich hatte den Eindruck, sie wäre lieber tanzen gegangen.

Norma lebte in Beverly Hills bei ihren Eltern. Ihr Vater war der Filmproduzent Lawrence Weingarten. Ihre Mutter, Dr. Jessie Marmorston, war – unter ihrem Mädchennamen – in der medizinischen Forschung tätig. Norma kam ziemlich oft auf einen Sprung an die Ostküste, wie sie sagte, obwohl ihre Eltern nicht ganz glücklich darüber seien, da ihr Studium darunter litt.

Nach ihrer Abreise fühlte ich mich plötzlich sehr einsam – ein Gefühl, das ich sonst nicht kannte.

Bei ihrem nächsten Besuch wohnte sie in New York und lud mich dorthin ein – in eine prächtige Villa. Ein Diener führte mich in den Salon, und Norma stellte mich dem Hausherrn vor, General David Sarnoff, Gründer und Chairman der Radio Corporation of America (RCA). «Ein guter Freund der Familie», sagte Norma. «Er will unbedingt Jiddisch mit dir sprechen.»

Das Jiddische war seine Muttersprache, denn er war in Rußland aufgewachsen, ehe er mit seinen Eltern in die USA emigrierte.

Norma und ich gingen im Central Park spazieren und besuchten ausgiebig das Metropolitan Museum – ich hatte nicht genug Geld, um sie in ein Restaurant einzuladen. Zum Abschied gab sie mir einen flüchtigen Kuß auf die Wange.

Dann kam ein Brief von ihr, und ich antwortete ihr. Wir schrieben uns immer häufiger.

Im Sommer 1955 gewann ich einen internationalen Wettbewerb um ein Volontariat im Büro des Generalsekretärs der Vereinten Nationen, Dag Hammarskjöld. Meine Kandidatur war von Australien vorgeschlagen worden. Ich mußte an Miss Lockwood und Mr. Taylor in Melbourne denken. Sicher wären sie stolz gewesen auf ihren ehemaligen «schwierigen Schüler»!

Ich saß gerade an meinem neuen Arbeitsplatz im 38. Stock des UN-Gebäudes in New York, als ich einen unerwarteten Anruf bekam – in Amerika passierte alles per Telefon.

«Ich bin's – Jessie.»

«Jessie? Ach so, ja, dann müssen Sie Normas Mutter sein.»

«Mula», sagte sie (den Namen hatte sie von Norma, die mich inzwischen so anredete, was sonst nur Ben, Nico und meine Familie durften), «ich bin gerade ein paar Tage in New York. Meine Kinder haben mir soviel von Ihnen erzählt . . . ich möchte Sie unbedingt kennenlernen. Wie wäre es heute abend?»

Diesmal wurde ich in Sarnoffs Arbeitszimmer geführt. Jessie Marmorston war eine hochintelligente und sehr schöne Frau. Wir verstanden uns sofort. Sie wußte, daß ich in Polen aufgewachsen war, aber von den Todeslagern wußte sie nichts – ich hatte Norma noch nicht davon erzählt. Wir unterhielten uns lange. Sie war in Kiew geboren und als Fünfjährige mit ihren Eltern nach New York gekommen.

Im Herbst, wieder in Harvard, wo ich die Arbeit an meiner Dissertation fortsetzte, bekam ich einen Anruf aus Los Angeles, diesmal von Liz, Normas Schwester: «Warum kommst du nicht zu Thanksgiving an die Westküste? Du kannst bei uns wohnen.»

«Sehr nett», sagte ich, «aber es geht nicht.»

Ich konnte mir den Flug nicht leisten. Aber es gab noch einen anderen, tieferen Grund: die Dinge waren fast schon zu weit gediehen. Ich war entschlossen, die Welt zu verändern, aber ich war nicht bereit, mich privat zu binden. Heirat, Kinder? Nein, ich würde Thanksgiving bestimmt nicht in Kalifornien verbringen.

Natürlich flog ich doch. Ich war in Norma verliebt, und sie in mich. Und in den Weihnachtsferien flog ich wieder hin.

Mir gefiel die kultivierte und herzliche Atmosphäre ihres Elternhauses, und ich genoß das harmonische Familienleben, an dem nicht nur Onkel, Tanten, Cousins und Neffen und Nichten teilhatten, sondern immer auch Wissenschaftler, Gelehrte und Filmstars.

Kurz vor Silvester wurde Jessie plötzlich von einer mysteriösen Krankheit ergriffen und ließ mich an ihr Bett kommen. Im Verlauf eines längeren Gesprächs, das wir halb auf englisch und halb auf jiddisch führten, sagte sie: «Sam, ich liebe dich wie einen Sohn. Sollte mir etwas zustoßen . . . ich hoffe, daß du den Meinen nahe bleiben wirst. Ich hoffe, daß Norma . . . daß du . . .» Sie hatte Tränen in den Augen.

Norma und ich hatten schon von Verlobung gesprochen. Norma sah jedoch keinen Grund, die Dinge zu überstürzen, und ich auch nicht. Ich liebte sie, ich fühlte mich wohl in ihrer Familie, aber wie sollte ich ihnen meine Angst verständlich machen, meine Zweifel, ob ich für das Glück geboren sei?

Und was hätte meine Mutter gesagt? Mit meinen sechsundzwanzig Jahren stand ich vor einer fast so schweren Entscheidung, wie sie sie hatte treffen müssen, als ich halb so alt war und sie mir die lange Hose angezogen hatte.

Ich geriet in Panik und rief Onkel Lazarus an, der für mich jetzt mein stellvertretendes Familienoberhaupt war. «Onkel», sagte ich. «Du mußt sofort kommen. Ich brauche dich.»

«Was ist? Ist es etwas Ernstes?»

«Onkel, ich glaube, ich werde heiraten.»

Ein langes Schweigen am anderen Ende der Leitung. Dann fragte er mit bewegter Stimme: «Bist du auch sicher, daß du weißt, was du tust?»

«Nein», sagte ich. «Ich meine, ja.»

Und nun nahmen die Dinge eine stürmische Entwicklung. Norma und ich wurden in kleinem Kreis im Haus des Oberrabbiners getraut.

Jessi war wie durch einen Zauber plötzlich wieder gesund.

Onkel Lazarus, der schließlich sein Visum bekommen hatte, traf vierundzwanzig Stunden zu spät in Los Angeles ein.

Ein paar Tage später bezogen wir, rechtzeitig zum neuen Semester, eine kleine Zweizimmerwohnung in Cambridge, Massachusetts.

Für meine Dissertation wählte ich ein Thema, das in dem damaligen politischen Klima unrealistisch und bar jeder praktischen Anwendungsmöglichkeit erscheinen mußte. Es ging um die juristischen Aspekte von Ost-West-Beziehungen. Ich hatte das Gefühl, daß die beiden gegnerischen Machtblöcke friedlich koexistieren und zusammenarbeiten könnten. Dieses Gefühl beruhte zunächst einmal auf einem Instinkt. Ich verdankte mein Leben ebensosehr den Russen wie den Amerikanern: wenn die militärischen Anstrengungen dieser beiden Verbündeten nicht den Untergang des Dritten Reichs beschleunigt hätten, dann hätte ich nicht mehr befreit werden können. Ich konnte bei meinen Analysen nicht meine persönlichen Erfahrungen beiseite schieben. Ihnen verdankte ich die grundlegende Überzeugung, daß die Beziehungen zwischen den beiden Großmächten für die Zukunft und den Frieden der Welt von entscheidender Bedeutung sein würden.

Meine Dissertation wurde 1956 mit dem Addison Brown-Preis ausgezeichnet, und sie wurde, eine außergewöhnliche Ehre, in zwei Teilen von je hundert Seiten in der angesehenen *Harvard Law Review* veröffentlicht.

Ich konnte es nicht fassen. Ich hatte geglaubt, mein Thema liege viel zu weit abseits von den politischen Vorstellungen der Zeit, um größere Aufmerksamkeit zu erregen. Auf meine Arbeit, die der Hauptbeitrag war, folgte in der einen Nummer ein Artikel von Irving Kaufman, dem Richter, der das Ehepaar Rosenberg verurteilt hatte, und in der anderen Nummer ein Artikel von Archibald Cox, dem bewundernswerten Mann, der später Generalankläger im Watergate-Skandal werden sollte.

Ich erhalte von mehreren bedeutenden Universitäten Angebote, einen Lehrstuhl zu übernehmen. Aber meine Generation ist von einer Woge des Idealismus und des Vertrauens in die neue internationale Ordnung erfaßt. So versteht es sich für mich fast von selbst, daß ich zur UNO gehe, dem Symbol und Schmelztiegel dieser Zukunft.

Ich bin überzeugt, daß es uns gelingen wird, gemeinsam eine rationale Welt zu errichten, die auf den garantierten und zum Prinzip erhobenen allgemeinen Menschenrechten beruht.

Eine ganze Reihe leistungsfähiger und großartiger Organisationen der UNO – die Organisation für Ernährung und Landwirtschaft (FAO), die Weltgesundheitsorganisation (WHO), die Internationale Arbeitsorganisation (IAO) – charakterisieren bereits diese weltweite gegenseitige Abhängigkeit.

1956 werde ich zum juristischen Berater im Kabinett des Generaldirektors der UNESCO in Paris ernannt.

Meine Freunde, die mir im Wirbel des amerikanischen Lebens so freundlich und fröhlich zur Seite gestanden haben, wollen mich davon abbringen, den Posten anzunehmen.

«Warum wirst du nicht Anwalt in New York oder Hollywood? Stell dir vor, was du da verdienen würdest.»

Auch Jessie ist dagegen, daß wir nach Paris gehen: «Ich weiß, daß du keine Swimmingpools und keine Cadillacs magst, aber warum mußt du das Mädchen unbedingt in eine so fremde Umgebung verpflanzen – ausgerechnet jetzt, wo sie ihr erstes Kind erwartet? Hast du nicht schon genug durchgemacht? Ich fände es wirklich besser, wenn du endlich zur Ruhe kämest.»

Aber ich habe eine fast mystische Vision von meiner künftigen Arbeit bei der UNESCO und lasse mich nicht beirren. Erziehung, Wissenschaft, Kultur und ihre Nutzanwendung in den benachteiligten Ländern der Erde – das scheint mir das Fundament für jeden Zugang zu menschlicher Würde.

In Paris führe ich sehr bald ein arbeitsreiches, erfülltes und, wie mir scheint, reizvolles Diplomatenleben.

Die internationalen Verhandlungen, an denen ich teilnehme, sind Forum vieler kühner Vorschläge. Bei diesen bunten Zusammenkünften und Begegnungen, wo die Vertreter des Westens neben den Führern der Dritten Welt sitzen, werden Bande der Freundschaft geknüpft, großartige Prinzipien ausgearbeitet.

Ich lebe ganz diesem Ideal. Gewiß, die Organisation erweist sich als schwerfällig, bürokratisch, sogar passiv, aber ich glaube, daß es sich um ganz natürliche Schwierigkeiten handelt, um die schwierige Angleichung zwischen der Wirklichkeit und dem Ideal, und daß sich am Ende alles harmonisch regeln lassen wird.

Dank meiner neuen Stellung kann ich auch ein wichtiges privates Vorhaben verwirklichen: ich will Nico wiederfinden, ihn, der mir in Auschwitz und später in Landsberg zusammen mit Ben mehr als ein Freund, mehr als ein Bruder gewesen ist. Sein spöttisches, unbekümmertes Gesicht, seine ungewöhnliche Tatkraft – Erinnerungen inzwischen, die nun schon zehn Jahre alt sind. Jetzt habe ich vielleicht die Möglichkeit, ihn wiederzusehen.

Während ich versuche, die von der Zeit zerrissenen Bande neu zu knüpfen, habe ich das Gefühl, einen wichtigen Teil meiner Erinnerung und meiner selbst wiederzufinden. Ich will meiner Vergangenheit treubleiben.

Auf diplomatischem Wege ersuche ich die Regierung der Niederlande, nach dem Verbleib Nicos zu forschen. Acht Tage später teilt man mir eine Adresse in Amsterdam mit. Dies sei, wie eine Nachprüfung der zuständigen Behörden bestätige, «der Wohnsitz des Herrn Nathan Waterman».

Ich empfinde einen merkwürdigen Schock, als ich zum erstenmal Nicos vollständigen Namen lese. Er ist mir fremd. Und die Präzision der Mitteilung läßt eine Realität erkennen: es herrschen wieder geordnete Verhältnisse.

Nico ist ein durch die allgemeine Ruhe und Prosperität demobilisierter Mensch . . . Nico?

Ich nehme ein Flugzeug nach Amsterdam. Die angegebene Straße befindet sich in dem am meisten heruntergekommenen Hafenviertel. Alte, triste, schmutzige Häuser. Von den Fassaden ist die Farbe abgeblättert. Man kann sich die harte Arbeit dahinter vorstellen, zu der die Armut zwingt.

Ich steige eine dunkle Zementtreppe mit wackligem Geländer hinauf. Ich klopfe an die Tür, hinter der Nico wohnen müßte. Ein junges Mädchen öffnet und macht ein überraschtes Gesicht.

«Ist Herr Waterman zu Hause?»

Sie schüttelt den Kopf: «Nein, um diese Zeit arbeitet er!»

Sie gibt mir die Adresse. Sie sei seine Tochter, berichtet sie mir, zweiundzwanzig Jahre alt und mit einem Seemann verheiratet.

Der Weg, den sie mir beschrieben hat, führt mich durch schmutzige Straßen, die von den aussätzigen Fassaden kleiner Läden und Handwerksbetriebe gesäumt sind. Nico hier?

Nein, es ist nicht möglich. Ich sage mir: In ein paar Minuten werde ich erleben, daß er mir wieder einmal einen seiner berühmten Streiche gespielt hat. Er kann kein gefallener Engel sein.

Ich vergewissere mich mehrmals, daß es die richtige Hausnummer ist: ich stehe vor dem armseligen Schaufenster eines kleinen koscheren Lebensmittelgeschäfts. Der Laden ist ein enger, dunkler Raum.

Der Mann, den ich suche, mein Held, der Mann mit der unbändigen Energie und wunderbaren Vitalität, da ist er!

Trotz der schmutzigen Schaufensterscheibe erkenne ich ihn klar und deutlich. Der Humphrey Bogart von einst, der mit seinem eleganten blauen Mantel und dem weißen Seidenschal durch die Straßen spazierte, steht am Tresen und schneidet gerade ein paar Scheiben Wurst für eine der ärmlich gekleideten Kundinnen ab, die dort geduldig Schlange stehen. Ein Bild des Jammers.

Meine Gedanken überstürzen sich. Das ist idiotisch, das ist grotesk! Nico hatte sich sein Überleben so schwer erkämpft! Er verdiente ein besseres Leben. Es ist unmöglich, daß er hier gelandet ist, um abermals ein lebender Toter zu werden.

Ich trete näher. Er hat sich kaum verändert. Seine Bewegungen sind immer noch lebhaft, präzis, auch wenn sie jetzt dazu dienen, armen Frauen aus der Nachbarschaft die bescheidenen Einkäufe in Zeitungspapier zu wickeln.

Ich öffne die Ladentür. Ein ranziger Geruch schlägt mir

entgegen. Nico hebt den Kopf. Er sieht mich an. Mein Äußeres sagt ihm, daß ich wohl kaum ein Kunde bin. Dann ruft er, noch ungläubig: «Mula?»

Ich nicke bewegt, stumm.

Wir umarmen uns lange. Er scheint seine Kunden vergessen zu haben, die schweigend und verwirrt unserem Wiedersehen beiwohnen. Er mustert mich lachend von oben bis unten. Sein Blick bleibt an meinem Mantel, an meinem gutgeschnittenen Anzug hängen.

«He, sag mal, du Schuft, dir scheint's ja nicht schlecht zu gehen! Was treibst du?»

«Ich arbeite für die Vereinten Nationen.»

Er denkt angestrengt nach, versucht sich zu erinnern.

«Ach so, für diesen Flüchtlingsverein, der uns in Landsberg aus dem Gefängnis geholt hat?»

Ich muß lächeln, aber seine Reaktion macht mich betroffen: ich merke in diesem Augenblick, wie sehr Nico ein Mann der Vergangenheit ist. Er hat die Entwicklung der Nachkriegszeit weder beobachtet noch wahrgenommen. Angesichts der Veränderungen, die er nicht begriff, hat er sich gleichgültig in sich selbst zurückgezogen.

«Komm, ich entführe dich.»

Er zuckt zusammen.

«Mach keine Witze. Was soll mein Boss dazu sagen?»

«Das laß nur meine Sorge sein.»

Fünf Minuten später ziehen wir los. Ich habe für meinen ehemaligen Helden einen kurzen Urlaub vom Alltag erwirkt. Wir gehen an den Kanälen entlang. Ich habe den Arm um seine Schulter gelegt. Nico, mein Nico! Er kommt mir so zerbrechlich, so verletzlich vor.

«Weißt du noch?»

Ich habe keine Ahnung mehr, wer es das erste Mal gesagt

hat . . . Tausend Erinnerungen drängen sich, sprudeln hervor. Und immer wieder brechen wir in Gelächter aus. Vergessen geglaubte Anekdoten, Einzelheiten, die versunken schienen, unsere ganze Vergangenheit, alles . . . bis auf das Grauen.

Ich lade ihn in ein berühmtes Restaurant zum Abendessen ein. Er besteht darauf, sich zu Hause umzuziehen, bevor wir essen gehen.

Die Wohnung ist erbärmlich eingerichtet. Es geht ihm in jeder Beziehung schlecht, und er merkt, daß ich es feststelle. Aber sein Stolz ist ungebrochen. Sein Verhalten verbietet, daß man ihm das geringste Mitleid bezeigt.

Im Restaurant fragt er abermals: «Sag noch mal, wie geht's Ben?»

«Ben Kaufman ist ein erfolgreicher Geschäftsmann in Melbourne geworden.»

«Wahrhaftig? Dann habe ich euch ja gut angelernt mit dem Bohnenkaffee. Und wie kommt es, daß du so phantastisch Englisch sprichst?»

Ich erzähle ihm von meiner langen Wanderschaft um die halbe Welt. Er hört mir gerührt zu.

«Übrigens», sage ich zu ihm, «du solltest nach Australien gehen. Ich könnte mich darum kümmern, daß du die nötigen Papiere bekommst.»

Er zuckt mit den Schultern.

«Glaubst du! Und außerdem, Mula, würdest du nur deine Zeit vergeuden.»

«Laß es mich wenigstens versuchen.»

Er lächelt.

«Wenn du unbedingt willst, warum nicht?»

Etwas später hole ich ihn mit nach Paris. Er wohnt zehn Tage bei uns. Ich unternehme alles mögliche, um ihm ein Einwanderungsvisum zu beschaffen. Die erste Antwort ist eine lakonische Ablehnung des Antrags. Ich lasse nicht locker. Ich erhalte einen Brief von der australischen Botschaft. In höflichen Worten erklärt man mir, daß «die Probleme, die das umfangreiche Strafregister des Herrn Waterman aufwirft, uns zu unserem Bedauern nicht erlauben, seinem Antrag zu entsprechen».

Nico ist inzwischen nach Amsterdam zurückgekehrt. Er nimmt die Nachricht gelassen auf. Er arbeitet wieder in dem Lebensmittelgeschäft.

Neun Monate später stirbt er, allein, in seinem Schlafzimmer, an einem Herzinfarkt. Mit achtundvierzig Jahren.

Ich könnte mir denken, in seinen letzten Jahren lächelten viele, wenn sie ihn in seinen abgetragenen, schlecht sitzenden Anzügen sahen. Aber zu glauben, Nico sei ein Versager, das ginge am Wesentlichen vorbei.

Die meisten Menschen sind so geprägt und geformt, daß sie sich in normalen, friedlichen, beständigen Zeiten entfalten. Und da können sie dann Eindruck machen und werden vielleicht sogar als große Männer angesehen. Aber im Falle einer ernsten Krise – wie viele Menschen, die heute als überragende Persönlichkeiten gelten, würden in einer Krise wie die jämmerlichsten Schwächlinge zusammenbrechen?

Nico war für Zeiten der Not und des Elends geschaffen. Er brauchte die Herausforderung, etwas, wogegen er kämpfen konnte, eine Umgebung, in der es keine Regeln und keine Grenzen gab – dann schöpfte er alle seine Kräfte und Möglichkeiten aus. Ein wahrer Held.

Zurückgekehrt in ein Leben enger Grenzen und strikter Regeln, war er verkümmert und verfallen, überzeugt, keine Daseinsberechtigung mehr zu haben in einer Welt, in der es nicht mehr um den Kampf ums Überleben ging.

Die Traurigkeit, die die Nachricht von Nicos Tod in mir auslöste, fiel zeitlich mit einer tiefen Enttäuschung beruflicher Art zusammen.

Ich hatte gerade eine Weltreise für die UNESCO hinter mir, aber ich mußte feststellen, daß im Grunde die schwerfällige Bürokratie meine ganze Energie aufzehrte und daß die greifbaren Ergebnisse immer magerer wurden.

Innerhalb kurzer Zeit waren die Ideale in immer weitere Ferne gerückt. Unsere Träume und unsere Ambitionen waren verschlissen. Überall in den großen internationalen Organisationen hatten Opportunismus und Gleichgültigkeit zumindest vorläufig jede Hoffnung auf Erneuerung erstickt.

Mit achtundzwanzig Jahren eine Bürokratenkarriere zu verfolgen – das konnte nur eine lähmende Wirkung auf mich haben. Wenn das Leben, das mir dank so vielen Wundern erhalten geblieben war, einen Sinn haben sollte, mußte ich etwas Neues beginnen.

Außerdem sah ich, wie sich in bestimmten, durch die neuen unabhängigen Staaten herbeigeführten Tendenzen der großen internationalen Organisationen bereits neue Positionen und Anklagen abzeichneten, die mir fehl am Platz zu sein schienen, unanständig und fanatisch.

Wenn ich heute auf jene Jahre zurückblicke, habe ich das traurige Gefühl, daß mein Eindruck nur allzu richtig war. Ich weiß noch, wie mein Freund Zulfikar Ali Bhutto während seiner Studienzeit in Berkeley im Haus von Normas Eltern ein und aus ging – er machte einer Schwester von Norma den Hof – und über seine Hoffnung sprach, die fragile Unabhängigkeit Pakistans eines Tages konsolidieren zu können. Fünfundzwanzig Jahre später wurde er trotz weltweiter Proteste von Diktatoren gehenkt, die demselben Volk angehören. Ich erinnere mich auch noch an die leidenschaftlichen Diskussionen, die ich mit meinem damaligen UNESCO-Kollegen Feridoun Hoveida und später mit seinem Bruder Amir führte, der iranischer Ministerpräsident wurde und kürzlich unter den Kugeln eines Exekutionskommandos endete. Seine Richter bemühten sich nicht einmal um den Anschein eines fairen Prozesses.

Ich habe den langsamen moralischen Verfall jener Institutionen im Verlauf der Jahre verfolgt. Daß die legitime Entstehung neuer Mehrheitsverhältnisse zum Beispiel dazu führen konnte, daß der Staat Israel des Rassismus beschuldigt wurde, ist in meinen Augen eine unheilvolle Tragödie, mit der man sich nicht abfinden kann.

Bei einer von Radio France veranstalteten internationalen Diskussion hatte ich Gelegenheit, dem Generaldirektor der UNESCO und dem luxemburgischen Ministerpräsidenten Gaston Thorn, der gerade den Vorsitz bei der Vollversammlung der UNO geführt hatte, spontan und öffentlich zu antworten.

Zum erstenmal seit meinem Ausscheiden aus dem Dienst dieser Organisationen im Jahre 1959 sah ich mich zwei führenden Vertretern der Vereinten Nationen gegenüber. Ich wunderte mich selbst über die Härte meiner Worte, die natürlich nicht gegen sie persönlich gerichtet waren. Aber ich mußte unwillkürlich an all die vergeblichen Anstrengungen meiner ganzen Generation denken.

«Sie, Herr Generaldirektor, sind, da bin ich mir ganz sicher, bestimmt nicht stolz auf die Entwicklungen, die neuerdings die noblen Aufgaben Ihrer Organisation im Bereich der Erziehung, der Wissenschaft und der Kultur kompromittiert haben. Und Ihnen, Herr Ministerpräsident, hat es, davon bin ich überzeugt, sicherlich keine Freude gemacht, bei einer skandalösen Vollversammlung der Vereinten Nationen den Vorsitz zu führen. Die Geschichte wird nicht vergessen, daß in einer Zeit, da die Welt sich mit dem Hunger, der Umweltverschmutzung, dem Wettrüsten und der Armut auseinanderzusetzen hatte, die einzige große Entscheidung, die aus dem Konzert der Nationen hervorging, eine schmachvolle und feige Verunglimpfung des jüdischen Volkes war. Das Volk, das mehr als jedes andere Volk der Erde unter dem Rassismus gelitten hat, wird heute beschuldigt, rassistisch zu sein.»

Wieder einmal fühle ich, mich an den Sinn meines Überlebens erinnert, an das, wofür ich kämpfe: «Nie wieder!»

9

Wie so viele junge Amerikaner und Europäer fühle ich mich angezogen und bald auch mitgerissen von dem originellen und schwungvollen Wahlkampf um das Amt des Präsidenten der Vereinigten Staaten, den ein fast unbekannter Senator, John F. Kennedy, führt.

Sein Stil, seine Energie, seine Mannschaft – alles kam mir nach dem Immobilismus der Jahre der Eisenhower-Administration äußerst vielversprechend vor.

Anfang 1960, mitten während des Wahlkampfs, hatte man mich aufgefordert, vor dem Internationalen Handelsausschuß des Senats der Vereinigten Staaten zu sprechen.

Meine Darlegungen, die im Fieber des Wettkampfs um das höchste Amt auf die Parlamentarier wie eine Offenbarung zu wirken schienen, zeigten auf, daß es in der amerikanischen Außenpolitik an zweierlei fehlte – an einem realistischen Verständnis der einzigen an allen Fronten mit den USA rivalisierenden Großmacht, der Sowjetunion, und an einer langfristigen Strategie zur Entwicklung konstruktiverer Beziehungen zur UdSSR.

Ich vertrat die Ansicht, wenn die Vereinigten Staaten ihrer

Außenpolitik mehr Dynamik und Bewegung verleihen wollten, statt sich auf die Teilnahme am Wettrüsten zu beschränken, müßten sie sich zunächst bemühen, die geistige Welt, die Methoden der politischen Analyse und Gesprächsführung derer zu verstehen, die dann zwangsläufig, zum Guten oder zum Bösen, ihre Gesprächspartner sein würden: die Führer der Sowjetunion. Für die Diplomatie der damaligen Zeit war die Welt in feste Blöcke geteilt. So konnte es einfach nicht weitergehen, und es war einer großen Demokratie unwürdig, sich mit dem Anhäufen von Raketen zu begnügen, ohne mit allen Mitteln zu versuchen, einen anderen Weg zu finden.

Fast unmittelbar danach baten mich die zuständigen Senatoren, der Berater des Ausschusses zu werden.

Ich willigte ein, denn ich ahnte bereits, wie sehr mein Beitrag zur Welt von morgen, wie immer er auch aussehen mochte, mit der Entwicklung der Vereinigten Staaten verbunden sein würde.

Im Sommer 1960 mieteten Norma und ich ein großes und sehr schönes Haus in Georgetown, dem malerischsten Teil Washingtons. Die Miete war eigentlich viel zu hoch, aber wir konnten dem Zauber des Hauses und des Gartens mit den Blumen und Bäumen nicht widerstehen. Man kann gar nicht genug betonen, wie wohltuend sich die verhältnismäßig bescheidenen Dimensionen der Stadt, ihre herrlichen Grünanlagen, ihre Ruhe und ihre allgemeine Harmonie auf die politischen Führer Amerikas auswirken.

Die Bundeshauptstadt der Vereinigten Staaten ist ein ganz besonderer Ort. Das Zentrum der ersten Weltmacht ist, was Stil und Rhythmus betrifft, im Grunde «Provinz» geblieben. Die betonte barocke Feierlichkeit, mit der man noch heute in Europa Macht ausübt, ist dort völlig unbekannt. Die wichtigen

Entscheidungen werden nicht hinter gepolsterten Doppeltüren getroffen. In Washington zählen vielmehr Flexibilität, Vertrautheit und Vertrauen, das Bemühen um Gespräche, um unkomplizierte Beziehungen.

Kurz nach meiner Ankunft in Washington wurde ich aufgefordert, mich einem Beraterteam anzuschließen, das in dem sehr dramatischen Wahlkampf – einem Kopf-an-Kopf-Rennen Kennedys mit Vizepräsident Richard Nixon – die politischen Unterlagen für Kennedy ausarbeitete. Der Braintrust für internationale Wirtschaftspolitik, in dem ich tätig war, wurde von George Ball, dem späteren Staatssekretär im State Department, geleitet.

Damals war General de Gaulle französisches Staatsoberhaupt, und die Beziehungen innerhalb Europas und zwischen Europa und den USA machten eine heikle Phase durch.

Ball war ein guter Freund Jean Monnets, und wir alle waren eine Gruppe überzeugter «Europäer». Wir hatten vor allem den Ehrgeiz, auf eine neue, enge Zusammenarbeit, einen großen demokratischen Entwurf und eine wirkliche Wirtschaftsallianz zwischen Amerika und Europa hinzuwirken.

Die Spontaneität innerhalb des Teams begeisterte mich. Mittags traf ich in einer Snack-Bar regelmäßig mit Freunden wie Tom Finney, Abe Chayes und Mike Rashish, einigen der engsten Berater des künftigen Präsidenten, zusammen, die dort ein Sandwich aßen und Coca-Cola tranken und mit bereits arrivierten Persönlichkeiten wie Dean Acheson oder Averell Harriman diskutierten. Die Hierarchie spielte keine Rolle. Es war ein ständiger Austausch von Ideen bei größter Aufgeschlossenheit auf allen Seiten.

Wir arbeiteten voller Enthusiasmus. In einer Wohnung, wo ununterbrochen die Schreibmaschinen klapperten, wo eine improvisierte Konferenz die andere jagte und dauernd Menschen ein und aus gingen, hockten wir irgendwo an einer Tischecke und verglichen unsere Aufzeichnungen.

Es war eine Zeit, in der uns alles möglich, alles realisierbar schien. Das Schicksal der Welt würde von unserer Erfindungskraft abhängen. Es war der ungebrochene Optimismus der ersten Pioniere – mitsamt der völligen Unterschätzung der gewaltigen Hürden, die sich von Jahr zu Jahr häufen sollten.

Als ich miterlebte, wie der neue Präsident vor dem Kapitol den Amtseid leistete, hatte ich das Gefühl, mit dem Sieg John F. Kennedys sei – für lange Zeit – eine ideenreiche und von starker Willenskraft beflügelte Generation an die Macht gekommen.

Bereits in seinen ersten Reden, die er mit seinem eigenartigen Bostoner Akzent hielt, entdeckte ich zu meiner Verblüffung ganze Passagen aus meinen Berichten wieder.

Kurz darauf konnte ich feststellen, daß die Art, wie er die Probleme der Welt sah und wie er nach neuen Konzepten und Mitteln suchte, um sie zu lösen, weitgehend mit meinen übereinstimmte. In einer berühmt gewordenen Rede sagte er: «Zu lange haben wir den Blick starr auf die traditionellen militärischen Mittel gerichtet, auf die Armeen, die bereit sind, Grenzen zu überschreiten, auf die startbereiten Raketen. Heute muß uns aber klar sein, daß unsere Freiheit Stück für Stück, Land für Land verloren gehen kann, ohne daß eine einzige Rakete abgefeuert, eine einzige Grenze überschritten wird.»

Schon in dem Titel seines berühmten Buches «The Best and the Brightest» (deutsch unter dem Titel «Die Elite» erschienen), einer Chronik voller aufschlußreicher Enthüllungen über die Männer, die Kennedy umgaben, läßt der amerikanische Journalist und Schriftsteller David Halberstam Ironie und Skepsis durchblicken. Man versteht den Grund. Damals jedoch waren diese Männer zutiefst davon überzeugt, daß sie tatsächlich eine Elite repräsentierten und einen Auftrag hatten, der etwa der Aufgabe vergleichbar war, die in den dreißiger Jahren ihre ebenfalls in Harvard ausgebildeten Väter erfüllt hatten. Von der Inflation ausgehöhlt, von dreißig Millionen Arbeitslosen zermürbt und von leidenschaftlichen Demonstrationen erschüttert, hatten die Vereinigten Staaten in jenen Jahren buchstäblich am Rande des Chaos gestanden. Und dann waren Franklin Roosevelt und seine Mannschaft gekommen, Männer, die fest an ein Wiedererwachen der Demokratie glaubten und entschlossen waren, alles dafür zu tun. Diese Wiedergeburt mit Hilfe des New Deal, dieses Wiedererstehen einer Gesellschaft, die auf Gerechtigkeit und persönlichen Einsatz gründete, ermöglichte es letzten Endes, daß die Demokratie schließlich den Faschismus vernichtete.

Auch diesmal war die Herausforderung gewaltig. Die Ziele, die gesteckt werden mußten, waren mindestens ebenso ehrgeizig und die Probleme, vor allem die internationalen Probleme, ebenso besorgniserregend wie zu der Zeit, als Roosevelt kam.

Es mußte wieder einmal dafür gesorgt werden, daß Vernunft und Intelligenz das letzte Wort hatten. Ganz einfach . . .

Meine Tätigkeit spielt sich nicht im Vordergrund ab, aber mit dreißig Jahren im Zentrum der Macht zu leben, ist berauschend – es hat fast etwas Unwirkliches. Ich arbeite mit Männern der Exekutive wie mit denen der Legislative zusammen. Ich bin gleichzeitig Berater des State Department und des vom Kongreß eingesetzten Wirtschaftsausschusses. Ich bin fasziniert vom Gleichgewicht der Kräfte in der amerikanischen Politik. Es ist, so scheint mir, eine wichtige Garantie gegen Willkür, ein Schutz vor Tragödien, wie ich sie erlebt habe. Das «imperiale» Präsidentenamt und sein Mißbrauch zeichneten sich damals noch nicht ab.

Meine persönliche Situation blieb allerdings ungewöhnlich. Obwohl ich gelegentlich an geheimen Entscheidungsfindungen beteiligt war und Zugang zu vertraulichen Dokumenten hatte, war ich nach wie vor ausländischer Staatsbürger. Gewiß, die CIA und das FBI hatten meine Vergangenheit gründlich durchleuchtet. Trotzdem blieb meine Lage unnormal. Wer war ich?

Die Frage, die uns, Ben, Nico und mich, schon in den Tagen der Kapitulation Deutschlands bei «unserem» amerikanischen Regiment gequält hatte, verfolgte mich auch hier, unter meinen Freunden, unter den Kollegen vom Kennedykreis, wo ich mich doch so wohl und ungezwungen fühlte und spürte, daß ich vorbehaltlos akzeptiert wurde.

War ich Europäer? Gewiß, denn Europa hatte mir ein unauslöschliches Siegel aufgeprägt.

War ich auch Australier? Doch, schon, denn dort hatte ich aufgehört, ein Wilder und ein Analphabet zu sein. In Australien war ich erzogen, neu geformt und – zu einer Zeit, als Georg VI. noch Kaiser von Indien war und sich die halbe Erde noch um das England Churchills drehte – britischer Bürger geworden.

Und doch, meine Willenskraft, mein Tatendurst schienen sich erst in den Vereinigten Staaten – und nur dort – richtig entfalten zu können. Ich war mit dem Herzen Amerikaner. Aber nicht in den Augen des Gesetzes.

Ich lebte noch nicht lange genug in den Vereinigten Staaten, um die Voraussetzungen für die Einbürgerung zu erfüllen. Und außerdem war ich nicht als Immigrant, sondern nur als Student eingereist.

1961 ernennt mich der Kongreß, mit dem ich mich so sehr identifizierte, kraft einer Sonderentscheidung zum vollberechtigten Bürger der Vereinigten Staaten. John F. Kennedy schickt mir ein Faksimile jener «Lex Pisar» sowie den Füllfederhalter, mit dem er sie unterzeichnet hat. Das ist Amerika. Und ich bin von jetzt an Amerikaner.

Meine Freunde versammeln sich in unserem Haus in Georgetown, um das Ereignis zu feiern. Aufgeregt und glücklich wie ein Junge bei seiner Geburtstagsfeier gehe ich umher und betrachte ihre unbeschwerten, freundlichen Gesichter.

Wir waren im gleichen Alter, und äußerlich unterschied uns nichts voneinander.

Aber sie waren in ihrer Heimat aufgewachsen, in Massachusetts, in Oklahoma oder in Kalifornien. Sie waren von einer langen demokratischen Tradition und von Gewißheiten umgeben. Ich dagegen war im Schlachthaus der Geschichte geboren und vom Zentrum der entsetzlichsten politischen und menschlichen Erschütterung geformt worden.

Ich war zwar von nun an und ohne Vorbehalt ihr Mitbürger, aber im Grunde meines Herzens spürte ich, daß ich nie ganz einer der ihren sein würde. Ein Teil meiner inneren Verbundenheit würde die mit meinen Erinnerungen, mit meiner Einsamkeit bleiben.

Amerikanischer Staatsbürger war ich im Grunde, fand ich, schon sehr viel früher geworden. Meine Einbürgerung hatte stattgefunden, als ich knapp sechzehn Jahre alt war: der schwarze Soldat aus dem Panzer mit dem weißen Stern, der mich befreite, hatte in demselben Augenblick einen Amerikaner aus mir gemacht.

Was mit dem feierlichen Kongreßbeschluß vollzogen wurde, war im Grunde nur die Legitimierung eines Tatbestands.

So wandte ich mich an die Anwesenden, und da ich nicht sagen konnte, was ich in meinem tiefsten Innern empfand, begnügte ich mich mit einem witzigen Toast, der jedoch meine Ergriffenheit nicht verbarg: «Sie, meine Damen und Herren, sind Amerikaner durch den simplen Zufall der Geburt, ich bin es durch den Willen des Volkes, wie ihn seine gewählten Vertreter zum Ausdruck brachten!»

Trotz meiner festen Überzeugung, daß Amerika aus dem Kalten Krieg herausfinden und vernünftige Beziehungen zu Moskau und Peking knüpfen mußte, konnte ich doch die Augen nicht verschließen vor den Problemen, die der kriegerische Ton aufwarf, der zur Strategie des Kreml gehörte und inzwischen noch drohender geworden war als unter Eisenhower.

Der nazistische Totalitarismus war überwunden, aber der sowjetische Totalitarismus wurde immer stärker. Das war die Bedrohung der Freiheit, mit der wir jetzt fertig werden mußten.

Vielleicht erlaubten mir meine Erfahrungen unter beiden Systemen, Dinge, die viele meiner Washingtoner Freunde nicht klar erkannten, etwas genauer zu sehen. Ihr Land brauchte, um selber zu überleben, eine neue Politik, eine Politik, die die Gefahr eines nuklearen Holocaust bannte und die Demokratie, auch die Demokratie in den Vereinigten Staaten, schützte und gewährleistete.

Ich hatte die Verwundbarkeit des sowjetischen Systems selbst von innen her beobachten können, als meine Vaterstadt von der Roten Armee besetzt gewesen war. Ich empfand sie als grundlegende Schwäche – und als eine Chance, die es zu ergreifen galt. Ich hatte über die Sowjetunion eine weit weniger entschiedene Meinung als die Mehrzahl meiner Kollegen. Mein Glaube an die friedliche Wirkung einer zunächst wirtschaftlichen und technischen Zusammenarbeit der beiden gegnerischen Lager beruhte auf der Überzeugung, daß Moskaus Aggressivität mehr aus einem Gefühl der Schwäche und der Erinnerung an die vielen Invasionen im Laufe seiner Geschichte als aus einer Position der Stärke resultierte. Davon galt es die führenden Männer und den Präsidenten der Vereinigten Staaten zu überzeugen. Nichts leuchtete ihnen weniger ein. Sie nahmen es Roosevelt sehr übel, daß er Stalin gegenüber so nachgiebig gewesen war – Stalin, den Hitler – welch eine Ironie der Geschichte – ins Lager der Verteidiger der Freiheit gedrängt hatte.

Auf dem Höhepunkt der Berlin-Krise, die augenscheinlich nichts regelte und uns wieder einmal an den Rand des Abgrunds führte, reiche ich einen umfangreichen Bericht ein, an dem ich mehrere Monate lang gearbeitet habe und der vom Kongreß veröffentlicht wird: «Eine neue Betrachtung der Wirtschaftspolitik gegenüber dem kommunistischen Block.» Das allgemeine Klima könnte nicht ungeeigneter dafür sein. Aber Amerika hat mich gelehrt, mich nicht davor zu fürchten, gegen den Strom zu schwimmen.

In der Einführung schrieb ich: «Unsere politischen Einstellungen gegenüber dem Ostblock sind noch immer vom Mangel an Festigkeit, Klarheit und Logik bestimmt. Dieses Fehlen einer klar umrissenen Strategie hat hierzulande wie im Ausland den Eindruck hervorgerufen, wir ließen uns treiben, in welche Richtung auch immer. Infolgedessen ist die Position der Vereinigten Staaten der Sowjetunion und ihren Satelliten gegenüber in zunehmendem Maße isoliert von den anderen Mitgliedern des atlantischen Bündnisses.»

Zu meiner Überraschung wird über diese Analyse unmittelbar nach ihrer Veröffentlichung auf der ersten Seite der *Washington Post* berichtet. Außerdem erscheinen Artikel und Diskussionsbeiträge darüber in zahlreichen anderen großen Tageszeitungen. Die Debatte entwickelte sich stürmisch und vorurteilsfrei weiter. Man kann darauf vertrauen, daß die Amerikaner einen Weg zu Ende gehen.

Mein Bericht, in gemessenem Ton verfaßt, enthielt etliche

formale Zugeständnisse an die Kreuzritter des Kalten Krieges. Ich wollte nicht verletzen, sondern überzeugen.

Diese Vorsichtsmaßnahmen genügten indessen nicht, um mich vor der unerbittlichen Feindschaft der Rechten und der Protektionisten zu bewahren, die sich vor allem um John Dent, den Repräsentanten von Pennsylvania, scharten.

Auch David Sarnoff drückte mir seine Mißbilligung aus, aber in höflichem Ton und bedauernd.

Als Gründer und Chairman der Radio Corporation of America (RCA) leitete er ein gewaltiges Imperium, das vor allem, über die Tochtergesellschaft NBC, Hunderte von Fernsehstationen überall auf dem Territorium der Vereinigten Staaten kontrollierte. Sarnoff gehörte zu den beherrschenden Persönlichkeiten des Establishment, sowohl auf Grund seiner wirtschaftlichen Macht als auch wegen seines Einflusses auf die öffentliche Meinung. Es konnte also gar nicht anders sein, als daß er allergisch auf die von mir vorgeschlagene Revision der Politik reagierte. General Sarnoff war geradezu das Symbol, die Verkörperung des «militärisch-industriellen Komplexes», den sein Kriegskamerad Eisenhower gegen Ende seiner Amtszeit plötzlich, einem richtigen Instinkt folgend, öffentlich gebrandmarkt hatte.

Er erklärte mir: «Hör zu, mein Junge, deine Ideen werden zu nichts führen. Du bist im Irrtum. Vollständig. Du solltest auf mich hören. Was du da tust, ist ein gefährlicher Unsinn. Du darfst deine Intelligenz nicht für eine so schlechte Sache mißbrauchen.»

Nach einer langen Diskussion fegte er alle meine Argumente mit einer abschließenden Floskel beiseite: «Man kann mit den Russen und Chinesen nicht koexistieren. Man muß sie bekämpfen, das ist alles. Und wenn nötig mit ihren eigenen Mitteln.»

Entsetzt über eine so starre Analyse, versuchte ich ein Argument vorzubringen, von dem ich annahm, es würde ihn treffen: «Aber dann werden wir doch so wie sie! Wie könnten Sie dann der Jugend noch erklären, daß es Ideale zu verteidigen gilt?»

Er schüttelte nur den Kopf und betrachtete mich. Er schien ehrlich bekümmert, daß der junge Mann da vor ihm, dem er von Herzen zugetan war und in den er große Hoffnungen gesetzt hatte, von so unrealistischen Ideen besessen war.

Ein anderer meiner «Lieblings»-Kreuzzügler des Kalten Krieges, Louis B. Mayer, hatte sich früher schon bemüht, meiner Laufbahn eine andere Richtung zu geben. Der Zar des amerikanischen Films, Gründer der legendären Metro Goldwyn Mayer, die die größten Hollywood-Stars aufbaute und stürzte, hatte mir nach Abschluß meines Studiums in Harvard eine Stellung als Anwalt in seiner Gesellschaft angeboten. Niemand hätte überzeugender auf mich einreden können als er: Es sei zu meinem Besten.

Zu guter Letzt kam ich zu dem Schluß, daß ich, wenn Männer wie Sarnoff und Mayer der Meinung waren, hier liege meine Zukunft, mit Sicherheit in eine ganz andere Richtung gehen mußte.

Ende 1961 begleite ich eine von Senator Jacob Javits, dem Vorsitzenden des Wirtschaftsausschusses der NATO, geführte Delegation auf einer Reise, die uns nach Paris, dann nach Moskau und in mehrere andere Hauptstädte West- und Osteuropas führt.

Die offiziellen Begegnungen in der sowjetischen Hauptstadt waren von Mißtrauen und Skepsis geprägt. Meine Thesen über eine «Öffnung» konnten auch die Russen zu nichts verlocken: sie hatten Angst. Sie wollten ihr System nicht westlichen Einflüssen öffnen, auch nicht auf dem Umweg über die Wirtschaft und den technischen Fortschritt. Der Eiserne Vorhang war noch da. Hier handelte es sich um einen Reflex, der meiner Meinung nach mit der Zeit und der praktischen Erprobung schwinden würde. Er entsprach haargenau der in Washington in allen Schattierungen verbreiteten Furcht, «das sowjetische System auf unsere Kosten zu konsolidieren».

Wenn Amerika auf diese Weise die letzten Phasen des Kalten Krieges durchmachte, so nahm Europa bereits eine pragmatischere und kühnere Haltung ein.

Der Wirtschaftsaustausch zwischen den beiden Supermächten war immer noch geradezu lächerlich. Ich schlug vor, Kennedy sollte, um die Beziehungen zu Moskau zu entspannen, dem Kreml ein Zeichen geben, indem er das von ihm verhängte Embargo über die Einfuhr von Krabben aus Kamtschatka aufhob. Diese Delikatesse durfte derzeit auf amerikanischem Boden nicht verzehrt werden, da sie, wie es hieß, von «Sklavenarbeitern» in Dosen abgefüllt wurde.

Wir wollten gern glauben, daß der GULAG, über den man freilich noch nicht viel wußte – es war lange vor Solschenizyns aufsehenerregendem Buch –, geschleift werden könne. Ich fand, daß die Aufrechterhaltung des kleinlichen, schikanösen und unnützen Embargos in keiner Weise die Durchführung der inzwischen von Chruschtschow in die Wege geleiteten antistalinistischen Reformen erleichterte.

Die ersten Schritte, die ich vorschlug, schienen mir von einem neuen, unerläßlichen Realismus geprägt. Man mußte dem sowjetischen Regime um jeden Preis die Chance einer Liberalisierung geben. Es war eine zwingende Notwendigkeit – um der Zukunft willen.

In der amerikanischen Administration stehen mir wichtige Positionen offen. Aber ich will nicht, daß meine Energie erlahmt und mein kritischer Verstand abstumpft bei einer Tätigkeit, die

– auf welcher Stufe der Hierarchie auch immer – bürokratisch bleiben würde. Ich habe weder den Wunsch noch das Temperament, um in Washington, im Zentrum des Systems, zu bleiben.

Die beachtliche Woge von Phantasie, die den Beginn der Kennedy-Administration gekennzeichnet hatte, verebbte. Meine Kollegen in der Umgebung des Präsidenten hatten sich inzwischen mit dem verständlichen, aber verderblichen Ehrgeiz, ihren Sessel zu behalten, in der Regierung etabliert. Andere hatten ihre Rückkehr in den privaten Sektor eingeleitet. Die Dynamik war gebrochen.

Ich war inzwischen Experte für juristische und wirtschaftliche Beziehungen zwischen Amerika und Europa und dachte daran, in Paris eine darauf spezialisierte Kanzlei zu eröffnen. Der Wunsch, nach Europa zurückzukehren, wo ich beinahe vernichtet worden wäre, mußte wohl absurd erscheinen in einem Moment, da ich Angebote berühmter New Yorker Anwaltskanzleien ablehnte. Tatsächlich sagte ich mir jedoch, daß weder der Zusammenschluß Europas noch eine dauerhafte Entspannung zwischen Ost und West auf diplomatischem Wege zu erreichen sein würden. Die Zeit arbeitete gegen uns, und der Graben zwischen den unterschiedlichen Mentalitäten, zwischen den beiden Welten wurde immer größer.

Dagegen hatte ich die Unterzeichnung der Römischen Verträge als erste Etappe auf dem Weg zur Einigung Europas – die in meinen Augen entscheidend war für das Überleben der Demokratie – begeistert begrüßt.

Dieses Ziel, mit dem ich mich in Harvard so ausführlich beschäftigt und das ich so nachdrücklich verteidigt hatte, schien nun endlich im Begriff, den alten Kontinent zu verwandeln. Ich wollte dem Schauplatz des Geschehens, wo vielleicht abermals über das Schicksal der Welt entschieden wurde, möglichst nahe sein.

Ich verlasse Washington und mache in Europa Zwischenstation in Lausanne. Ich bin zum Abendessen bei dem Schauspieler Yul Brynner eingeladen, zusammen mit dem Bankier Loel Guinness. Irgendwann im Verlauf des Abends fragt mich Guinness: «Und was sind Ihre Pläne?»

«Ich fahre morgen nach Paris, um mir dort eine Wohnung und ein Büro zu suchen. Ich möchte eine Kanzlei für internationale Rechtsfragen eröffnen.»

«Oh, cher ami, ich habe zufällig genau das, was Sie brauchen. Ich besitze ein Haus an der Place de la Madeleine, in dem gerade die dritte Etage frei geworden ist. Ich kann sie Ihnen vermieten.»

Verblüfft starrte ich Guinness an. Die Schnelligkeit, mit der dieser moderne Krösus meine Probleme gelöst zu haben meinte, brachte mich in Verlegenheit. Wie sollte ich ihm sagen, daß mein Budget sehr beschränkt war, daß ich noch keinen einzigen Klienten hatte und daß die Räumlichkeiten, die er mir anbot, bestimmt viel zu luxuriös für mich waren? Ich erklärte ihm schüchtern: «Wissen Sie, ich brauche aber nur zwei Zimmer, eins für mich und eins für eine Sekretärin.»

Guinness wischte den Einwand mit einer Handbewegung beiseite. «Hören Sie, ich fliege morgen mit meiner Maschine nach Paris zurück. Sie kommen einfach mit und sehen sich die Sache an.»

Am nächsten Morgen flog ich sozusagen schicksalsergeben mit ihm nach Paris. Zehn Tage später beziehe ich eine Flucht von vierzehn Räumen mit Ausblick auf die Madeleine und ihren bezaubernden Blumenmarkt.

Als erstes kümmerte ich mich darum, die vielen leerstehenden Zimmer so zu «tarnen», daß meine künftigen Klienten nicht merkten, wie einsam auf weiter Flur dort der neue Anwalt war, den sie zu konsultieren gedachten.

Ich fange ganz von vorn an, mein einziges Kapital ist meine Vertrautheit mit den Problemen des Gemeinsamen Marktes. Sie verschafft mir bald meinen ersten Klienten: ein bedeutendes Unternehmen, das Kernreaktoren zur Stromerzeugung baut. Ich werde gebeten, ein Gutachten zu erstellen über die juristischen Folgen, die ein eventueller Unfall nach sich ziehen könnte.

Dann stellen sich schnell weitere Klienten ein, darunter so verschiedenartige Persönlichkeiten wie Unternehmer, Filmstars, Schriftsteller . . .

Bald benötige ich die ganze dritte Etage des Hauses, dann miete ich die zweite dazu und schließlich auch noch die sechste.

Ich bin am richtigen Ort: Paris ist das westeuropäische Zentrum für internationale Rechtsfragen geworden, und meine Kenntnisse sind in einer Welt, in der Güter, Geld und Technologien immer ungehinderter zirkulieren, zunehmend gefragt.

Meine Arbeit ist angenehm und abwechslungsreich, und ich begegne nun auf andere Weise auch der Welt Hollywoods, in die Louis B. Mayer mich unbedingt holen wollte. Es ist nicht ohne Reiz, morgens mit Catherine Deneuve zu frühstücken und ihre nächsten Filmverträge zu besprechen, dann nach London zu fliegen und dort an einem Arbeitsessen der Rothschild-Bank teilzunehmen.

Ich verhandle für Richard Burton über den Kauf eines Privatjets, den er Elizabeth Taylor schenken möchte, und führe zur gleichen Zeit Verhandlungen mit einem Konsortium europäischer Banken über ein Darlehen an eine Gruppe multinationaler Gesellschaften.

Ich helfe Jane Fonda bei der Lösung ihrer beruflichen Schwierigkeiten, während sie eine leidenschaftliche Kampagne gegen den Krieg in Vietnam führt. Und ich fungiere in der gleichen Zeit als Berater französischer Unternehmen, die in Amerika, japanischer Banken, die in Frankreich, und amerikanischer Konzerne, die in der Bundesrepublik Fuß fassen wollen.

Der Klient jedoch, dem ich inmitten all dieser kosmopolitischen Tätigkeiten die meiste Zeit widmen mußte, war ein Junge mit kahlgeschorenem Kopf, ausgezehrtem Gesicht und zum Skelett abgemagertem Körper, den ich lange vergessen zu haben glaubte und der seinen tüchtigen und erfolgreichen Anwalt mit einer gewissen Ironie, vielleicht sogar mit Ablehnung betrachtete: der Junge mit der Häftlingsnummer B-1713 auf dem Arm.

Als die Regierung Adenauer ein Gesetz zur finanziellen Entschädigung für die Opfer der von den Nazis begangenen Unmenschlichkeiten beschloß, war ich wild empört gewesen. Wie konnte man auch nur einen Augenblick lang annehmen, Geld könnte diese Verbrechen auslöschen?

Als Israel einen entgegengesetzten Standpunkt einnahm und Wiedergutmachungszahlungen von der westdeutschen Regierung akzeptierte, war ich über diese Entscheidung entsetzt. Aber ich erklärte sie mir mit der äußerst prekären finanziellen Lage des jungen jüdischen Staates.

Mein Fall sah anders aus, für mich gab es keine solchen Gründe. Wie und mit welchem Preis konnte man zu bewerten wagen, was ich verloren hatte? Wie meine Entwurzelung veranschlagen oder meine geraubte Jugend, das Sträußchen weißer Blumen, das im Kamin unseres Hauses in Flammen aufgegangen war, den Verlobungsring, den der SS-Mann mit gezücktem Bajonett meiner Mutter geraubt, die Uhr meines Vaters, die ich gegen eine Flasche Wasser getauscht hatte, all die dahingerafften, vernichteten Leben? «Wiedergutmachung», «Entschädigung» – glaubte irgend jemand, daß man mit ein paar Mark die größte Ungeheuerlichkeit der Geschichte auslöschen konnte? Niemals!

Ich hatte Gelegenheit, David Ben Gurion die Hand zu drükken und mit dem jungen Schimon Peres, seinem Assistenten, zu sprechen. Ich sprach auch mit Nahum Goldmann, der die Vereinbarung mit der Bundesrepublik ausgehandelt hatte. Nach den Gesprächen mit ihnen war ich zutiefst verwirrt. Konnte ich mich für einen «besseren Juden» halten als der Gründer des Staates Israel und Vorsitzende des Jüdischen Weltkongresses?

Ich grübelte, ich dachte immer wieder über das Problem nach, bis ich mir schließlich erbittert sagte: «Warum eigentlich nicht? Sollen sie zahlen!»

Also gab es doch noch Rachegefühle in mir! Ich erinnerte mich daran, wie nach dem Krieg, als wir davon hörten, daß die Amerikaner eine Atombombe auf Hiroshima abgeworfen hatten, einer von uns, ich weiß nicht mehr wer, spontan rief: «Warum haben sie nicht eine auf Deutschland geworfen!»

Der Rachedurst erwachte in vielen von uns immer wieder. Die Nazis hatten auch die jüdischen Kinder vernichtet – damit sie nicht eines Tages, falls Deutschland den Krieg verlieren sollte, Vergeltung üben könnten.

Ich gab mir Mühe, jeden Gedanken an Rache in mir zu ersticken, und versuchte mir klarzumachen, daß das Geld zwar gewiß keine «Entschädigung» war, wohl aber das einzige Mittel, die Deutschen zur Sühne zu zwingen.

Im Grunde meines Herzens jedoch forderte ich Reue und nicht Sühne, die ja doch gar nicht möglich war. Ich traf meine Entscheidung kurz vor Ablauf der festgesetzten Frist. Es folgte eine lange und verwickelte Prozedur. Ich mußte nachweisen, daß mein Vater wirklich von der Gestapo exekutiert worden war, daß ich wirklich in Bialystok gelebt hatte, als die SS in das dortige Getto eindrang, und daß ich danach wirklich in die Todeslager deportiert worden war. Es gab kaum Beweise und kaum Zeugen, die von den Nazis nicht vernichtet worden waren.

Der Preis für die vier Jahre Sklaverei belief sich schließlich auf ein paar Tausend Dollar.

Ich habe dieses Geld nie angerührt. Ich warte auf den Tag, an dem ich es vielleicht benutzen kann, um das Andenken meines Vaters, meiner Mutter und meiner Schwester zu ehren.

Internationaler Rechtsanwalt in Paris, zugelassen vor den Gerichten in London und Washington – ich hätte mein interessantes und erfolgreiches Leben genießen können. Aber ich werde mir sehr schnell der Grenzen eines solchen Daseins bewußt. Dafür habe ich nicht die Lager der Nazis überlebt!

Um meine Kenntnisse der kommunistischen Welt, vor allem Chinas, zu vervollständigen, promoviere ich mit einer wissenschaftlichen Arbeit an der Universität Paris. Es ist ein Versuch, die internationalen Verfahrensweisen für eine sich mit rasender Geschwindigkeit verändernde Welt zu erneuern, sie neu zu überdenken.

Dann entdecke ich in den ersten Anzeichen neuer Katastrophen die Herausforderung, die ich gesucht habe: ein Buch zu schreiben über den Abbau der Spannungen zwischen Ost und West, aus denen schnell ein apokalyptischer Konflikt entstehen, ein neuer Verlust der Freiheit erwachsen konnte. Ein Buch, das mich sechs Jahre einsamer Arbeit kosten sollte – abends, nach dem Arbeitstag in meiner Kanzlei.

In meinem Privatleben stand nicht alles zum besten. 1965 war Alexandra, unsere zweite Tochter, geboren worden, aber Norma fühlte sich noch immer als Fremde: die intellektuelle Atmosphäre von Harvard hatte sie abgeschreckt, meine zweijährige diplomatische Tätigkeit bei der UNESCO hatte sie nicht interessiert, Washington war für sie nur ein anregendes Zwischenspiel gewesen, und meine Hoffnung, daß sie sich an das abwechslungsreiche kosmopolitische Leben in Paris gewöhnen würde, hatte sich, wie ich nun feststellen mußte, nicht erfüllt. Norma war ein Kind Hollywoods. Sie vermißte nicht nur die Wärme ihrer Familie, sondern auch den Glanz und die künstlerischen Anregungen jener einzigartigen Welt. Außerdem wollte sie selbst etwas schaffen. Sie hatte schon immer davon geträumt, Schauspielerin oder Sängerin zu werden. So trennten sich unsere Leben auf seltsame Weise: sie übte sich Lieder ein, ich schrieb an einem Buch.

Jahre vergingen – ich zögerte die Veröffentlichung hinaus. Zu viele neue Elemente ergeben sich jedesmal wieder, die das Buch ergänzen, bereichern. Kommt diese Arbeit über die Entspannung zwischen gegensätzlichen Systemen auch nicht zu früh? Ist die Öffentlichkeit dafür bereit? Jeden Tag wurden neue Spannungen, neue Konflikte sichtbar. Die Vereinigten Staaten und die Sowjetunion setzten ihre – ebenso sterile wie zerstörerische – militärische und ideologische Rivalität unerbittlich fort und lähmten damit jede konstruktive Entwicklung.

Die wirtschaftliche Integration zwischen Ost und West, das, was ich «die Waffen des Friedens» genannt habe, ist meiner Meinung nach die einzige Chance, für Frieden zwischen den Systemen zu sorgen und die internationalen Beziehungen durch ein gegenseitiges Interesse zu stabilisieren.

Ich versuchte, das Ideengebäude zu erhellen, das ich nach und nach, von meiner Arbeit und von meinem Leben ausgehend, in mir errichtet hatte. Dabei stützte ich mich vor allem auf drei Erfahrungen, die all das, was ich im Lager gelernt hatte, ergänzten.

Als zeitweiliger Zwangsbürger des sowjetischen Imperiums

kannte ich die Stärken und die Schwächen der UdSSR. Anders als für die Diplomaten war für mich die Welt Stalins keine Abstraktion.

Ich wollte ferner die Ergebnisse meiner Untersuchungen in Harvard sowie meiner politischen Initiativen in Washington nutzbar machen. Und schließlich konnte ich dank meiner Tätigkeit als internationaler Anwalt interessante Einblicke in wirtschaftliche Zusammenhänge gewähren und war dank meiner Beobachtungen zu einer empirischen Analyse in der Lage.

Ich kam zu dem Schluß, daß vom Westen aus, es sei denn auf dem Weg über die Entspannung, nichts möglich sein würde: weder eine Verlangsamung des Wettrüstens noch erfolgreiche Bemühungen um Beseitigung des Elends in der Dritten Welt.

Ich glaubte ferner, daß der Entspannungskurs der Weg war, der vielleicht zu einer Öffnung der GULAG-Gesellschaft in der Sowjetunion führen und eine gewisse Beachtung der bürgerlichen Freiheiten begünstigen würde. Der Westen mußte dazu beitragen, daß daraus eine Politik wurde.

Meine grundsätzliche Position ist immer eindeutig gewesen, und ich habe sie nie geändert. Im Osten müssen die wirtschaftliche Öffnung und die Durchsetzung der Menschenrechte Hand in Hand gehen. Nie, unter welchen Bedingungen auch immer, kann es dort einen dauerhaften wirtschaftlichen Fortschritt geben, der sich nicht auf das Recht der Menschen gründet, sich ungehindert zu bewegen und ihre Ideen auszutauschen. Wenn Rostropowitsch nicht spielen, wenn Amalrik nicht schreiben und wenn Panow nicht tanzen kann, dann können die Wissenschaftler auch nicht erfinden, die Techniker nicht weiterentwickeln, die Manager nicht leiten.

Jeder Vergleich zwischen dem Naziregime und dem sowjetischen System fällt mir nach wie vor sehr schwer. Aber der Untergang des Dritten Reichs wurzelte letztlich darin, daß es

Männern wie Albert Einstein, Thomas Mann oder Willy Brandt nicht die Möglichkeit gegeben hat, innerhalb seiner Grenzen frei zu atmen. Wenn es ihnen diese Möglichkeit gegeben hätte, dann wäre Deutschland nicht diese verbrecherische, selbstmörderische Gesellschaft geworden.

Vor allem jedoch konnte ich besser als jeder andere die Ungeduld der GULAG-Opfer angesichts der vorsichtigen «Kalküle» westlicher «Politiker» nachempfinden. Ich hatte diese Verzweiflung, diesen Zorn kennengelernt, als ich selber im Lager war und zusammen mit meinen Kameraden eine Ewigkeit lang, wie mir schien, darauf wartete, daß die alliierten Streitkräfte uns endlich befreiten. Pattons und Montgomerys Truppen wurden lange durch endlose Meinungsverschiedenheiten taktischer Art und persönliche Eitelkeiten aufgehalten, während in den Lagern die Zahl der täglich vernichteten Menschen mit jedem Tag stieg.

Ja, ich unterstützte vorbehaltlos die politischen und moralischen Schritte der Dissidenten. Aber – ich konnte den Blick nicht mehr abwenden von dem zentralen Problem. Die unmittelbare Konfrontation mit dem Risiko eines atomaren Konflikts wäre der pure Wahnsinn. Wie ereignete sich dann in unserer Zeit, die sich so grundlegend von der unserer Eltern unterscheidet, das, was man «die Befreiung» nennt? Ich wollte mich einfach nicht damit abfinden, daß der menschliche Geist, gefangen zwischen diesen beiden Katastrophen, der Hinnahme des GULAG und der atomaren Vernichtung, einfach kapitulierte. Ich spürte, wie der animalische Überlebensinstinkt wieder in mir erwachte.

Es erschien mir absurd und gefährlich, daß über ein Drittel der Menschheit – die Bevölkerung Chinas, der Sowjetunion und der übrigen osteuropäischen Länder – vom internationalen Leben praktisch ausgeschlossen waren. Absurd und gefährlich.

Man mußte also, zusammen mit diesen an der Macht befindlichen Partnern, ein starkes Netz gegenseitiger Interessen weben. Ich war überrascht und entsetzt, als ich feststellte, daß die großen Industriellen und Bankiers des Westens es ablehnten, diese Möglichkeit auch nur zu erwägen. Sie dachten nur an das kurzfristige Geschäft und zeigten keinerlei Interesse für jene Öffnung nach Osten, von der doch die Entscheidung über Krieg oder Frieden abhängen würde.

Schließlich schicke ich meinem amerikanischen Verleger 1969 ein über tausend Seiten umfassendes Manuskript, dem Tausende von mehrsprachig abgefaßten Anmerkungen beigefügt sind: Hinweise auf die Quellen meiner Recherchen.

Seine telegraphische Antwort ist nicht geeignet, meine Besorgnis zu zerstreuen: «Ihr Manuskript ist viel zu lang und viel zu fachlich. Bitte alles vereinfachen.»

Ich beiße in den sauren Apfel. Trotz dieser Änderungen rechne ich nicht damit, daß mein Buch ein größeres Publikum erreichen wird – nur ein paar Fachleute und Wissenschaftler.

Dennoch löst es bei seinem Erscheinen eine Diskussion aus, die sich immer mehr ausdehnt und vertieft.

Ich werde eingeladen, vor mehreren amerikanischen Kongreßausschüssen zu sprechen.

Im Nationalen Sicherheitsrat im Weißen Haus wird unter der Leitung von Henry Kissinger eine ausführliche Zusammenfassung des Buches ausgearbeitet.

Die amerikanische Regierung bittet mich schließlich, am Entwurf eines Handelsvertrags mit der Sowjetunion, dem ersten solchen Abkommen seit vierzig Jahren, mitzuwirken . . .

Lebhafte Diskussionen entzünden sich im britischen Unterhaus, in der französischen Nationalversammlung, in den spanischen Cortes und bei einer Tagung von NATO-Parlamentariern im deutschen Bundestag in Bonn.

In Frankreich kommt das Buch in zwei kurz hintereinander veröffentlichten Bänden heraus. Jean-Jacques Servan-Schreiber verfaßt ein Vorwort zu «Les Armes de la Paix» (Die Waffen des Friedens), und Valéry Giscard d'Estaing schreibt das Vorwort zu «Transactions entre l'Est et l'Ouest» (Transaktionen zwischen Ost und West).

So kann ich in einem Land nach dem andern feststellen, daß meine Arbeit eine Erwartung erfüllt, einem Bedürfnis entspricht, das mit dem hilflosen Durcheinander in der Welt der Macht zusammentrifft.

Unsere Politiker haben nicht mehr viel Zeit zum Überlegen. Die Wirtschaft wird von der öffentlichen Meinung mit heftiger Kritik bedacht. Beiden, den Politikern wie den Vertretern der Wirtschaft, bietet meine Theorie von der Entspannung, die sich auf wirtschaftliche und technologische Beziehungen gründet und ideologische Erwägungen ganz ausklammert, offenbar einen neuen Ansatz, eine Rechtfertigung. Das Buch kommt gut an.

Man beglückwünscht mich, daß ich «den richtigen Augenblick gewählt» hätte. Ich weiß, daß dem nicht so ist. Es war reiner Zufall.

Ich habe das Buch ohne allzu große Illusionen geschrieben, und ich bin zu nüchtern, um mich vom Erfolg täuschen zu lassen.

Für mich ist es wichtig, daß es mir gelang, so verschieden ausgerichtete Blätter wie die *Prawda* und die *Iswestija* in Moskau, das *Wall Street Journal* und die *New York Times* in den Vereinigten Staaten oder die in Tokio erscheinende Zeitung *Nihon Keizai* zu prinzipiell übereinstimmenden Äußerungen zu bewegen, und daß so verschiedenartige Persönlichkeiten wie der amerkanische Senator Edward Kennedy, der italienische Industrielle Giovanni Agnelli und der österreichische Bundeskanzler Bruno Kreisky die Diskussion bereichern.

Langfristige Arbeitsperspektiven tun sich vor mir auf.

Zugleich aber – ich gestehe es – bin ich stolz auf die Wirkung und den Erfolg des Buches. Unter den Dingen, die ich erreicht habe, zählt es zu den Meilensteinen auf meinem Weg vom Tod zum Leben – und so mußte ich auch hier davon sprechen. Es ist als Ausdruck meiner Erfahrungen und Überlegungen ebensosehr Teil von mir wie die bitteren Erfahrungen meiner Kindheit.

Das Buch erschien in zahlreichen Ländern. Die deutsche Ausgabe, die unter dem Titel «Supergeschäft Ost – West» veröffentlicht wurde, widmete ich natürlich Nico und Ben, meinen beiden Gefährten im Leiden und in der wiedergewonnenen Freiheit. Nico hätte diese augenzwinkernde Geste, die demselben Geist entsprang wie unsere gemeinsamen Streiche in Landsberg, sicherlich gefallen.

Dritter Teil
Das Chaos in der heutigen Welt

10

Von dem Augenblick an, als ich die New Yorker Wohnung betrat, wo ich zum Dinner eingeladen war, sah ich den ganzen Abend lang niemand anders mehr als sie.

Brasilianerin? Griechin? Jemenitin? Ihre Schönheit hatte etwas Fremdartiges, etwas ganz und gar Ungewohntes. Inmitten des mondänen und wie üblich verlaufenden Empfangs ging von dieser jungen Frau mit dem kupferfarbenen Teint und der zierlichen Gestalt eine Mischung von Humor und Zurückhaltung aus, die mich verzauberte.

Die ersten Worte, die sie an mich richtete – auf französisch, da sie wußte, daß ich aus Paris kam –, verrieten mir nichts über ihre Herkunft. Als ich das Gespräch auf englisch fortsetzte, stellte ich fest, daß Judith Amerikanerin war.

Ihre Welt war weit von der meinen entfernt. Sie erzählte mir von der avantgardistischen Malerei Mark Rothkos, von der elektronischen Musik Karlheinz Stockhausens und Iannis Xenakis', vom experimentellen Theater Peter Brooks und Bob Wilsons – und von der Tanzgruppe Merce Cunninghams, die sie leitete. Ich spürte, daß ich es hier mit einer jener Situationen zu tun hatte, denen ich – mein Leben lang – nicht gewachsen war.

Die Begegnung brachte unser beider Leben durcheinander. Ich änderte meine Zeiteinteilung, um möglichst oft bei ihr sein zu können. Wenn ihre Balletttruppe in Mexiko oder in Rom gastierte, fand ich einen Grund, ebenfalls dort zu sein. Sie wiederum richtete es so ein, daß sie mich in London, Wien oder Kopenhagen sehen konnte.

Ich war zu jener Zeit zutiefst unglücklich über das Scheitern meiner Ehe. Vergeblich hatten Norma und ich alles versucht, um das gemeinsame Leben aufrechtzuerhalten, schon um unserer beiden Töchter, Helaina und Alexandra, willen.

Judith, die mit zwanzig Jahren geheiratet hatte und später fast ein Jahr lang in London und Hamburg lebte, wo sie sich mit Musik beschäftigte, litt unter dem gleichen Dilemma.

Ein heftiger, schneller Bruch ist meist leicht. Trennungen, bei denen man in Freundschaft auseinandergeht, sind am schwersten zu verwinden. Der Schmerz schwindet nie ganz. Nach fünfzehnjähriger Ehe ließen Norma und ich uns 1970 scheiden. Judiths Scheidung wurde kurz danach vollzogen. Im September 1971 heirateten wir in New York.

Sie brachte ihren neunjährigen Sohn Antony mit nach Paris. Meine Kinder verbringen fast ebensoviel Zeit in Frankreich wie bei ihrer Mutter in Kalifornien. 1972 wurde Leah geboren, und Judith vollbrachte mit Entschlußkraft und viel Einfühlungsvermögen das Wunder, allen unseren, wie es schien, entwurzelten Kindern ein harmonisches Zuhause zu schaffen.

Im Sommer 1971 begleitet Judith mich in die Sowjetunion. Ich reise mit einer Gruppe von etwa zehn einflußreichen Amerikanern, darunter David Rockefeller, Milton Eisenhower, die Senatoren Frank Church und Mark Hatfield und General James Gavin.

Der Zweck unseres Besuchs ist die alljährlich stattfindende

«Dartmouth Conference» – so genannt nach dem Dartmouth College in New Hampshire, wo sie zum erstenmal stattfand. Der Sinn des Unternehmens war es, intensive und diskrete Gespräche zwischen führenden Amerikanern und Russen außerhalb jedes offiziellen Rahmens zu ermöglichen.

Der Rang der Teilnehmer auf beiden Seiten zeigte, welche Bedeutung die beiden Regierungen den Initiativen beimaßen, die möglicherweise aus diesen Gesprächen hervorgingen.

Der Tagungsort war diesmal Kiew, die Hauptstadt der Ukraine.

Auf der Tagesordnung standen klare und deutliche Gespräche über die Kernwaffenkontrolle, die Verschmutzung der Meere und der Atmosphäre sowie über die Entwicklung der wirtschaftlichen, industriellen und wissenschaftlichen Beziehungen zwischen den beiden Ländern.

Die Vorschläge unserer Seite zu diesem letzten Punkt waren unter meiner Leitung formuliert worden.

Wir kamen voller Optimismus.

Nach zwei Jahrzehnten Kalten Krieges zeigten sich die Vereinigten Staaten und die UdSSR entschlossen, gemeinsame Grundlagen für eine Verständigung über einige entscheidende Fragen zu finden.

In Moskau, wo wir den Beginn der Konferenz abwarteten, verbrachten Judith und ich ein paar faszinierende Tage. Wir besuchten Museen und das Bolschoi-Theater und hatten interessante Begegnungen mit Künstlern aus Dissidentenkreisen.

Ich hatte den als Fremdenführer und Dolmetscher getarnten KGB-Funktionär schnell verabschiedet, indem ich ihm erklärte, meine Kenntnisse der russischen Sprache erlaubten uns, auf seine Hilfe zu verzichten und uns allein in der Stadt zu bewegen.

Judith bestand mit Recht darauf, daß wir einen Abstecher

nach Leningrad machten, um dort die Schätze der Eremitage zu besichtigen und eine Vorstellung des berühmten Kirow-Balletts zu besuchen.

Eines Abends, in einem Restaurant am Ufer der Newa, stellte ich mich zu dem Balalaika-Orchester und sang vor allen Anwesenden ein paar alte russische Weisen, die meine Großmutter früher immer geträllert hatte.

Kurz, es waren euphorische Tage!

Aber als die beiden Delegationen in einem Raum des riesigen Kulturpalasts in Kiew zu beiden Seiten des langen Tischs Platz nahmen, schwand der Optimismus der Amerikaner sichtlich dahin.

Statt die vorgesehenen Punkte der Tagesordnung zu erörtern, ließen die sowjetischen Delegierten einer nach dem andern heftige Schmähreden vom Stapel.

Die sowjetische Führung, die bisher zwischen einer vorsichtigen Liberalisierung und der Fortsetzung der autoritären Politik Stalins geschwankt hatte, schien einen energischen Ton angeschlagen zu haben. Das bedeutete Repression.

Als Vorwand nahmen sie die sowjetischen Juden, die den Wunsch hatten, nach Israel auszuwandern, und insbesondere den Versuch einiger Leningrader Juden, ein Flugzeug zu entführen – die Beteiligten waren im Dezember 1970 in einem aufsehenerregenden Prozeß zu zehn Jahren Zwangsarbeit verurteilt worden.

In den Augen der Funktionäre war die zionistische Sache identisch mit dem Anliegen der bekannten «Dissidenten», jener Avantgarde der Intelligentsia, die nicht aufhörte, unter Lebensgefahr ihren Kampf für die wirkliche Beachtung der Menschenrechte in der Sowjetunion zu führen.

Die wachsende Zahl der Dissidenten stellte eine Bedrohung für die Machthaber dar. Und so waren die geduldig zuhörenden

Mitglieder unserer Delegation kaum überrascht, als die sowjetischen Gesprächspartner nach klassischer Taktik alles vermischten und besonders auf die «Handvoll Verräter» hinwiesen, die sich an die «westlichen Kapitalisten verkauft» hätten. Unser Mißbehagen nahm allerdings zu, als wir feststellen mußten, daß auch wir, die wir mit ausgestreckten Armen gekommen waren, in diese Propaganda einbezogen wurden.

Da hatten wir sorgfältig führende Vertreter aller Bereiche des amerikanischen Lebens ausgesucht und diese Reise gemacht, um einen Dialog in Gang zu bringen, der die Grenzen der offiziellen Rhetorik überwinden sollte, und sahen uns plötzlich als Angeklagte gezwungen, uns Beschuldigungen anzuhören, die bis an die äußersten Grenzen des Erträglichen gingen.

Ebenso wie die zur gleichen Zeit von der sowjetischen Presse geführte Kampagne waren auch die Reden in dem großen Konferenzsaal von unverhülltem Antisemitismus geprägt und mit absichtlich wiederholten Hinweisen auf «die New Yorker Nazi-Juden» oder «die israelischen Faschisten aus Tel Aviv» durchsetzt, die mich jedesmal wie ein Messer durchfuhren.

Die von den Kopfhörern gerahmten Gesichter der amerikanischen Delegationsmitglieder, die der Simultanübersetzung lauschten, verdüsterten sich zusehends. Ich betrachtete die Männer, die uns gegenübersaßen.

Sie wirkten anmaßend und hart.

Der sowjetische Co-Präsident der Konferenz Aleksandr Kornejtschuk, Vorsitzender des urkainischen Parlaments, schien besonders mich zu fixieren, als machte er mich persönlich für diese Akte der Rebellion gegen die Tabus der Partei verantwortlich.

Ich war schon oft diesem Blick begegnet, der ein starres und unnachgiebiges Überlegenheitsgefühl widerspiegelt, alle Tugenden auf seiner Seite sieht und den anderen unwiderruflich verdammt . . .

Dieser Blick, der alles kannte, über alles urteilte, alles sezierte, war die Projektion, die genaue Kopie dessen, der so lange im Kreml geherrscht und vor dem ein ganzes Volk so lange gezittert hatte. Waren wir denn noch immer keinen Schritt weitergekommen?

Stalin war tot, aber seine unerbittlichen Züge, seine eiserne Härte schienen da, vor uns, bei seinen Jüngern, immer noch fortzubestehen.

Von allen anwesenden Amerikanern hatte nur ich erlebt, wie lähmend sich dieser Blick auf das Leben des Volkes, wie sterilisierend er sich auf den Geist auswirkte.

Ich war zehn Jahre alt, als die Nazis 1939 in Polen einfielen und Hitler und Stalin sich anschließend die Beute teilten, was zur Besetzung der östlichen Hälfte des Landes durch die Rote Armee führte.

Von unserem Balkon aus hatte ich zusammen mit meinen Eltern den Einmarsch der russischen Kavallerie beobachtet.

Ich erinnere mich auch seltsamerweise noch an die Erleichterung meiner Familie.

Gewiß, die Russen kamen als Besatzer, aber so waren sie schon viele Male gekommen im Lauf der Jahrhunderte . . .

Sie waren inzwischen Kommunisten geworden, sicher, aber wir erinnerten uns, um uns zu beruhigen, daran, daß der revolutionäre Geist, der die Sowjetmacht beflügelte, auch in Bialystok Wurzeln hatte. So stand uns im Grunde das kleinere von zwei Übeln bevor. Die Russen ermöglichten es uns, der Zuchtrute der Nazis zu entkommen.

Diese «Rettung» kam uns teuer zu stehen. Alle Familienoberhäupter mußten sich neue Ausweise ausstellen lassen.

Wenn der Ausweis den Stempelaufdruck «Bürger» erhielt, war die Familie gezwungen, ihr Haus «den Vertretern der Arbeiterklasse» zu überlassen und in deren Wohnung zu ziehen. Der Umzug mußte innerhalb weniger Stunden stattfinden, und man durfte keine Möbel mitnehmen.

Wir lebten von nun an in der ständigen Angst vor nächtlichen Besuchen, vor mitternächtlichen Kolbenschlägen gegen die Tür. Es waren schon zahlreiche jüdische Familien bei Nacht und Nebel abgeholt, zusammengetrieben und nach Sibirien abtransportiert worden. Auch Verwandte von uns hatten so die Heimat verlassen müssen. Diejenigen, die fort mußten, konnten sich natürlich nicht vorstellen, daß sie in Sibirien weit größere Überlebenschancen hatten als diejenigen, die in Bialystok blieben – wo Hitler schon so bald unser Schicksal besiegeln sollte.

Die Vertreter der sowjetischen Behörden kamen zu uns, als mein Vater gerade einen Automotor reparierte. Er stand mit ölverschmierten Händen vor ihnen. Das genügte, um seinen Ausweis mit dem Stempel «Arbeiter» zu versehen und uns zu Angehörigen der neuen Privilegiertenklasse zu machen. Es bedeutete freilich nicht, daß wir nicht unter dem gleichen Mangel litten wie die anderen. Auch für uns waren die Lebensmittel rationiert, und meine Mutter oder Großmutter mußten für einen Laib Brot oder ein Pfund Butter stundenlang Schlange stehen.

Aber meine Einstellung zur Schule änderte sich. Ich bedauerte zwar, daß nun nicht mehr Polnisch, sondern Russisch unsere Unterrichtssprache war und daß Hebräisch als erste Fremdsprache durch Deutsch abgelöst wurde, aber der Unterricht, den die Kommunisten erteilten, war wesentlich besser als der, den wir vorher gehabt hatten. Ich fand Geschmack am Lernen.

Dafür gab es eine psychologische Erklärung. Ich fühlte mich angezogen von den revolutionären Ideen, mit denen wir in der Schule indoktriniert wurden.

Voller Begeisterung betrachteten wir uns als die jüngsten Bürger des proletarischen Staates. Vertrauensvoll, wie wir waren, erlagen wir der ideologischen Verführung.

Unsere Lehrer berichteten uns immer wieder von den Pogromen und anderen Verbrechen gegen die Juden, die unter dem alten Regime, dem des Zaren, begangen worden waren. Sie schilderten uns die diskriminierende zaristische Politik im Bereich der Erziehung und der Religion.

Die Taten der neuen Riesen, Marx, Lenin und Stalin, die erschienen waren, um die Welt von aller Ungerechtigkeit und Unterdrückung zu befreien, wurden uns dagegen beredsam und überzeugend nahegebracht, so wie man abends kleinen Kindern Märchen erzählt.

Wir zitterten vor Freude bei der Beschreibung der großen Oktoberrevolution, die der Höhepunkt der Geschichte war. Ein «neuer» Mensch, der kommunistische Mensch, hatte mit ihr Einzug in die Geschichte gehalten. Jeder, ob Russe, Pole oder Jude, würde von nun an ohne die geringste Benachteiligung ein Leben in Freiheit, Würde und Wohlstand führen können.

Für mich war es jetzt sonnenklar, wie es in der Welt zuging: die Sowjetunion war fortschrittlich, während der Rest der Welt, die konservativen Länder, noch den übelsten Formen der Ausbeutung des Menschen durch den Menschen unterworfen waren.

Ich verkündete meinen Eltern, daß ich General in der sowjetischen Luftflotte werden wollte.

Einstweilen trug ich das rote Halstuch der jungen Pioniere, und dank meiner Vorliebe für sportliche Wettkämpfe hatte ich mit zwölf Jahren bereits den Rang eines Hauptmanns erreicht.

Mein Vater und meine Mutter waren über meine Bekehrung nicht sonderlich begeistert. Aber ich führte ihre Haltung darauf zurück, daß sie zu sehr der alten Welt verhaftet waren, um die Offenbarungen der neuen sofort zu verstehen.

Weise, wie sie waren, machten sie keinerlei Versuche, sich der kommunistischen Unterweisung, die mir zuteil wurde, mit dem Gewicht ihrer elterlichen Autorität entgegenzustellen. Eine solche Haltung ihrerseits hätte einen unerträglichen Konflikt in mir ausgelöst.

Wir waren von unseren Lehrern aufgefordert worden, jede «Abweichung», die wir in unseren Familien beobachten konnten, zu melden. In meinem Überschwang hätte ich es, ich zweifle nicht daran, möglicherweise fertiggebracht, diesem Befehl Folge zu leisten.

Der unfaßliche Zusammenbruch der sowjetischen Streitkräfte bei der Offensive der Nazidivisionen am 22. Juni 1941 erschütterte meinen neuen Glauben in einem Maße, wie keine andere Offenbarung es vermocht hätte. Wo war die unbezwingliche Moral des kommunistischen Menschen?

Die verantwortlichen sowjetischen Persönlichkeiten, ob Zivilisten oder Militärs, gaben alles preis und suchten ihr Heil in der Flucht.

Wo war die unwiderstehliche Macht der Armee des Volkes?

Als wir mit einem Lastwagen, den mein Vater beschafft hatte, in Richtung Osten flohen, sah ich die Bataillone der Roten Armee, aus denen inzwischen jammervolle Kolonnen schmutziger, hungriger und völlig fassungsloser geschlagener Soldaten geworden waren. Keine Führung, keine Disziplin, nicht der geringste Widerstand.

Nach einigen Tagen wurden wir von den vorrückenden Truppen der Deutschen aufgehalten und mußten uns in das Unvermeidliche fügen.

Mehr noch als die Niederlage der sowjetischen Soldaten verblüffte mich die Art und Weise, wie ihr Kampfesmut sich verflüchtigt hatte.

Das Verhalten etlicher unserer Lehrer und anderer offizieller Persönlichkeiten machte es mir unmöglich, weiterhin an ihre Sache zu glauben.

Der schmähliche Verrat Tausender von Ukrainern, Litauern und anderen, die beflissene Kollaboration mit dem Feind von gestern, die Korruption – das alles schien fast einer natürlichen Neigung zu entsprechen. Es war für sie wie eine Befreiung.

Ich war noch zu jung, um es mit Worten ausdrücken zu können, aber schon alt genug, um zu begreifen, daß ihr Glaube nicht so sehr tief gewesen sein konnte, wenn er von einem Augenblick zum anderen verflog. Konnte ein so zerbrechliches Wertsystem weiterhin vorgeben, wirklich ein System zu sein?

Ich weiß noch, wie ich damals einen verstohlenen Blick auf meinen Vater warf, der am Steuer des Lastwagens saß: ein Glück, daß auf ihn wenigstens Verlaß war.

Der Autobus, der die amerikanischen Delegierten fuhr, hielt vor einer imposanten Statue im Zentrum von Kiew: ein geharnischter, säbelschwingender Krieger auf einem sich aufbäumenden Pferd.

«Wer ist das?» fragte Judith.

«Das ist Bohdan Chmelnyckyj!» antwortete die Russin, die uns begleitete. «Einer unserer großen Nationalhelden, einer der Führer des Befreiungskampfes im 17. Jahrhundert gegen die Invasoren aus dem Westen.»

Als ich den Namen Chmelnyckyj hörte, grub ich meine Finger in Judiths Arm. Die Antwort entsprach wortwörtlich dem offiziellen Text. Aber sie entsprach in keiner Weise der Darstellung, die ich im Geschichtsbuch meiner kommunistischen Schule in Bialystok gelesen hatte. Chmelnyckyj war der Anführer einer Kosakenhorde gewesen, dessen Aufstand gegen die polnische Fremdherrschaft in der Ukraine die einzige achtbare Episode in seiner Karriere war, die sonst von Anfang bis Ende aus blutigen Überfällen auf jüdische Dörfer und furchtbaren Pogromen bestanden hatte. Seit drei Jahrhunderten wurde sein Name in den Synagogen nicht mehr ausgesprochen, ohne daß man hinzufügte: «Möge er ausgelöscht sein!»

Als die Bolschewiken 1917 an die Macht kamen, verurteilten sie seine Taten und warfen ihn zum alten Eisen der Geschichte.

Aber 1941, in dem verzweifelten Bemühen, das Land gegen die Naziinvasoren zu mobilisieren, rehabilitierte Stalin jede nationalistische Gestalt seit Iwan dem Schrecklichen. So wurde Chmelnyckyj plötzlich wieder ein großer Führer, ein ukrainischer Patriot.

Doch nur in dem Mut, der Ausdauer und dem Patriotismus des russischen Volkes – unabhängig von der marxistisch-leninistischen Propaganda – fand die Sowjetunion schließlich die Kraft zum Widerstand bis zum Sieg.

Für die Juden der ganzen Welt war die Rehabilitierung Chmelnyckyjs eine unerträgliche Zumutung. Als mein Onkel Lazarus im Krieg erfuhr, daß der Kreml einen Orden geschaffen hatte, der den Namen des ukrainischen Kosaken tragen sollte, und daß der erste sowjetische Soldat, der ihn erhalten sollte, ein Jude sein würde, schrieb er einen wütenden Zeitungsartikel dagegen. Der Konflikt hatte seinen Höhepunkt erreicht, und die australischen Zeitungen lehnten den Abdruck ab mit der Begründung, er könne als unfreundlicher Akt gegen ein verbündetes Land aufgefaßt werden.

Außer sich vor Zorn nahm Lazarus schließlich eine Woche

Urlaub von der Truppe und ließ auf seine Kosten ein Flugblatt drucken, das er mit dem Fahrrad von Haus zu Haus verteilte. «Wir sind stolz auf den jüdischen Offizier, der für seinen Mut geehrt wird», schrieb er, «aber wir weisen den Chmelnyckyj-Orden mit Abscheu zurück.»

Die Konferenz wurde am nächsten Tag fortgesetzt. Die Sowjets nahmen ihre Angriffe da wieder auf, wo sie sie tags zuvor unterbrochen hatten. Sie kanzelten jeden im Westen ab, der es wagte, sich auf irgendeine Weise in ihre inneren Angelegenheiten einzumischen. Allmählich wurde es unmöglich, passiv zu bleiben.

Der eisige Gesichtsausdruck meiner amerikanischen Kollegen zeigte, daß sie schockiert waren von den unerhörten Manieren, die man da ihnen gegenüber an den Tag legte.

Schlimmer noch, sie entdeckten einen der hassenswertesten Stützpfeiler des kommunistischen Systems, der jeden aufrichtigen Dialog mit seinen Vertretern außerordentlich schwierig, wenn nicht unmöglich macht, sobald sie in offizieller Eigenschaft sprechen. Diese Lügen, dieser heuchlerische Eifer, diese Neigung, sich in leeren und anmaßenden Reden zu ergehen – all das hatte nur ein Ziel: die Schwäche des bestehenden Machtgebäudes zu verbergen.

Darüber hinaus wurde im übrigen noch eine andere, komplexere Wahrheit sichtbar. Die Männer, die uns da gegenübersaßen, waren immer bestrebt, ihre Interessen zu wahren; sie zeigten sich unruhig, wenn sie einen Grund zu irgendwelchen Befürchtungen sahen, blieben hart, wenn Härte verlangt war. Aber zugleich waren sie auch Menschen, die, unabhängig von dieser Doppelzüngigkeit, zu Verständnis und vernünftigen Reaktionen, zu mutigen Taten und Opfern fähig waren.

Wegen der häßlichen und willkürlichen Angriffe der sowjetischen Teilnehmer, denen die Amerikaner ihr beleidigtes und bedrückendes Schweigen entgegensetzten, drohte die Konferenz zu scheitern.

Ich gab General Gavin und Senator Church ein Zeichen und sagte zu ihnen: «Ich würde gern draußen kurz mit Ihnen sprechen.»

«Hören Sie», fuhr ich fort, als die Tür hinter uns geschlossen wurde, «finden Sie nicht, es ist an der Zeit, daß jemand ihnen antwortet?»

«Oh!» meinte Gavin. «Das kann doch nicht mehr lange dauern.»

«Machen Sie sich keine Illusionen. Sie werden nicht aufhören. Ich bin zwar das jüngste Mitglied unserer Gruppe, aber ich habe direkte Erfahrungen mit den Sowjets. Wenn wir nichts tun, werden sie die Konferenz platzen lassen.»

Frank Church, sichtlich angespannt, hatte bisher geschwiegen. Jetzt brach es aus ihm hervor: «Ich denke, Sam hat recht. Man muß ihnen antworten. Ihre Anklagerede gerade eben wegen des Vietnamkriegs war blanker Zynismus. Ich kämpfe schon seit Jahren gegen diesen Krieg. Wir brauchen uns von ihnen keine Lektion erteilen zu lassen.»

Gavin war nie ein Verfechter des Kalten Krieges gewesen, aber er opferte auch nie, niemals, eine moralische Überzeugung. Er hatte mir einmal anvertraut, wenn General Patton und er 1945 grünes Licht bekommen hätten von Washington, hätten sie Berlin nehmen können, statt es den Russen zu überlassen. Eine seinem Kommando unterstehende Fallschirmjäger-Spezialeinheit hätte bereits Übungen gemacht, um für diese Aufgabe bereit zu sein.

Als amerikanischer Co-Präsident dieser Konferenz mußte Gavin jedoch zumindest den Versuch machen, die Schwierigkeiten aus dem Wege zu räumen.

«Jim», sagte ich, einer Eingebung folgend, «ich würde gern das Wort ergreifen.»

Ein kaum merkliches Zögern.

«Gut», antwortete er dann. «Tu das, mein Junge, und keine Bange. Viel Glück.»

Ich nahm wieder meinen Platz ein und wartete das Ende der letzten Standpauke ab. Dann hob ich die Hand.

«Gospodin Predsijedatijel.»

Die Mitglieder der sowjetischen Delegation blickten auf, als sie die russischen Worte hörten. Ich fuhr in derselben Sprache, an Kornejtschuk gewandt, fort: «Herr Präsident, ich bitte Sie um das Wort.»

Er konnte es mir nicht gut verweigern. Ich hatte mich inzwischen bereits erhoben und warf einen Blick zu Judith hinüber, die unter den Zuhörern saß. Sie erwiderte meinen Blick mit einem ermutigenden Lächeln.

«Ladies and Gentlemen», begann ich auf englisch.

Die Russen rückten hastig ihre Kopfhörer zurecht.

«Die Gastfreundschaft ist herzlich, die Stadt wunderschön, die Versammlung bemerkenswert – aber die Konferenz kommt vom Weg ab. Ich fühle mich plötzlich unwiderstehlich gedrängt, mein Fachgebiet, die künftige Entwicklung der Wirtschaftsbeziehungen zwischen der Sowjetunion und den Vereinigten Staaten, zu verlassen, um Ihnen einen in hohem Maße persönlichen Gesichtspunkt darzulegen. Unsere hervorragenden sowjetischen Kollegen haben es für richtig befunden, sich von den Zielen der Konferenz zu entfernen, um uns abzukanzeln wegen der Haltung Amerikas gegenüber Israel, wegen der Proteste der militanten Juden in New York, wegen der tragischen Ereignisse in Vietnam und anderer unangenehmer Dinge wegen. Da alles erlaubt scheint, muß es auch erlaubt sein, Themen anzuschneiden, die einigen von uns am Herzen liegen.»

In diesem Augenblick wußte ich noch nicht recht, worauf ich mit meiner Intervention eigentlich hinaus wollte, aber ich konnte nicht mehr die Grenzen der Vorsicht einhalten. Wir waren dabei, zum Kern der Dinge zu kommen.

Würde ich sagen, würde ich genau sagen können, warum und wieso diese Versammlung eine einmalige Chance vertat, wenn sie fortfuhr, in sterilen Polemiken zu versinken, statt sich mit den für die Zukunft unserer beiden Länder entscheidenden Fragen zu beschäftigen?

Ich bat die Delegierten zunächst, mir eine Anspielung auf meine Vergangenheit zu gestatten.

«Wenn ich hier auch die öffentliche Meinung der Vereinigten Staaten vertrete, bin ich doch nicht Amerikaner von Geburt. Es ehrt das Land meiner Wahl, daß es mir die Ehre erwies, mich in eine so hervorragende Abordnung aufzunehmen. Die Themen, über die zu diskutieren wir hierhergekommen sind, beziehen sich auf den Frieden. Und eine in den Konzentrationslagern der Nazis verbrachte Kindheit hat aus mir einen Experten in dieser Materie gemacht.»

Ich hielt inne. Milton Eisenhower hatte die Ellbogen aufgestützt und das Gesicht in die Hände geschmiegt. War es eine Haltung, die Aufmerksamkeit bekundete, oder drückte sie Mißbilligung aus?

Professor Harrison Brown kritzelte mechanisch auf dem vor ihm liegenden Notizblock.

Georgij Arbatow, der Hauptberater des Kreml in Fragen der Beziehungen zu den Vereinigten Staaten, musterte mich kühl von der anderen Seite des Tisches her, während der Schriftsteller Boris Polewoj sich nachdenklich seinen langen Schnurrbart strich.

Ich hatte nicht die Absicht gehabt, meine Kindheit heraufzubeschwören. Aber die Worte, einmal ausgesprochen, lösten eine tiefe Bewegung in mir aus. Jetzt mußte ich hindurch, bis ans Ende.

Nach einem kurzen Hinweis auf die erbitterte Kritik der sowjetischen Delegierten an der Politik Israels gegenüber den Arabern gebe ich vorsichtig zu bedenken, daß ein Problem von solcher Tragweite doch wohl von allen Beteiligten mehr Mäßigung erfordere und daß eine Annäherung, die mit Wirtschaftskontakten beginne, im Nahen Osten weit größere Erfolgschancen habe als alle bisher unternommenen Anstrengungen. Und jetzt das Wesentliche.

«Ich habe einige Bemerkungen zur ‹jüdischen Frage› in der Sowjetunion zu machen. Wie jeder der Anwesenden hier mißbillige ich die militanten Aktionen der extremistischen Juden in New York gegen die sowjetischen Diplomaten. Aber wenn wir dieses Problem ernsthaft erörtern wollen, dann müssen wir die tragischen Erinnerungen an die Vernichtung der Juden, das Leid und die Traumata verstehen, die durch den verzweifelten Schrei ‹Nie wieder!› ausgedrückt werden. Seit dem Holocaust und allen vorangegangenen Pogromen erhebt sich dieser Schrei jedesmal, wenn das jüdische Volk seine Existenz von neuem bedroht fühlt. In einer Gesellschaft wie der Amerikas, die keinerlei Einschränkung der Meinungsfreiheit toleriert, sind die Reaktionen der Öffentlichkeit auf emotionale Fragen oftmals sehr heftig. Wenn diese Reaktionen Ihnen in der Sowjetunion gelegen kommen, applaudieren Sie; wenn sie Sie stören, üben Sie Kritik. Sie wären jedoch gut beraten, wenn Sie dabei nie die seltsamen Wege der öffentlichen Meinung in einer Demokratie aus den Augen verlören.»

Ich spürte die wachsende Spannung im Saal. Ich war jetzt so weit gegangen, daß an ein Zurück nicht mehr zu denken war.

«Warum sind diese Reaktionen heute so extrem? Sie sind

exzessiv in dem Maße, in dem die Menschen, die sie zum Ausdruck bringen, sich noch immer der alten Wurzeln des Antisemitismus in der russischen Geschichte bewußt sind. Ich weiß, daß Sie keine Rassisten sind und daß die Männer der Oktoberrevolution fest entschlossen waren, diese Wurzeln auszureißen. Aber es ist Ihnen noch nicht ganz gelungen.

Gestern haben Sie uns die herrlichen Sehenswürdigkeiten von Kiew gezeigt. Darunter das heldische Reiterstandbild des Bohdan Chmelnyckyj. Für mich ist dieses Standbild kaum ein Symbol des Heldentums. Bei uns im Westen gibt es ein bekanntes Musical, das ‹Anatevka› heißt; es schildert das Leben der Juden in dieser Gegend der Ukraine mit der liebenswürdigen Schlichtheit eines Gemäldes von Chagall – aber es brandmarkt auch die schändlichen Pogrome, denen so viele Unschuldige zum Opfer fielen. Bohdan Chmelnyckyj war ein Anführer solcher Pogrome, ein Mörder wehrloser Frauen und Kinder. Vor einigen Jahren hat der amerikanische Schriftsteller Bernard Malamud ein Buch mit dem Titel ‹Der Fixer› veröffentlicht. Er beschreibt darin die Verfolgung von Juden in dieser Stadt – vor dem Ersten Weltkrieg –, die beschuldigt werden, einen Ritualmord an Kindern von Christen begangen zu haben. Die sowjetische Regierung gab später bekannt, diese schändliche Diffamierung sei das Werk der Geheimpolizei des Zaren gewesen. Aber Episoden wie diese haben im Laufe der Jahrhunderte die Psyche Ihres Volkes beeinflußt und wurden in Gestalt von religiösem und rassischem Haß vom Vater auf den Sohn vererbt. Es bleibt noch vieles zu tun, bis Sie sich vollständig davon befreit haben.

Wenn nun also Juden versuchen, ein Flugzeug zu entführen, um ins Ausland zu fliehen, muß man sie der Justiz übergeben, weil sie gegen das Gesetz verstoßen haben. Aber man sollte ihr Vergehen und ihre Bestrafung nicht zu laut hinausposaunen, denn damit läßt man am Ende nur das Gespenst des jüdischen Unruhestifters wieder aufleben.

Außerdem ist es überflüssig, die Personalausweise mit dem Wort JUDE zu versehen, denn die Juden haben keine jüdische Republik in der Sowjetunion. Um zum Schluß zu kommen, möchte ich es wagen, den Vorschlag zu machen, daß Sie den Juden, die Ihr Land verlassen möchten, weil sie sich aus kulturellen oder religiösen Gründen hier nicht zu Hause fühlen, die Ausreisegenehmigung erteilen.»

Ich hatte gesagt, was ich sagen wollte, und wollte mich bereits wieder hinsetzen, als ich eine plötzliche Eingebung hatte.

«In der Nähe von Kiew gibt es in einer Schlucht ein großes Massengrab: Babi Jar. Fast hunderttausend Juden wurden von den Nazibanden in dieser Schlucht niedergemetzelt und verscharrt. Ihr großer Dichter Jewgenij Jewtuschenko hat ein bewegendes Gedicht darüber geschrieben. Es beginnt mit den herzzerreißenden Worten: ‹Es steht kein Denkmal in Babi Jar›.»

Ich erinnerte mich an einige Verse aus dem Gedicht, die auf ergreifende Weise mein eigenes Schicksal veranschaulichten:

Es steht kein Denkmal in Babi Jar
Ich bin erschrocken . . .
Alt wie das Volk der Juden bin ich heut
Das durch Ägypten irrt . . .
Dreyfus bin ich . . .
Ich fühle mich wie Anne Frank . . .
Ein Junge aus Bialystok bin ich
Mein Blut tropft auf die Dielen und zerfließt . . .

Ergriffen von diesen bewegenden Bildern, spürte ich, daß noch irgend etwas nötig war, um die versammelten Delegierten aufzurütteln, damit die Konferenz endlich von dem toten Gleis heruntergekam, auf das sie geraten war.

Gab es nicht etwas, irgend etwas, das stärker war als Worte? Eine Tat?

«Gestern haben Sie uns Gelegenheit gegeben, uns vor dem Denkmal zur Erinnerung an Ihren großen vaterländischen Krieg zu verneigen. Erlauben Sie mir zu sagen, daß die Schlucht von Babi Jar ebenfalls eines Besuches würdig wäre.»

Ich setzte mich inmitten einer lastenden Stille, die mir eine Ewigkeit zu dauern schien.

Sam, du bist entschieden zu weit gegangen, sagte ich mir. Jewtuschenkos Gedicht ist in der Sowjetunion verboten, die Schlucht wird absichtlich ignoriert, und die Russen haben nicht die geringste Absicht, den dort begrabenen Märtyrern ein Denkmal zu setzen, da sie nichts tun wollen, was das jüdische Bewußtsein stärken könnte. Und du, du hast ihnen ihre letzten Verteidigungsgründe genommen, indem du ihnen eine Art politischer Verleugnung vorschlugst. Und um das Maß vollzumachen, bist du so weit gegangen, öffentlich auf sowjetischem Boden zu fordern, man solle die Juden ungehindert ausreisen lassen. Mach dir keine Hoffnungen mehr, irgendwelchen Einfluß ausüben zu können in den Fragen der friedlichen Koexistenz und der Verbesserung der Beziehungen zwischen Ost und West.

Ich hatte, ohne es zu wollen, zwei für die Entspannung entscheidende Fragen, die der Wirtschaftsbeziehungen und die der Menschenrechte, miteinander verknüpft. Jean-François Revel bezeichnete es ein wenig später im *Express* als den «gordischen Knoten von Kiew».

Kornejtschuk räusperte sich und schickte sich an, die Konferenz fortzusetzen. Aber Senator Hatfield, der etwas von einem protestantischen Geistlichen hatte, kam ihm zuvor: «Freunde, darf ich eine ganz kurze Bemerkung machen? Wie Sam eben betont hat, sind wir hierhergekommen, um Probleme des Friedens zu erörtern. Nur ein Wort, eine Sprache kann die ganze Bedeutung dieser Aufgabe vermitteln. Die Sprache ist das Hebräische, und das Wort lautet Schalom. Und so rufe ich Ihnen allen zu, meine Freunde: Schalom!»

Niemand hatte etwas hinzuzufügen.

Stühle wurden gerückt, alles erhob sich. Ich sah mich plötzlich inmitten einer Gruppe junger Leute: Chase, der Sohn von Frank Church, Lina und Chloe, die Töchter von Gavin, und Rockefellers Sohn Richard. Ich zog Judith mit in den Strom der zum Ausgang drängenden Menge. Bewegt umklammerte sie meinen Arm. Lina Gavin und Frank Church baten mich: «Dr. Pisar, wir würden gern mit Ihnen nach Babi Jar fahren!»

Die amerikanischen Delegierten waren geteilter Meinung. Einige fanden, wir dürften unsere Gastgeber nicht zu sehr irritieren. Offiziell existierte Babi Jar nicht. Wenn wir dorthin fuhren, konnte das als Provokation aufgefaßt werden.

Patricia Harris, das einzige schwarze Mitglied unserer Delegation, heute Ministerin im Kabinett Jimmy Carters, erklärte mit lauter Stimme: «Sam hat gesagt, wir sollten nach Babi Jar fahren. Ich werde ihn begleiten.»

Senator Mark Hatfield verzeichnete diese Episode später in einem Bericht, der in dem offiziellen Bulletin des Kongresses der Vereinigten Staaten veröffentlicht wurde.

«Die Konferenz war an einem Punkt angelangt, wo es nur noch einen Austausch von Beschuldigungen gab. Dann kam Sam. Zuerst war es schreckenerregend. Er schien die lebende Inkarnation des Holocaust. Wir hatten allen Grund zu der Befürchtung, die Russen würden aufstehen und den Saal verlassen. Aber sie taten es nicht. Niemand von uns konnte sich über die Spontaneität dieser Unterbrechung täuschen, und niemand hatte je solche Äußerungen vernommen. Sie rüttelten alle Versammelten auf. Zum Schluß waren wir Brüder geworden.»

Nach der Sitzung baten wir darum, daß man uns einen Bus zur Verfügung stellte. Die gesamte amerikanische Delegation kam mit. Wir fuhren bis an einen Waldrand und gingen dann zu Fuß weiter, bis wir eine Lichtung erreichten.

Wie Jewtuschenko es beschrieben hatte: es gab kein Denkmal in Babi Jar, nichts, was an das ungeheuerliche Verbrechen und an die Opfer erinnerte, die unter den kürzlich gepflanzten Birken begraben lagen.

Unsere russische Dolmetscherin sprach zögernd, die Augen gesenkt. Sie sagte, daß die hunderttausend Opfer, Männer, Frauen und Kinder, von den Nazis hierhergetrieben und dann gezwungen worden waren, ihr eigenes Massengrab auszuheben, ehe man sie niederschoß. Sie sprach noch, als ein zweiter Bus kam.

Das Undenkbare wurde Wirklichkeit: alle Mitglieder der sowjetischen Delegation stiegen aus und kamen schweigend auf uns zu. Ich sah Kornejtschuk, barhäuptig, ich sah Polewoj mit seinem langen Schnurrbart. Sein Blick war auf mich gerichtet, und ich hatte den Eindruck, ein Zeichen darin wahrzunehmen – ich hätte nicht sagen können, was es war, aber es war bestimmt nicht Feindseligkeit. Ich sah Arbatow, den Amerikanisten, Jurij Schukow, den Leitartikler der *Prawda*, den Naturwissenschaftler Fedorow – alle mit gesenktem Kopf, den Hut in der Hand. Aufmerksam lauschten sie der Führerin, die mit ihrem Bericht fortfuhr.

Ich habe oft beobachtet, daß die Ereignisse, die uns am meisten aufwühlen, nicht so einschneidende Dinge wie Hochzeit, Liebe oder die Geburt eines Kindes sind, sondern vielmehr diejenigen, die völlig unvorhergesehen eintreten. Ähnlich war es auch mit dem, was hier geschah.

Die Ankunft der Russen hatte mich zutiefst bewegt. Es war ergreifend zu denken, daß ein einfacher Appell an den menschlichen Anstand und an das Gefühl diese verhärteten Ideologen dazu hatte veranlassen können, daß sie ihre doktrinäre Haltung einen Moment lang aufgaben und uns auf einer Pilgerfahrt folgten, die gegen alle offiziellen Weisungen verstieß.

Ich hatte jetzt das Gefühl, daß mein Glaube an die Macht des Austauschs und des Gesprächs vielleicht doch eine Zukunft hatte.

Natürlich machte ich mir keine Illusionen. Vereinzelte Fälle dieser Art genügten selbstverständlich nicht, um ein ganzes System zu verändern. Aber die Russen besaßen genügend Spontaneität, um im rechten Augenblick auf ein großherziges Angebot großherzig zu reagieren.

Die Konferenz von Kiew, die mit Beschimpfungen begonnen hatte, nahm einen normalen Verlauf.

Ich werde nie vergessen, wie bei der Rückkehr von Babi Jar, als die Russen immer noch steif in ihrer Würde verharrten, Judith geistesgegenwärtig das Eis zu brechen verstand. Bei einem kleinen Schiffsausflug auf dem Dnjepr, den unsere Gastgeber veranstaltet hatten, um die Atmosphäre zu lockern, nahm sie die Tochter eines sowjetischen Ministers am Arm und tanzte mit ihr einen Volkstanz. Wir bildeten einen Kreis um die beiden und klatschten im Takt in die Hände – auch die Russen, die plötzlich auftauten.

Ich betrachtete Judith. Und nach diesen Stunden unerträglicher Spannung kam ich mir vor wie der glücklichste Mensch auf Erden.

11

Die schwarze Limousine fuhr die lange verlassene Straße hinunter zum Brandenburger Tor. Es war ein kalter, regnerischer Herbstmorgen, und man hätte meinen können, der Krieg sei hier nur irgendwie unterbrochen worden.

Spanische Reiter, Verbotsschilder häuften sich und trugen dazu bei, eine gespannte und unsichere Atmosphäre zu schaffen.

Der Wagen hielt vor einem Holzpodium. Ich stieg langsam die nassen Stufen hinauf und stand vor einem der abstoßendsten Symbole der Nachkriegszeit, der Berliner Mauer.

Ein schlimmer Anblick. Meine deutschen Gastgeber, die mich nur als internationalen Anwalt kannten und wahrscheinlich keine Ahnung von meiner grausamen Vergangenheit hatten, warteten darauf, daß ich ein Urteil äußerte, ein Wort sagte, irgend etwas . . .

Ich war zum erstenmal in der ehemaligen Hauptstadt des Dritten Reichs, und ich war gekommen, um an einer Konferenz mit Vertretern der westdeutschen Regierung teilzunehmen. Die Männer neben mir erhofften sich von mir ein Zeichen der moralischen Unterstützung, eine Verurteilung des «anderen Lagers», der kommunistischen Welt. Ihre Blicke baten mich, «ein Berliner» zu sein, wie John F. Kennedy es 1961 bei seinem Berlin-Besuch erklärte, als er die Mauer gesehen hatte. Ich konnte es nicht.

Alles, was ich empfand, war tiefes Unbehagen. So sehr sie es auch glaubten oder glauben wollten, ich gehörte nicht zu einem «Lager», das dem anderen feindlich gesonnen war. Gewiß, meine Heimat war die Welt der westlichen Demokraten. Aber die Entwicklung auf dem europäischen Kontinent zwang mir eine zu rigide und zu schnelle ideologische Entscheidung auf. Meine Wunden, meine Erinnerungen waren noch zu schmerzhaft.

Ich hatte innerlich akzeptiert, daß die Bundesrepublik Deutschland ein integrierender Bestandteil der freien Welt wurde, und ich hatte gleichzeitig feststellen müssen, daß die Sowjets, meine Mitbefreier, sich ihrerseits in Unterdrücker verwandelt hatten. In meinem Herzen und in meinem Bewußtsein war nichts so klar.

Diese häßliche, so unnatürliche und so perverse Mauer, die ich da betrachte, ist mir auf tragische Weise vertraut. Der Stacheldraht, die Wachtürme, ja, ich erkenne sie wieder. Diese steinerne Narbe, die sich da durch die Stadt zieht, erinnert an die ganze Absurdität der vergangenen Tragödien.

Die Gegenwart ist komplexer als die brutale Simplifikation in der Hitlerzeit; das ist es, was mich von meinen Berliner Gastgebern trennt.

Ich denke an all die Menschen, die an dieser Mauer niedergeschossen wurden von den Volkspolizisten, deren Aufgabe es ist, die Freiheit zu verhindern. Ich denke an die Märtyrer, die regelmäßig versuchen, diese neue Mauer des Hasses zu überwinden. Fast schließen sie sich – im gleichen Opfer – all denen an, die sich in letzter Verzweiflung in die elektrisch geladenen

Stacheldrähte warfen, die Auschwitz umschlossen. Ja, für sie ist es fast die gleiche Tyrannei, der gleiche Tod. Aber ich bin wirklich nicht der Mann, der sich für eine solche Demonstration eignet.

Stumm gehe ich die Stufen hinunter und steige ohne ein Wort wieder in den Wagen ein. Langsam erwacht in dieser frühen Morgenstunde zu beiden Seiten der Berliner Mauer das tägliche Leben.

Am Abend war ich zu Gast bei Axel Springer. Der einflußreiche Verleger, mit dem ich seither regelmäßig korrespondiere, beeindruckte mich durch seine umfassende Bildung und sein kultiviertes Auftreten – ich konnte nicht umhin, das Bild des Machtmenschen, das ich mir von ihm gemacht hatte, in mancherlei Hinsicht zu revidieren. Wir waren zwar nicht in allen internationalen Fragen einer Meinung, aber die Entschlossenheit, die er in seiner privaten Festung an der Front zwischen Ost und West ausstrahlte, imponierte mir. Er sprach mit großer Offenheit über das Problem der Schuld der Deutschen und äußerte die Überzeugung, die westliche Zivilisation, insbesondere das Christentum, werde einen neuen Völkermord an den Juden, diesmal im Nahen Osten, physisch und moralisch nicht überleben. Springer ist einer der wenigen Deutschen, mit denen ich über dieses Thema gesprochen habe – und einer der wenigen, die sich nicht mit jener verlegenen Standarderklärung herausredeten: «Wissen Sie, einige der besten Freunde, die ich vor dem Krieg hatte, waren Juden.»

Am nächsten Tag fuhr ich noch einmal an die Mauer, allein, von widersprüchlichen Gefühlen durchdrungen – in die Trauer mischte sich ein Gefühl bitteren Triumphes.

Jetzt haben also auch die Deutschen ihre Klagemauer. Eine Mauer nach dem Muster jener, die sie an dem sonnigen Junitag des Jahres 1941 um das Getto von Bialystok errichteten, der

Mauer, die mich und die Meinen von der übrigen Welt trennte. Sie sollten manchmal daran denken. Aber es ist nicht meine Aufgabe, ihnen die Vergangenheit vorzuhalten.

Ich denke vielmehr an die Geste Willy Brandts, des ehemaligen Bürgermeisters dieser zerrissenen Stadt, der als Bundeskanzler vor dem jüdischen Ehrenmal im Warschauer Getto niederkniete und im Namen des deutschen Volkes stumm um Vergebung bat – er, der mit beispielhaftem moralischem und physischem Mut während des Krieges eine fremde Uniform angezogen hatte, um gegen sein dem Wahnsinn verfallenes Land zu kämpfen. Er hat für uns alle gesprochen, und mit ihm müssen wir die Zukunft bauen – und mit seinem Volk. Ich weiß sehr wohl, daß wir auch weiterhin eine Wahl treffen müssen.

Mit zwölf Jahren, als ich sowjetischer Bürger war, träumte ich davon, General der Roten Armee zu werden. Ich könnte also heute zur anderen Seite gehören und würde vielleicht die Dogmen verteidigen, die ich heute ablehne. Wer weiß . . .

Endlose Spekulationen über die Zufälle der Wahl und des Schicksals, die überall das Engagement des Menschen prägen. Wie recht hatten doch Willy Brandt und so viele andere, als sie niederknieten.

Meine Hoffnung, mein Glaube an ein neues politisches und wirtschaftliches Gleichgewicht, das über die primitiven kriegerischen Reflexe hinausgeht, ist bisher noch nicht Wirklichkeit geworden.

In den Vereinigten Staaten hatte Richard Nixon den Kalten Krieg durch erste Entspannungsbemühungen ersetzt. Aber das Netz gegenseitiger Interessen, das sein Außenminister, Henry Kissinger, zu weben begann, ging noch nicht über das Stadium von Grundsatzerklärungen hinaus.

Man hatte einige wichtige Verhandlungen mit Moskau abgeschlossen, aber der Umfang des wirtschaftlichen, wissenschaftlichen und technologischen Austauschs zwischen der Sowjetunion und den Vereinigten Staaten war kaum größer als vor fünf Jahren. Und in der amerikanischen Politik verstärkte sich bereits die Zahl derer, die diesem Austausch feindselig gegenüberstanden.

Im Osten hatten Trägheit, Mißtrauen und die allgegenwärtige Bürokratie Umfang und Tragweite kühner Pläne kupiert, die auf eine wirkliche wirtschaftliche Integration zwischen dem Osten und dem Westen abzielten.

Doch in Europa nahmen Passivität und das Routinedenken wieder einmal die gefährlichsten Formen an. Der alte Kontinent hätte endlich ein starkes, erneuertes Ganzes werden müssen, um nicht länger Boden feindseliger Zusammenstöße und zweifelhafter Auseinandersetzungen zu sein. Der Marxismus hatte für immer den Beweis erbracht, daß er zum Terror führte, und der Liberalismus hatte bewiesen, daß er nichts als ein Dschungel war.

Das geteilte Deutschland, das ich an diesem Tag betrachtete, zeigte die gleiche Inkonsequenz wie die Tragödie, die in den dreißiger Jahren auf die Aufrufe des «Führers» hin in dieser Stadt eingeleitet wurde und dann zum Holocaust führte.

Die Erfahrungen, die ich in den «neuen» Ländern wie Australien oder den Vereinigten Staaten gemacht hatte, erlaubten es mir, die Gesellschaft und die Regierungen der europäischen Länder mit ihrer so ruhmreichen und so blutigen Geschichte jetzt klarer zu beurteilen.

Daher war ich für das föderalistische Konzept. Das harmonische Funktionieren der Politik, wie ich es jenseits des Atlantiks beobachtet hatte, schien mir vielversprechend für das seit Jahrhunderten vom Geist des Nationalismus zerrissene Europa.

Die leidenschaftlichen, fieberhaften Diskussionen, die meine Kommilitonen und ich in Harvard geführt hatten, drehten sich oft um dieses Projekt – das eigentliche Ziel unserer Generation, wie wir meinten.

Meine Übersiedlung nach Frankreich Ende der fünfziger Jahre fiel zeitlich fast mit der Unterzeichnung der Römischen Verträge zusammen. Fasziniert verfolgte ich das Vorgehen Robert Schumans, Konrad Adenauers, Jean Monnets. Zum erstenmal sah es so aus, als ob die Entwicklung der Geschichte nun endlich mit dem Willen der Menschen in Einklang gebracht werden würde.

In Paris waren Judith und ich oft bei Sigismund von Braun, dem deutschen Botschafter, im Hôtel Beauharnais zu Gast. Judith kannte ihn schon seit der Zeit, als er in New York UN-Botschafter gewesen war, und aus dieser Bekanntschaft hatte sich allmählich eine tiefe Freundschaft entwickelt. Als Onkel Lazarus zu Besuch zu uns kam, lud ich von Braun in unser Landhaus im Tal der Loire ein. Abends bei Tisch herrschte eine gespannte Atmosphäre, was wohl an Lazarus lag: er empfand die Nazivergangenheit der Deutschen stärker als ich – vielleicht weil er nicht unmittelbar unter den Nazis gelitten hatte. Von Braun war kein Nazi gewesen; dennoch sagte er gegen Ende eines lebhaften Gesprächs über diese Vergangenheit, zu Judith gewandt, er könne es immer noch nicht fassen, daß wir ihn, einen Deutschen, als Freund akzeptierten und in unser Haus eingeladen hatten. Als ich im weiteren Verlauf des Wochenendes miterlebte, wie die Mauer zwischen Lazarus und von Braun fiel, sagte ich mir, daß es auf dieser Welt keine Mauer gibt, die standhält, wenn man fest entschlossen ist, sie niederzureißen.

In den Jahren, die auf die Geburt Europas folgten, wartete ich auf das Entstehen wirksamer föderativer Organe, die diesen gemeinschaftlichen heilsamen Willen verwirklichten.

Ich wußte, daß die Länder Europas zur Verständigung verurteilt waren, aber ich stellte sehr bald fest, wie wacklig das Gebäude war. Ich sah mit eigenen Augen, welche enormen Anstrengungen noch unternommen werden mußten, um die auf innenpolitischen Erwägungen beruhenden Vorurteile, das Mißtrauen, die alten Gewohnheiten, die starren Prinzipien zu überwinden, die das Verhältnis der künftigen Partner belasteten und deren Ausmaß mich erschreckte.

Die Angst kehrte wieder: Würde Europa, unser Europa, nachdem es die größten Hoffnungen erweckt hatte, uns nun abermals in Enttäuschungen stürzen – in dem Augenblick, da es dabei war, einen jahrhundertealten Traum zu verwirklichen und das vernünftigste aller Ziele zu verfolgen?

Das Werk ist bis heute unvollendet. Die Verzögerung hat tiefe Bitterkeit hervorgerufen. Die Initiativen werden immer noch durch künstliche Leidenschaften, durch innenpolitische Rivalitäten, durch Egoismus und kurzfristige Interessen behindert, gebremst und sogar zerschlagen. Was bleibt, ist ein einziges furchtsames Zögern und Tasten. Die Demagogie greift um sich und korrumpiert. So werden wir den Traum vom Frieden nicht verwirklichen können.

Ich traf gelegentlich mit Jean Monnet zusammen.

Klein von Gestalt und schlicht im Auftreten, spricht er mit mir in seinem Büro in der Avenue Foch, und jedes seiner Worte ist reiflich überlegt, genau bedacht.

«Ich habe die aufrichtigste Sympathie für Willy Brandts Ostpolitik und für Ihre Bemühungen um ‹die wirtschaftliche Integration zwischen Ost und West›. Aber ich frage mich, ob es nicht erforderlich ist, zuvor die noch so lockere Europäische Gemeinschaft zu konsolidieren.» Seine Stimme wird leiser, der Ton vertraulicher. «Ich fürchte nur, der deutsche Kanzler und Sie werden steckenbleiben . . . im sibirischen Schnee.»

Jean Monnet, Seher und Architekt des ersten friedfertigen

Imperiums, denkt an die Lehren und an die Fallen der Geschichte.

Ich antworte ihm: «Ich verstehe Ihre Befürchtungen. Aber ist es wirklich unumgänglich, eine Priorität der anderen zu opfern? Viele glauben, daß Großbritannien der Gemeinschaft nicht beitreten wird. Ist das britische Volk bereit, einen Weg zu gehen, der für England das Wagnis bedeutet, seine große parlamentarische Tradition einzubringen in ein fragiles Gleichgewicht der Kräfte in Europa, das in der Vergangenheit allzu oft seine Unzulänglichkeiten, seine Exzesse bewiesen hat? Sie wissen, daß eine so solide Demokratie wie die Großbritanniens ernste Schwierigkeiten haben wird, sich mit einer erst allmählich genesenden Demokratie wie der deutschen enger zu verbünden. Ich bin in Australien groß geworden, unter dem Schutz des britischen Rechts, aber auch in Europa, im Schatten der Nürnberger Rassengesetze.»

Monnets immer freundliches Gesicht zeigt jetzt wieder einen entschlossenen Ausdruck: «Trotz aller Ihrer teilweise berechtigten Einwände – ich habe die Gewißheit, die Gewißheit, glauben Sie mir, daß Großbritannien dem Gemeinsamen Markt beitreten wird.»

«Was den sibirischen Schnee angeht», sage ich, «hat de Gaulle vielleicht gar nicht so unrecht. Wenn wir die europäische Einigung zu schnell vorantreiben, laufen wir Gefahr, uns endgültig von den Ländern des Ostens zu isolieren. Das wäre eine Tragödie für sie.»

Monnet hebt protestierend die Hand.

«Das Europa vom Atlantik bis zum Ural? Eine reine Utopie. Der beste Vorwand, um gar nichts zu tun.»

Ich mußte an die Gespräche denken, die ich mit Egon Bahr in Paris, mit Herbert Wehner in Bonn und mit anderen deutschen Politikern geführt hatte. Wie fest würden sie widerstehen, wenn die UdSSR ihnen die deutsche Wiedervereinigung und Zugang zu sowjetischen Rohstoffen und sowjetischen Märkten für ihre Industrien als Preis für eine Abwendung von der Europäischen Gemeinschaft und dem atlantischen Bündnis anbot?

Ich betrachtete den Mann, der für mich immer der Vater eines friedlichen Europa gewesen war, und brach das Schweigen: «In den Beziehungen, die wir zur kommunistischen Welt anknüpfen, müssen wir vor allem Fingerspitzengefühl beweisen. Ein Dialog zwischen dem gesamten Ostblock und, auf unserer Seite, nur der Kommission der Europäischen Wirtschaftsgemeinschaft in Brüssel ist von vornherein zu ungleich, zu begrenzt. Wir müssen eine vielschichtigere Choreographie entwickeln. Stellen Sie sich zum Beispiel einen ‹Pas de deux› zwischen Frankreich und Polen, Ungarn und Holland, der Bundesrepublik und Bulgarien vor . . .»

Den Kopf jetzt zur Seite geneigt, hört Jean Monnet mir aufmerksam zu.

«Wir sollten», fahre ich fort, «die kleinen Länder in Osteuropa eher unter dem Gesichtspunkt der historischen, kulturellen und wirtschaftlichen Einheit des Kontinents betrachten als unter dem Gesichtspunkt der ideologischen Spaltung. Diese Vasallenstaaten der UdSSR werden nie eine wirkliche politische Unabhängigkeit erlangen. Das tragische Beispiel von Prag zeigt das sehr deutlich. Aber wenn wir geduldig Bande weben, industrielle, kommerzielle, technologische, menschliche, kulturelle Bande, von Land zu Land, ein ganzes Geflecht von Beziehungen, die zwangsläufig immer enger werden, dann können wir diese Länder irgendwann wieder enger an Westeuropa binden.»

Monnet unterbricht mich und kehrt zu seinen grundlegenden Überzeugungen zurück: «Mag sein . . . Aber dafür ist es noch zu früh. Fangen wir damit an, selber zu existieren. Denn davon sind wir noch weit entfernt!»

Ja, kein Zweifel, Europa *muß* anfangen zu existieren, sonst wird das Blutvergießen von neuem beginnen. Und Deutschland muß zu Europa und zur atlantischen Gemeinschaft mit den Amerikanern gehören.

Ähnliche Gedanken hatten mich bewegt, als ich 1972 im Bonner Bundestag vor NATO-Parlamentariern ein Referat hielt. In dem Haus, in dem sich die gewählten Vertreter des Volkes versammeln, dessen einstiger «Führer» mich als «Untermenschen» behandeln ließ, äußerte ich mich nun als Experte in einem Dialog über die grundlegenden Fragen von Krieg und Frieden. Es fiel mir nicht schwer, diese Ironie der Geschichte für mich zu behalten. Aber es fiel mir schwer, die Gefühle zurückzudrängen, die mich plötzlich bestürmten. Ich mußte zurückdenken an die Zeit, als mein einziger «Dialog» mit den Vertretern dieses Volkes absolut einseitig gewesen war: «Mützen ab, Mützen auf! Mützen ab, Mützen auf!»

Nico, Ben, wie sehr wünschte ich, daß ihr in diesem Augenblick unter den Zuhörern gesessen hättet! Ihr, mit denen ich alles teilte und alles gemeinsam durchlitt. Ihr, mit denen ich mich unbesiegbar fühlte. Was für einen weiten Weg habe ich seit dem Tag zurückgelegt, an dem ich Landsberg verließ! Dich, Nico, habe ich verloren, weil ich nicht den Mut hatte, dem Schweigen auf den Grund zu gehen, das zwischen uns entstanden war. Und dich, Ben, verlor ich, weil ich einen Weg einschlug, für den ich bestimmt zu sein glaubte. Wenn ich heute an jene Zeit zurückdenke, verstehe ich zum erstenmal, was es heißt, daß man für alles, was man zu erreichen meint, etwas opfern muß, was unter Umständen schwerer wiegt.

Nico, mein Leidensgefährte, mein Bruder, ich dachte, ich könne dir helfen, aber du wußtest, daß es zu spät war. Etwas von mir ist mit dir gegangen. Wenn ich dein Gesicht vor mir sehe, trauere ich um dich, wie ich um die Meinen trauere, die in Bialystok und Treblinka starben.

Es wird mir sicher immer wieder so gehen, daß ich bei unerwarteten Ereignissen, die mich an die Vergangenheit erinnern, vor allem aus dem Gefühl heraus reagiere.

Als ich eines Morgens, 1970, aus Washington zurückkomme und noch schnell in meine Kanzlei hineinschaue, ehe ich nach Hause fahre, um mich von dem langen Nachtflug zu erholen, sagt mir meine Sekretärin, daß Jean-Jacques Servan-Schreiber gerade angerufen habe. Es sei dringend, habe er gesagt.

Dieser Mann, dem ich noch nie persönlich begegnet war, hatte mich schon immer neugierig gemacht.

Seine notorische Mißachtung der politischen Spielregeln und Denkschemen, die manchmal bis an die Grenze der Provokation ging, faszinierte mich. Seine Überzeugungskraft und sein Elan hatten mich von Anfang an beeindruckt, seit ich sein 1957 geschriebenes Buch «Leutnant in Algerien» gelesen hatte, eine mutige Anklagerede im Namen des nationalen Zusammenhalts und der Moral seines Landes gegen die Kolonialpolitik. Er hatte gerade «Die amerikanische Herausforderung» veröffentlicht, ein aufsehenerregendes, eindringliches Plädoyer für eine Wiedergeburt Europas.

Ich rief ihn sofort an.

«Die griechischen Obristen wollen dreißig politische Gefangene zum Tode verurteilen. Sind Sie bereit, mich nach Athen zu begleiten? Damit wir einen Versuch unternehmen, sie zu retten? Die griechischen Exilstudenten haben mich heute morgen darum gebeten.»

«Selbstverständlich. Warten Sie, ich sehe eben mal auf meinem Terminkalender nach . . . Wenn ich einige Verabredungen verschiebe, könnte ich Anfang nächster Woche frei sein. Ginge das?»

«Nein. Nach den Informationen, die ich von den Studenten habe, ist eine dringende Aktion erforderlich. Wir haben eine Maschine gechartert, die in anderthalb Stunden abfliegt.»

«Anderthalb Stunden? Ich war zwei Wochen in Amerika und komme eben gerade zurück – lassen Sie mich wenigstens bei mir zu Hause vorbeifahren!»

«Ich hole Sie in einer Stunde in Ihrer Wohnung ab.»

In aller Eile packe ich wieder meinen Koffer und gehe nach unten, um vor dem Haus auf ihn zu warten. Im gleichen Augenblick kommt er auch schon. Er steigt aus, nimmt meinen Koffer und verstaut ihn im Kofferraum. Wir rasen nach Le Bourget. Ich sitze neben einem entschlossenen und schweigsamen Mann, über den ich in Wirklichkeit so gut wie nichts weiß.

Die kleine zweistrahlige Düsenmaschine hebt vom Flughafen Le Bourget ab und nimmt Kurs auf Athen. Einige namhafte Franzosen, darunter zwei ehemalige Angehörige von France Libre, Mitkämpfer von General de Gaulle, die sich im Zweiten Weltkrieg um die Befreiung Frankreichs verdient gemacht haben, begleiten uns.

Ich verstehe, warum sie an dieser Mission teilnehmen. Aber wissen Sie, warum ich mit ihnen fliege? Sie denken sicher, ich sei in meiner Eigenschaft als Anwalt mitgekommen – ein erfahrener Verhandlungspartner in schwierigen diplomatischen Situationen wie der, die uns jetzt erwartet.

Während wir in unserem Hotel im Zentrum von Athen auf einen Anruf von Oberst Papadopoulos, dem Ministerpräsidenten, warten, sprechen meine Reisegefährten lakonisch von dem tragischen Schicksal, das auf dem griechischen Volk zu lasten scheint: die Besetzung durch die Nazis, dann der Bürgerkrieg von 1947, der auf grausame Weise beendet wurde.

Ich höre ihnen, ein wenig abseits stehend, zu. Einer von ihnen bemerkt meine Zurückhaltung und versucht höflich, mich ins Gespräch zu ziehen.

«Sie waren in den düsteren Zeiten, als die Hakenkreuzfahne über der Akropolis flatterte, sicher noch zu jung und zu weit fort von Europa. Haben Sie in Amerika damals von den Ereignissen gehört?»

Ich sehe meine Reisegefährten der Reihe nach an und mache ohne einen Kommentar eine Geste, die ich mir bisher noch nie erlaubt habe: ich streife den Ärmel meines Hemds hoch und zeige ihnen die tätowierte Häftlingsnummer von Auschwitz.

Sie sagen kein Wort. Wir spüren, daß wir alle griechische Widerstandskämpfer geworden sind. Jean-Jacques Servan-Schreiber schließt einen Moment die Augen . . . Dann bricht er das Schweigen: «Messieurs, wir haben ein großes Arbeitspensum vor uns.» Der Beweger.

Wir sind jetzt ein fest zusammengeschweißtes Team. Und wir hören nicht auf, von Mikis Theodorakis zu sprechen, oder von Manolis Glezos, jenem jungen Mann, der 1944 am hellichten Tag auf den Parthenon kletterte, um die Fahne der Nazis herunterzureißen.

Jetzt, sechsundzwanzig Jahre später, schmachtet er in einer Zelle, von seinen eigenen Landsleuten gefoltert, genau wie damals von den Henkern, denen auch ich ausgeliefert war.

Wir verhandelten Tag und Nacht mit den Führern der Militärjunta.

Es waren sehr ungleiche, fast hoffnungslose Gespräche: wir waren völlig isoliert. Denn die Intellektuellen der westlichen Welt mißbilligten zwar einmütig das Obristenregime, aber die Idee, daß man etwas Konkretes für die Opfer der Diktatur tun könnte, war ihnen noch nicht gekommen.

Für unsere Meisterdenker war es damit abgetan, daß sie in regelmäßigen Abständen ihren Namen unter Petitionslisten setzten, die dann alsbald in den Papierkörben der griechischen Botschaften landeten. Ihr Wille, in der Zurückgezogenheit schöner Worte zu verharren, mit denen keinem Menschen geholfen war, paßte sehr gut zu der allgemeinen Gleichgültigkeit den täglichen Tragödien gegenüber.

In diesen angespannten Tagen mußte ich oft an den Gegensatz, den heftigen Kontrast zwischen Nordeuropa mit seinen demokratischen Regierungen und den Ländern Südeuropas – Spanien, Portugal, Griechenland – denken, wo bedrückende Diktaturen den Menschen Schweigen und Resignation aufzwangen.

Ich hatte aus zu großer Nähe die Exzesse des wahnwitzigsten Nationalismus miterlebt, um nicht die «totalitäre Versuchung» wahrzunehmen, die in diesen Ländern ständig existierte.

Athen war eine schön gefärbte, nicht ganz so dramatische Mahnung an die vergangene Tragödie, der greifbare Beweis wie Madrid oder Lissabon, daß nichts endgültig überwunden war, daß alles von vorn beginnen konnte. Wie auch in Rom, Paris, Ankara . . .

Zweck der Reise war für Jean-Jacques Servan-Schreiber deshalb die politische Tat. Und wie isoliert diese Bemühung auch sein mochte, sie verdeutlichte auf ganz konkrete Weise die Solidarität der demokratischen Länder Europas mit den geknebelten Völkern unseres Kontinents. Darin stimmte ich mit ihm überein.

Wie alle Tyrannen legten auch die Obristen keinen gesteigerten Wert auf allzu große Publizität. Überrascht von unserer «Invasion» versprachen sie uns, die Verurteilten nicht hinrichten zu lassen. Mikis Theodorakis, der berühmte Komponist – ein Symbol des griechischen Widerstands –, der im Gefängnis an Tuberkulose erkrankt war, wurde sofort freigelassen, damit er mit uns ausreisen könne.

Aber seine Frau und seine beiden Kinder wurden als Geiseln zurückbehalten.

Auf diese Weise wollte man sich seines Schweigens versichern.

Es war eine unerträgliche Situation.

Wir beschlossen, Jackie Kennedy anzurufen. Ich kannte sie von der Zeit her, als ich in Washington tätig gewesen war. Bei unserem Unternehmen war jede Hilfe kostbar. Ein Wasserflugzeug, das Aristoteles Onassis uns nach Athen schickte, brachte uns nach Skorpios, auf seine Insel.

Am Anleger, neben der imposanten Yacht *Christina*, wurden wir von dem berühmten Paar erwartet, am Tor zu ihrem Königreich.

Für die kurze Fahrt zu der herrlichen Villa ließ Onassis meine Freunde in einen Jeep steigen, während seine Frau mich bat, sie in einem anderen Wagen zu begleiten und mich ans Steuer zu setzen.

Unterwegs betrachtete ich die Landschaft.

Im Schein der untergehenden Sonne erschien mir Skorpios wie der glanzvolle Rahmen des absoluten Egoismus und der Parodie eines Mythos.

«Jackie», sagte ich – es war mir unmöglich, sie mit «Madame Onassis» anzureden. Ich schaute sie an und suchte nach einem Abglanz der strahlenden jungen Frau, die ich an dem Tag, als John F. Kennedy Präsident der ersten Weltmacht wurde, in Washington den Ball hatte eröffnen sehen.

«Sie können nicht in diesem Land bleiben – Sie, die Mutter von Caroline und John –, solange das Regime zahlreiche Gefangene, darunter die Frau und die beiden Kinder von Theodorakis, als Geiseln festhält.»

«Ich verstehe, aber was soll ich tun?»

«Sie haben doch sicher die Telefonnummer des Weißen Hauses nicht vergessen. Rufen Sie Präsident Nixon an und bitten Sie ihn, bei den Obristen zu intervenieren. Rufen Sie Verteidigungsminister Melvin Laird an; er liefert den Griechen die militärische Ausrüstung. Die Obristen werden auf ihn hören.»

Sie sah mich mit einem bekümmerten Lächeln an.

«Wissen Sie, ich glaube nicht, daß ich nach all diesen Jahren noch viel Einfluß in Washington habe.»

Nachdenklich blickte sie auf das prächtige Haus, das jetzt hinter einer Biegung der Straße zum Vorschein kam. «Ich bin nur noch eine Amerikanerin im Exil . . . Aber keine Sorge, Ari hat sicher eine Idee, was man tun kann.»

Ari, Aristoteles Onassis, empfängt uns gutgelaunt.

Doch das leidenschaftliche Plädoyer Jean-Jacques Servan-Schreibers berührt ihn kaum. Er ist fest entschlossen, von seiner Haltung strikter Neutralität nicht abzuweichen. Zu viele Interessen stehen für ihn auf dem Spiel, als daß er sich zum Eingreifen bewegen ließe.

Jackie zieht ihn beiseite. Ich sehe, wie sie lebhaft, ja leidenschaftlich auf ihn einredet. Onassis hört ihr zu und nickt besänftigend mit dem Kopf.

Unser Unternehmen war, so schien es, zum Scheitern verurteilt. Auch Jackie spürte es. Mit verschlossenem Gesicht stand sie in angespannter Haltung da und hörte sich die ausweichenden Antworten ihres Mannes an, stumm, resigniert.

Sie hatte unserer Initiative Sympathie entgegengebracht, aber sie war offensichtlich machtlos. Onassis war nichts als Berechnung. Er hatte lediglich den Anschein der Höflichkeit wahren wollen.

Als wir die Sommerresidenz des Reeders verließen, dachte ich an den grausamen Gegensatz zwischen der Unterdrückung, unter der das geknebelte griechische Volk litt, und dem unverschämten Luxus, in dem dieser Mann lebte, dem das Schicksal seiner Landsleute offenbar gleichgültig war.

Schließlich, ein paar Wochen später, wurden Frau Theodorakis und ihre beiden Kinder mitten in Athen befreit und nach Paris gebracht – durch ein Kommandounternehmen von bemerkenswerter Präzision, das eine ebenso unerschrockene wie schöne junge Frau leitete: Marie-Bernadette Raimbault, selbst Mutter von zwei Kindern und eine sehr angesehene, vielbewunderte Architektin.

Sieben Jahre später werde ich zu einer Diskussion am Fuße der Akropolis eingeladen. Das Thema lautet . . . die Zukunft der Demokratie. In dem alten Amphitheater des Herodes Atticus sitzen mit mir Sean MacBride, der Gründer von Amnesty International, Dom Helder Camara, der rebellische brasilianische Bischof, Mario Soares, der Ministerpräsident eines Landes, das endlich aus einer langen Nacht der Tyrannei emporgetaucht ist, und weitere führende Vertreter Europas.

Manolis Glezos war kurz zuvor einem Attentat erlegen. Aber Griechenland, Spanien und Portugal hatten inzwischen die Freiheit wiedergefunden. Hatte die Demokratie, die heute in nicht mehr als zwanzig von den 155 Staaten der Erde praktiziert wird und überall auf dem Rückzug ist, doch noch eine Zukunft?

Jene bewegte Episode war sozusagen mein erstes direktes Einwirken auf die europäische Politik.

Mit Frankreich, wo ich lebe, verbindet mich eine tiefe, leidenschaftliche Beziehung, die ein fester Bestandteil meines Lebens geworden ist. Meine drei Kinder wurden vom Tage ihrer Geburt an von der französischen Kultur und Zivilisation geprägt.

Aber auch ältere freundliche Reminiszenzen verbinden mich mit Frankreich: die Gespräche meiner frankophilen Familie in Bialystok, meine ersten Streifzüge durch das Paris der Nachkriegszeit. Nichts, was dieses Land berührt, läßt mich gleichgültig.

Ich hatte jedoch inzwischen die ungezwungenen normalen Beziehungen zwischen politischen Widersachern in Australien, Großbritannien oder den Vereinigten Staaten beobachten können und war betroffen über die Aggressivität und die Tiefe der Spaltungen in der französischen Politik. Schließlich gewann ich den Eindruck, daß das Bekenntnis zur Rechten oder zur Linken in diesem Land nur zwei verschiedene Arten waren, sich an die Vergangenheit zu klammern, konservativ zu sein.

Ich meinerseits unterhielt die besten Beziehungen zu den Vertretern der verschiedensten Strömungen im öffentlichen Leben Frankreichs.

Selbstverständlich hatte ich nicht die geringste Absicht, mich in die innenpolitischen Auseinandersetzungen Frankreichs einzumischen. Andererseits fand ich, daß alles, was mich berührte oder betraf, daß alle Fragen von internationaler Bedeutung, darunter insbesondere die Einigung Europas, auch meine Sache waren.

Judith – sie leitet ein amerikanisches Kulturzentrum in Paris – und mir machte es ein diebisches Vergnügen, bei unseren Einladungen politische Rivalen zusammenzubringen, und auch sie schienen sich jedesmal gut zu amüsieren. Es entstand zwischen uns ein subtiles stillschweigendes Einverständnis: wir waren harmlose Amerikaner, die, sicherlich aus purer Unwissenheit, die Grenzen und die verschiedenen gesellschaftlichen Kreise nicht respektierten, und sie waren als Franzosen viel zu höflich, um daran Anstoß zu nehmen.

Was für eine Genugtuung – und was für eine Erinnerung –, so

zum Beispiel eines Abends Pierre Mendès-France und Michel Debré bei uns in ein freundschaftliches Gespräch vertieft zu sehen . . .

Jacques Attali unterhielt sich mit Simone Veil, die einen Ministerposten in der französischen Regierung innehat. Sie, die wie ich die Hölle von Auschwitz überstand, spielt heute eine sehr wichtige Rolle beim Aufbau Europas.

Unser Ehrengast war an diesem Abend Henry Kissinger. Der ehemalige Außenminister der Vereinigten Staaten, der so virtuos die amerikanische Diplomatie der letzten zehn Jahre personifiziert hatte, teilte meine Sorgen über die Verwundbarkeit Westeuropas im allgemeinen und Frankreichs im besonderen. Er kam in einer aufregenden Zeit – kurz vor den allgemeinen Wahlen im März 1978, als die ganze Welt mit Spannung auf die Entscheidung der Franzosen wartete.

Nach und nach im Verlauf des Abends gewann Kissinger ein nuancierteres Bild der europäischen Wirklichkeit.

Ein Bild, das Menschen, Menschen in all ihrer Verschiedenheit, einbezog. Der Abend zeigte ihm, daß in diesem Frankreich, von dem Europa abhing, der Dialog noch nicht verstummt war und daß deshalb noch nichts unwiderruflich verloren war.

Als ich Kissinger später hinausbegleitete, zu dem kleinen Platz, wo seine Leibwächter auf ihn warteten, sagte er zu mir: «All das gibt doch einigen Grund zu der Hoffnung, daß dieses bedeutende Land nicht ins Chaos stürzen und das übrige Europa mitreißen wird.»

In einem kritischen Moment im politischen Leben Frankreichs sorgte ich, teilweise durch Zufall, dafür, daß zwei französische Politiker, die ich immer als komplementäre Gestalten betrachtete, eine Verständigungsgrundlage fanden.

Valéry Giscard d'Estaing und Jean-Jacques Servan-Schreiber hatten jeder ein Vorwort zu den zwei Büchern geschrieben, die ich in Frankreich veröffentlicht hatte. Die beiden Männer kannten sich seit dreißig Jahren, seit sie die angesehene École Nationale Polytechnique besucht hatten, aber die Rückkehr de Gaulles an die Macht im Jahre 1958 hatte sie getrennt.

Giscard schloß sich dem neuen Präsidenten sofort an und begann systematisch seine Laufbahn im Staatsdienst, während Servan-Schreiber den Gaullismus ablehnte und sich in einen langen einsamen Kampf stürzte.

Ihre Ziele für Frankreich lagen jedoch in meinen Augen sehr nahe beieinander. Sie wollten mit den überkommenen Einstellungen der Vergangenheit brechen und aus ihrem Land eine moderne, den Herausforderungen der Zukunft gewachsene Gesellschaft machen; dieses Vorhaben brachte sie zwangsläufig einander näher. Und im übrigen nahm Valéry Giscard d'Estaing, als er 1965 von der Regierung verabschiedet wurde, seine regelmäßigen Gespräche mit Jean-Jacques Servan-Schreiber wieder auf. Sie diskutierten häufig über die großen Aufgaben, die die Zukunft mit sich bringen würde. Ich entdeckte zum Beispiel das Manuskript der «Amerikanischen Herausforderung» in Giscards Bibliothek, mit vielen handschriftlichen Anmerkungen.

1974 war es für niemanden mehr ein Geheimnis, daß der schwerkranke Georges Pompidou am Ende seines Kampfes gegen den Tod angelangt war. Ich war überzeugt, daß Giscard d'Estaing seine Ansprüche auf das Präsidentenamt im gegebenen Augenblick anmelden würde.

Servan-Schreiber, der als Präsident der Radikalsozialistischen Partei schon 1971 ein Zusammengehen mit den Sozialisten und Kommunisten abgelehnt hatte, konnte für ihn ein entscheidender Verbündeter oder ein schwieriger Gegner werden.

Ich argumentierte optimistisch und freundschaftlich. Wenn die beiden sich über die Analysen in meinen Büchern einig gewesen waren, dann mußte auch eine grundsätzliche politische Verständigung zwischen ihnen möglich sein, falls sich eine Gelegenheit dazu ergab. Irgend jemand mußte die Initiative ergreifen; denn Giscards abermalige Zugehörigkeit zur Regierung – in den Kabinetten Pompidous – hatte ihn von Servan-Schreiber entfernt.

Ich bilde mir nicht ein, daß meine guten Dienste als Makler, die in einem ausgedehnten Essen und einem ernsten Meinungsaustausch bei mir zu Hause ihren Höhepunkt fanden, die Präsidentschaftswahlen beeinflußt haben. Die Beziehung war jedoch wieder geknüpft, und eines steht fest: Wenn Jean-Jacques Servan-Schreiber sein politisches Gewicht und das der linken Mitte nicht für ihn in die Waagschale geworfen hätte, dann hätte Giscard nie seinen knappen Sieg erzielen können.

Heute hängt die Zukunft Frankreichs wiederum weitgehend davon ab, ob die führenden Männer, welches politische Lager sie auch vertreten, zu einer Einigung gelangen über eine grundsätzliche Haltung gegenüber den sich überstürzenden Notwendigkeiten, die sich – in einer wirtschaftlich schwierigen Zeit – angesichts des erbitterten weltweiten Wettbewerbs ergeben.

1975, einige Tage nach der Rückkehr aus Auschwitz, aßen Judith und ich mit François Mitterrand zu Abend. Judith, die kein Hehl machte aus ihrer Bewunderung für den Vorsitzenden der Sozialistischen Partei, fragte ihn, was er über die Pilgerfahrt denke.

«Es ist ungeheuer wichtig, daß die Jugend alles erfährt», antwortete er. «Und in Auschwitz hat Giscard wirklich im Namen ganz Frankreichs gesprochen.»

Ich war froh über diese großherzige Würdigung, nicht nur weil sie den «überparteilichen» Charakter der Mission bestätigte, sondern auch weil ich einige Passagen der Rede des Präsidenten ausgearbeitet hatte.

Bei dieser heiklen und schwierigen Aufgabe hatte ich mich ganz besonders gerade um das bemüht, worauf François Mitterrand hier anspielte: es sollte eine Rede sein, die alle Grenzen der Politik sprengte und wie ein Appell an die Menschheit wirkte.

In Auschwitz, wo die Meinen vernichtet worden waren, hatte Valéry Giscard d'Estaing die einzigartige Gelegenheit gehabt, sich über alles Trennende hinwegzusetzen, auch über die oft quälenden Zweideutigkeiten der Öldiplomatie.

12

Nach der Veröffentlichung meiner Theorien, nachdem ich mich ausführlich zur Frage der Koexistenz zwischen Ost und West geäußert hatte, die so eng mit meiner Vergangenheit verknüpft war und so bedeutungsvoll für die Zukunft meiner Kinder sein würde, glaubte ich, nun könnte ich wieder zu einem normalen, fleißigen und geregelten Dasein in Paris und Authon zurückkehren und mich ein bißchen mehr der modernen Kunst und Musik zuwenden, die Judith in mein Leben gebracht hatte.

Aber daran war nicht zu denken: alles geriet in Bewegung. Ich mußte nun häufig reisen, um Politiker, Industrielle oder Bankiers zu beraten. Meine Ideen und meine Hoffnungen nahmen Gestalt an.

Chefs großer Unternehmen und politische Führer wollten privat und öffentlich mit mir darüber sprechen. Wäre es nicht inkonsequent gewesen, ihnen das abzuschlagen?

Es war eine fast politische Aktion.

Und mit welchem Recht, kraft welchen Mandats?

Ich hielt mich nicht lange bei solchen Überlegungen auf. Schließlich war mein Leben Rechtfertigung genug.

Wenn ich die Verantwortlichen mobilisieren konnte, von

denen, Tag für Tag, die Zukunft abhing, dann war es meine Pflicht und meine Berufung.

Henry Ford lud mich ein, ein Wochenende auf seinem Besitz Grosse-Point in Michigan zu verbringen.

Der Herrscher über das Ford-Imperium in Detroit, ein offener, schlichter Mann, der mich herzlich empfing, schien plötzlich von Zweifeln hinsichtlich der Grundlagen seiner Arbeit bestürmt.

Dem Beispiel seines Großvaters folgend, der schon 1924 ein Automobilfließband in der Sowjetunion aufgebaut hatte, plante er auf Bitten der sowjetischen Regierung die Errichtung einer Lastkraftwagenfabrik am Ufer der Kama – ein Werk von nie dagewesener Größe.

Nun hatte das Pentagon sein Veto eingelegt.

Die Regierung der Vereinigten Staaten, tief in den Vietnamkrieg verstrickt, befürchtete, daß die in der Sowjetunion produzierten Ford-Laster auf dem Ho Tschi Minh-Pfad auftauchen und zur Unterstützung der Kriegsanstrengungen Nordvietnams beitragen würden.

Die unerwartete Enttäuschung und dazu die vielfältigen – wirtschaftlichen, ethischen und persönlichen – Folgen hatten offensichtlich Henry Fords Weltbild erschüttert.

«Verstehen Sie», sagte er, «bisher gingen wir zum Massachusetts Institute of Technology, nach Harvard und zu den anderen großen Universitäten und holten uns die besten Studenten. Sie waren stolz darauf, daß sie bei uns arbeiten würden. Heute winken die meisten ab. Sie sagen verächtlich: ‹Wir möchten nicht mit Ihnen kollaborieren. Das, was Sie repräsentieren, gefällt uns nicht.›»

Die energischen Aktionen unter anderem des Verbraucheranwalts Ralph Nader – übrigens ein Kommilitone von mir an der juristischen Fakultät in Harvard – hatten ebenso wie das Krebsgeschwür des Vietnamkriegs radikale Veränderungen in der Mentalität der amerikanischen Jugend bewirkt.

Henry Ford sah mich entmutigt an.

«Was soll aus meinem Unternehmen werden? Wie sieht die Zukunft Amerikas aus?»

Wie so viele Geschäftsleute hoffte auch er, daß ich ihm eine Antwort geben könnte. Er hoffte es als Arbeitgeber, und er hoffte es als Vater.

Ich mußte immer wieder feststellen, daß die Beziehungen zwischen den Generationen konfliktreicher und vielfach sogar dramatisch geworden waren. Die Jugend wandte sich ab von einer Welt, die hauptsächlich auf Produktion und Profit bedacht war, einer Welt ohne Seele, ohne Geist, wie es schien.

Ford hatte wie seine großen Rivalen, darunter General Motors, seit fünfundzwanzig Jahren keinen größeren technischen Durchbruch mehr erzielt. Die einzigen «kühnen» Neuheiten und Entdeckungen und Neuerungen waren größere Stoßstangen und farbige Felgen. Nichts Atemberaubendes.

Die großen Manager hatten bei all ihrer Aktivität und Dynamik weder Zeit noch Lust, ihre Perspektive von der Welt zu erweitern oder zu vertiefen. Die Richtungslosigkeit nahm zu.

So wurden die größeren finanziellen und beruflichen Erfolge, die ich aus nächster Nähe beobachten konnte, in den meisten Fällen mit menschlichem Scheitern bezahlt.

Diese großen Manager, denen ich begegnete, waren inzwischen, in den siebziger Jahren, Männer geworden, die von ihren eigenen Kindern abgelehnt wurden.

Ihre Söhne sagten sich von ihnen los. Die Väter konnten sich bestenfalls eine traurige Atmosphäre erhoffen, wenn sich die Familie – soweit sie überhaupt noch unter einem Dach lebte – zum Frühstück versammelte. Söhne und Väter betrachteten sich als Widersacher. Unter diesen Bedingungen hatte ihre Gesellschaft ganz einfach keine Zukunft.

Der äußere Feind war nur ein Alibi. Der wahre, der erbitterte Konflikt war ein innerer Konflikt: zwischen den Jüngeren und den Älteren.

Wie sah es im anderen Lager, im Osten, aus? Konnten die Russen sich darauf verlassen, daß die jungen Tschechen, Polen oder Ungarn im Falle einer Auseinandersetzung Gehorsam und Disziplin beweisen und ohne Zögern ihre Waffen auf den Gegner aus dem Westen richten würden? Sie wußten, daß sie es nicht konnten – und einige ihrer führenden Männer hatten mir gegenüber kein Hehl daraus gemacht.

Die anti-ideologische Haltung all dieser jungen Leute war außerordentlich gesund. Doch verlangte sie ein Maß an Klarsicht, das alle Illusionen beseitigte.

Hier mußte ich an den russischen Soldaten im Konzentrationslager denken, der, weil er einen Fluchtversuch unternommen hatte, vor aller Augen gehenkt werden sollte.

Als man ihm den Strick um den Hals legte, stieß er die Aufseher beiseite und rief mit lauter Stimme: «Stalin und die Freiheit werden siegen!»

Es war eine ebenso schöne und ergreifende wie absurde Geste. Vor allem aber war sie eine Tat, die höchsten Mut und einen tiefen Glauben an eine Sache verlangte. Sofort warfen sich die SS-Männer auf ihn und schnitten ihm die Zunge ab. Was dann geschah, war unvorstellbar.

Verstümmelt, blutüberströmt wurde der Mann hochgezogen und schaffte es mit der Kraft der letzten Verzweiflung, heftig mit den Füßen zu treten und einen SS-Offizier mit den Stiefelspitzen am Kinn zu treffen. Dann hing er regungslos da.

Wußte er die Wahrheit über Stalin? Bestimmt nicht. So wenig wie die Hunderttausende seiner Kameraden, die in Stalingrad fielen, das heute nicht einmal mehr Stalins Namen trägt. Sein Glaube hatte dem jungen Mann sterben geholfen – aber mein Gott, für welche Sache? Muß es denn so sein, daß jedes Engagement am Ende auf einer Illusion beruht, daß jeder Glaube sich als Selbsttäuschung erweist?

Der schwarze Soldat, der mich bei Dachau rettete, als er mich aus der Schießerei herausholte und in seinen Panzer zog, war gekommen, um Europa zu retten. Sein Sohn wurde zwanzig Jahre später nach Vietnam geschickt – für die gleiche Sache: die Verteidigung der Freiheit. Er kehrte innerlich wund, verbittert, für immer von einem «schmutzigen» Krieg gezeichnet, in die Heimat zurück.

Und jetzt verfolgt das dekolonisierte, freie Vietnam, das «stolze und mutige kleine Land», das gegen den «barbarischsten» Imperialismus kämpfte, die Nächte der jungen Intellektuellen im Westen mit dem Terror, den es in den eigenen Grenzen regieren läßt, und mit seinem brutalen Imperialismus draußen. Die so belebende Revolte der Jugend der Vereinigten Staaten gegen Johnson und später gegen Nixon hatte das Entstehen von Regierungen gefördert, die sich nun als der Inbegriff des Totalitarismus erwiesen.

Sind die Ideale, die uns vorantreiben, am Ende nicht mehr als Bauernfängerei?

Die junge Generation von heute hat etwas gegen den Kult um große Männer, und sie hat auch für Mausoleen nichts übrig. Und es gibt ja auch keine großen Männer mehr.

Sie sieht, sie weiß, daß unsere Zeit keinen Anspruch mehr auf Größe erheben kann, daß staatsbürgerliches Bewußtsein ein verlogener Begriff ist, eine neue Art, das Denken zu kolonisieren.

Sie sieht, sie weiß, daß sich hinter den öffentlich zur Schau getragenen Attitüden zweifelhafte, skrupellose Praktiken verbergen: Gesetzesübertretungen, Unterschlagung öffentlicher Gelder, Wahlmanipulationen – eine ständige Kluft zwischen Reden und Handeln.

1968 hat die transnationale Mentalität und Solidarität der neuen Generation zum erstenmal Ausdruck gefunden.

Der Protest der Jugend, eine Kettenreaktion, die den ganzen Erdball erfaßte, erschütterte so verschiedenartige Regierungen wie die neoliberale Mexikos, die sozialistische Jugoslawiens, die westlich orientierte des Senegal, die französische oder die der Bundesrepublik Deutschland.

In Prag trieb diese Jugend diskreditierte Politiker durch die Straßen. In Chicago eroberte sie die Trottoirs vor dem Tagungsort des Demokratischen Parteikonvents und geißelte die Verstrickung der Vereinigten Staaten in Vietnam und die Ausdehnung der Rassenkonflikte. In Paris bewegte sie sich in einem langen Zug ohne eine Geste, ohne einen Ruf, mit der Zurückhaltung, die man sich angesichts eines Grabmals auferlegt, an der Nationalversammlung vorbei.

Überall geriet die Macht ins Wanken. In welcher Form würde sie sich wieder festigen? Die jungen Amerikaner haben einem Krieg ein Ende gesetzt und dem Mandat zweier in Mißkredit geratener Präsidenten ein Ende bereitet. Sie haben eine zunehmend größere Rolle bei der Entfaltung des öffentlichen Lebens in ihren Ländern gespielt und spielen sie noch. Als hohe Beamte, als führende Männer der Wirtschaft und Politik stehen sie jetzt vor der Aufgabe der Erneuerung der Vereinigten Staaten.

Ihre Brüder und Schwestern in Europa haben weniger Glück gehabt. Sie wurden verhöhnt, ignoriert, aus den Institutionen vertrieben.

In der Dritten Welt und den Ländern des Ostens waren sie für die Machthaber nur Werkzeug in einem zynischen Kampf.

Ich höre neuerdings oft von der «Apathie» der Jugend reden. In Wahrheit demonstriert sie lediglich ihre tiefe Abneigung gegen Utopien, ihre Weigerung, sich prellen zu lassen.

Sie ist zur Klarsicht verurteilt wie nie zuvor. So viele Ideale haben Bankrott gemacht . . . Unsere Gesellschaft, die den Faschismus, den Stalinismus, den Kolonialismus und die Religion der Bombe hervorgebracht hat, kann sich nicht mehr anmaßen, die Jugend zu mobilisieren. Es ist ein Bruch entstanden.

Diese Jugend begreift ganz klar, daß wir in eine Zeit der Ungewißheit eingetreten sind, in der alle unsere Strategien – ob die des Wachstums, die der «Verteidigung» oder die der Innovation und der Organisation – neu überdacht werden müssen.

Die jungen Leute, unsere Kinder, ertragen es nicht mehr, in einer Welt heranzuwachsen, in der man sich beim Essen im Restaurant beiläufig über die Vernichtung der Menschheit unterhält, in der aber kein Mensch ernsthaft daran denkt, irgend etwas zu tun. Die Jungen, alle Jungen, sagen uns: «Ihr werdet uns nie wieder manipulieren können. Von jetzt an passen wir auf. Vielleicht seid *ihr* der Feind.»

Ich spreche immer wieder mit diesen aufbegehrenden jungen Männern und Frauen, in Kopenhagen, an der Sorbonne, in Chicago, in San Francisco. Ich spreche auch zu jungen Deutschen, bei denen das Bedürfnis, sich gegen die Väter aufzulehnen, die keine Rechtfertigung für ihre Vergangenheit wissen, womöglich noch größer ist . . .

Welche Aufgabe ist die wichtigere?

Wenn ich diese konzentrierten Gesichter betrachte, wenn ich zuhöre, wie sie mir mit großem Ernst und rückhaltloser Offenheit von ihren Hoffnungen, ihren Überzeugungen reden, dann ahne ich, daß das Unbehagen dieser Jugend noch wachsen wird, wenn sie bemerkt, daß die Gesellschaft sich darauf einrichtet, in Zukunft mit einem Heer von Arbeitslosen zu leben. Zwanzig Jahre – und niemand, der einen einstellt.

Angesichts dieser bitteren Realität scheinen viele bereit, sich in ideologische Illusionen zu flüchten. Ich versuche, mit ihnen freimütig über das zu sprechen, was ihnen von fern wie ein Vorstoß zu neuen Grenzen vorkommen muß.

«Sie müssen wissen, daß in Peking, Moskau oder Havanna, den Städten also, die für viele von Ihnen noch die geistigen Hauptstädte der Welt sind, daß dort die Erben Maos oder Lenins nicht mehr auf die Weltrevolution hinarbeiten, sondern von westlichen Managern, Technikern und Bankiers träumen. Die Helden dieser Männer sind Ihre Väter!»

Ein Phänomen beherrscht den neuen Horizont, der sich unserem Planeten eröffnet. Wir sind Zeugen einer Internationalisierung der Wirtschaft, die von ihrer eigenen Logik vorangetrieben und immer unabhängiger wird von den einzelnen Nationalstaaten, deren isoliertes Handeln allmählich lächerlich wird. Wie sollen wir diese Entwicklung nutzen?

Ein ganzer Planet bittet nur darum, erobert zu werden. Nicht mehr mit militärischer Gewalt – sie ist untauglich. Und auch nicht mit ideologischer Leidenschaft – sie scheitert an der Unmöglichkeit zu glauben. Sondern mit den friedlichen Waffen menschlich angewandter Wirtschaft und Erfindungskraft.

Die großen Unternehmer des Westens, deren Fähigkeiten und Grenzen ich inzwischen recht gut kennengelernt habe, sind durch ihre Kritiker entmutigt, und die Erschließung neuer Märkte wird für sie immer schwieriger. Sie fühlen sich in ihrer Tatkraft gebremst.

Bei unseren Arbeitssitzungen bemühe ich mich, sie auf die enormen Möglichkeiten hinzuweisen, die Sibirien, China, das riesige, mit Regenwald bedeckte Tiefland am Amazonas, die

Halbinsel Sinaï bergen – jede dieser Regionen ein neuer «Far West».

«Das große Wirtschaftsspiel hat, historisch betrachtet, die Religion, die Politik und das Schwert abgelöst. Sie sind die schöpferische Kraft, und bei so entscheidenden Problemen wie der Energiefrage oder der Umweltverschmutzung sind Sie praktisch die einzigen, die imstande sind, Lösungen anzubieten. Das ist das Feld, wo Ihre Herausforderungen liegen. Sie besitzen die nötige Intelligenz und Dynamik, und Sie sind keine wirklichkeitsfremden Ideologen.»

Und ich versuche, vor diesen Männern, die mich immer wieder auffordern, ihnen meinen Standpunkt zu erläutern, ein Weltbild zu skizzieren, einen moralischen Kontext, der ihnen ein konstruktives Handeln erlaubt, das ihnen die Zustimmung künftiger Generationen eintragen wird.

Ich führe den Vorsitz bei mehreren internationalen Konferenzen in Ost und West. Ich lade den berühmten Professor Nikolaj Lubimow, den ehemaligen Assistenten Lenins, nach Wien ein. Im Gespräch mit dem geistvollen Mann zitiere ich auf russisch Puschkin – er antwortet mir auf deutsch und zitiert Goethe. Das Publikum ist begeistert. Bis auf KGB-Funktionäre, die in keiner sowjetischen Delegation fehlen. Offenbar haben sie den Eindruck, der alte Bolschewik lasse sich auf merkwürdig bourgeoise Abwege locken.

Nach Budapest lade ich den einflußreichen amerikanischen Senator Abe Ribicoff ein, den Vorsitzenden des Senatsausschusses für Außenhandel. Da ich weiß, daß auf diesem Gebiet in den Vereinigten Staaten nichts möglich ist ohne die Zustimmung der gesetzgebenden Gewalt, bitte ich ihn darum, die Haltung des Kongresses zu der hier beginnenden wirtschaftlichen Zusammenarbeit zu erläutern.

Der Frieden hängt ganz von der Annäherung zwischen den

beiden Systemen ab, von einem Netz enger Beziehungen von Industrie zu Industrie, von Unternehmen zu Unternehmen, von Mensch zu Mensch.

Bei meinen beruflichen Kontakten stellte ich immer wieder fest, daß die Menschen auf beiden Seiten bei allen Unterschieden der offiziellen Ideologien einander sehr ähnlich sind. Ihre berufliche Ausbildung, ihre Aufgaben sind ähnlich, ihr Ehrgeiz und ihre beruflichen Erwartungen immerhin vergleichbar.

Wenn Chruschtschow oder Breschnew auf dem Roten Platz in Moskau eine Rede halten, berufen sie sich nach wie vor auf die Dogmen des Marxismus-Leninismus. Aber wenn der Leiter eines Unternehmens einen Wirtschaftsplan erfüllen, eine Fabrik errichten oder ein Bergwerk eröffnen soll, geht er pragmatisch vor. Er kümmert sich nicht weiter um die Ideologie. Er findet Mittel und Wege, um nicht gegen die Doktrin zu verstoßen, aber die Arbeit wird getan.

Ähnlich muß in China jeder für ein eisenverarbeitendes Kombinat, für eine Eisenhütte verantwortliche Mann sofort gespürt haben, wie irreal und absurd Mao Tse-tungs Äußerungen waren, als er die Bevölkerung beim «Großen Sprung nach vorn» zum Bau von Hochöfen in den Hinterhöfen aufrief.

Doch in dem Maße, in dem ich meine Theorie weiterentwikkelte, erlitt ich bei uns zu Hause, am Frühstückstisch, einen sichtlichen Verlust an Glaubwürdigkeit. Meine Kinder warfen mir vor, daß die Ferien, die ich mit ihnen verbringen wollte, schon so oft ins Wasser gefallen waren. Sie betrachteten mich mit einer Mischung aus Herablassung und Ironie: «Wir wissen, daß du es vorziehst, bei deinen Jüngern die Runde zu machen. Du nimmst dich zu ernst. Du hältst dich für einen Guru.»

Ich empfinde mein Vorgehen als hellsichtigen Einsatz auf die Zukunft, trotz der Verrenkungen, der Widerstände und der Hintergedanken, denen ich auf Schritt und Tritt begegne.

Wenn ich zusammen mit europäischen und amerikanischen Unternehmern in Moskau war, begegnete ich oft Managern aus dem Westen, die mit dem Eifer unerschrockener Missionare kamen. Waren sie nicht unbewußt Werkzeuge einer Politik – der Bemühungen der Russen, die Welt der Wirtschaft zu umgarnen, um auf diese Weise die politischen Positionen des Westens zu ihren Gunsten zu beeinflussen?

Bei meinen kommunistischen Gesprächspartnern bemühte ich mich, daß sie ihre allzu strikt marxistische Betrachtungsweise, nach der die ökonomische Infrastruktur den politischen Überbau bestimmen würde, ein wenig nuancierten. Ich wies sie nachdrücklich auf die komplexe, vielfältige Beschaffenheit der demokratischen Gesellschaften hin, um ihnen zu zeigen, daß es eine Machtschwelle gab, die auch die einflußreichsten Vertreter der kapitalistischen Industrie nicht überschreiten konnten. David Rockefeller, der Präsident der Chase Manhattan Bank, Paul Austin, der Präsident von Coca-Cola, oder Armand Hammer, der Präsident von Occidental Petroleum, die ich oft als Berater nach Moskau begleitete, waren keineswegs allmächtig gegenüber dem Ausdruck eines Willens oder einer Ablehnung des Volkes, ob er nun aus einem Parlament, aus der Jugend oder aus den Umweltschutzbewegungen hervorging. Das Amendment von Senator Henry Jackson, das den Ausbau der sowjetisch-amerikanischen Handelsbeziehungen der Freiheit der sowjetischen Juden, zu emigrieren, unterordnete, war ein höchst anschauliches Beispiel dafür. Jackson hatte als junger Offizier an der Befreiung des Lagers Bergen-Belsen teilgenommen. Diese Erfahrung, die ihn für immer prägte, sie erklärte auch die Kompromißlosigkeit, mit der er für die Sicherheit Israels und die Freiheit der russischen Juden eintrat.

Im Westen hatte ich ebenso viele Gegner in konservativen wie in liberalen Kreisen.

Mit dem berühmten Gewerkschaftsmann Charles Levinson führte ich eine längere Diskussion, die gleichzeitig von den Tageszeitungen *Le Monde, Die Welt, La Stampa* und *Times* veröffentlicht wurde.

Levinson, Befürworter einer Gewerkschaftsstrategie auf multinationaler Ebene zur Bekämpfung der Macht der Großkonzerne, verwandelte sich nach und nach in einen unbarmherzigen Ankläger und erhob eine schwere Beschuldigung gegen mich. Seiner Meinung nach führe die von mir empfohlene wirtschaftliche Öffnung nach Osten nur zu einer Stärkung der autoritären Regime, unter der Beihilfe der großen westlichen Unternehmen, die dort die erträumte Möglichkeit neuer Profite fänden.

Ich versuchte, ihn davon zu überzeugen, daß seine Position die konservativsten Kräfte unterstützte, diejenigen, die jede ideologische Aussöhnung ablehnten, und diejenigen, die zum Protektionismus neigten.

Daraufhin wurde Levinsons Kritik massiver: «Die Multis arbeiten mit allen Regimen zusammen. Man findet sie im Chile Pinochets, im Spanien Francos und heute im kommunistischen Osten, genau wie sie einst Hitlerdeutschland und vor allem dessen eklatantestes Symbol, den Nazikonzern I. G. Farben, belieferten.»

Levinson wußte, wo er mich treffen konnte.

Die I. G. Farben symbolisierte all die Verbrechen gegen die Menschlichkeit, die aus der Allianz zwischen den führenden Männern eines kapitalistischen Großunternehmens und einer totalitären Macht hervorgehen können.

Die 1925 gegründete I. G. Farbenindustrie AG war mit ihren verantwortlichen, kreativen Managern und ihren wissenschaftlichen Mitarbeitern, unter denen sich mehrere Nobelpreisträger befanden, ein Muster an Leistungsfähigkeit, Erfindungskraft und wirtschaftlichem Erfolg. Und dann plötzlich die ekelerregende Pervertierung. Dieselbe I. G. Farben ließ sich mit dem Naziregime ein und baute in Auschwitz eine Fabrik, in der man die erbarmungswürdigen «Untermenschen», die wir geworden waren, am besten ausbeuten konnte, bis zur vollständigen Erschöpfung, zum Tod – eine neue Form der Sklaverei. Ich weiß es, denn ich war dazu bestimmt, einer dieser Sklaven zu sein.

Später, in Leonberg, eingeschlossen in meiner unterirdischen Fabrik, war ich gezwungen worden, in einem unmenschlichen Rhythmus die Tragflächen an die Flugzeuge zu nieten, die das Produkt eines anderen deutschen Industriewunders waren – der Heinkel-Werke.

War ich jetzt im Begriff, eine Entwicklung gutzuheißen, die abermals zu solchen Verirrungen führen mußte?

Ich wußte, daß es für einen kapitalistischen Industriellen inzwischen einfacher und bequemer war, Absprachen mit den Führern eines autoritären Regimes zu treffen als mit den Repräsentanten eines demokratischen Staats. Erstere sind in der Lage, ihm Produktivität, Rentabilität und sozialen Frieden zu garantieren – alles Dinge, die letztere ihm nicht fest zusichern können.

Ich hatte sogar schon europäische Industrielle sagen hören, man müsse ja «verrückt sein, wenn man derzeit in einem demokratischen Land investieren will».

War es schon wieder möglich geworden, daß der harte Wettbewerb zwischen den Konzernen, das Verlangen nach Hierarchie, Profit und Ordnung zu der krankhaften Entwicklung führen konnten, für die die I. G. Farben und die gesamte deutsche Industrie der Nazizeit ein so anschauliches Beispiel waren?

Angesichts solcher Gefahren galt es, narrensichere Vorkehrungen, Gegenmaßnahmen zu treffen. Dies gehörte normalerweise zu den Aufgaben der Politiker. Aber ihr unrealistisches Denken, ihre Schwäche, ihre Leichtfertigkeit, ihr Unvermögen, die Wirtschaft zu lenken, schienen sie für diese schwierige Aufgabe zu disqualifizieren. Also?

Würden wir einen «Mord im Dom» erleben, wie ihn Heinrich II. aus dem Hause Plantagenet, König von England, Vertreter des Staates, an Thomas Becket, dem Erzbischof von Canterbury und Vertreter der «multinationalen Macht» der römischen Kirche, verüben ließ?

Heute droht im Westen die multinationale Macht der Wirtschaft die bereits geschwächte politische Macht zu vernichten oder zu unterwerfen. Und im Osten erstickt die Allmacht der politischen Bürokratie jede wirtschaftliche Initiative.

Diesen Vergleich und diese Befürchtungen trug ich in Kioto, der einstigen Hauptstadt des japanischen Kaiserreichs, den jungen Unternehmensführern vor, die dort aus aller Welt zu einer Tagung zusammengekommen waren.

Zum erstenmal jedoch hatte ich sie 1971 geäußert, als ich in New York vor dem gesamten Management der ITT sprach.

Die Männer, die mir damals so aufmerksam zugehört hatten, waren die verantwortlichen Direktoren dieser multinationalen Gesellschaft, die kurz danach eine so schändliche Rolle beim Sturz und beim Ende des chilenischen Ministerpräsidenten Salvador Allende spielte.

Es schien mir äußerst gefährlich, daß die Dritte Welt – mit ihren Rohstoffreserven Gegenstand des Neids und Ziel von Provokationen – nach wie vor der Boden von Interessenkonflikten, Korruption und Auseinandersetzungen ist, während sie doch den Industriestaaten ein wesentlicher Partner bei einer gemeinsamen Entwicklungsstrategie sein könnte.

Diese Ausdehnung meiner Theorie von den «Waffen des

Friedens» auf die südliche Hemisphäre hatte ich zum erstenmal in Abidjan, der Hauptstadt der Elfenbeinküste, erläutert und ein Jahr später bei einer in Tiflis, im sowjetischen Georgien, abgehaltenen Tagung, an der ich zusammen mit einigen Amerikanern, darunter Senator Edward Kennedy, teilnahm.

Ich sprach von der Rolle, die die Dritte Welt zwischen Ost und West spielen könne, und von den Vorteilen, die der Menschheit aus einem Bündnis zwischen westlichen Privatunternehmen und kommunistischen Staatsunternehmen erwachsen würden. Auf die Entwicklungsländer angewandt, wäre eine Kooperation auf der Basis «transideologischer» Unternehmen wirtschaftlich segensreich, ideologisch neutral und ein Beitrag zum Frieden.

Dem Bau des Assuan-Staudamms ging ein diplomatisches Wettrennen zwischen den Vereinigten Staaten und der Sowjetunion voraus: eine Seite überbot die andere. Heute lag es auf der Hand, daß beide Seiten weniger verloren und Ägypten mehr gewonnen hätte, wenn das Projekt in einem Geist transideologischer Zusammenarbeit durchgeführt worden wäre. Konnte man diese Lehre nicht auch in Indien und in Bangladesch anwenden, wo Millionen Menschen ständig vom Hungertod bedroht waren?

Meine Vorschläge wurden mit eisigem Schweigen quittiert. Kein Kommentar von der sowjetischen Delegation, der mehrere Minister angehörten. Die Zustimmung zu meiner These wäre für sie dem Eingeständnis gleichgekommen, daß es für die ideologische Rivalität, ihren «Religionskrieg», keinerlei logische Grundlage mehr gab.

Ein paar Tage später jedoch berichtet David Rockefeller dem sowjetischen Ministerpräsidenten Aleksej Kossygin von meinen Vorschlägen, und ihn scheint ihr «häretischer» Charakter nicht sonderlich zu stören. Er ist schon immer der Pragmatiker unter den Mitgliedern des Politbüros gewesen. Deutlicher als die anderen und als seine Altersgenossen spürt er, vor welchem Dilemma sein Land heute steht: es muß wählen zwischen der Öffnung nach Westen oder dem Rückzug in ideologische und wirtschaftliche Autarkie.

Der sowjetische Ministerpräsident fällt also nicht vom Stuhl, sondern er findet den Gedanken interessant und bittet darum, daß eine sowjetisch-amerikanische Arbeitsgruppe gebildet wird, um ihn zu vertiefen. David Rockefeller schlägt mir vor, die Leitung dieser Gruppe zu übernehmen. Eine neue, konkrete Hoffnung.

1974 kam Ben nach Paris, um die Weihnachtstage bei uns zu verbringen.

Er war in Melbourne ein erfolgreicher Geschäftsmann geworden, hatte sich aber eine Spontaneität, eine Herzlichkeit und eine Offenheit bewahrt, um die ich ihn beneidete. Diesem Mann habe ich nie auch nur im geringsten imponieren können.

Er hatte in den vergangenen Jahren mehrmals zusammen mit seiner Familie und uns einige Tage auf Giscards Besitz in Authon verbracht. Sein unbekümmertes Auftreten, seine energischen Bewegungen und sein Bialystoker Akzent bildeten einen lebhaften Kontrast zu der etwas feierlichen Atmosphäre des Châteaus, das jetzt mein «Wochenendhaus» war. Er hatte Valéry Giscard d'Estaing lässig die Hand geschüttelt und hatte an der aristokratischen Tafel gespeist – unbeeindruckt und sogar eher mit einer gewissen Gleichgültigkeit.

Kurz nach seiner Ankunft besteht er darauf, daß wir einen langen Waldspaziergang machen.

Ich betrachte die vermummte Gestalt neben mir, das trotzige Gesicht. Er sieht mich mit strengem Blick an. Und sagt völlig unvermittelt: «Findest du nicht, daß du mal ein bißchen zur

Ruhe kommen solltest, statt unaufhörlich in Bewegung zu sein?»

«Aber es ist sehr wichtig, daß ich . . .»

Ungeduldig hebt er die Augen gen Himmel: «Du armer Kerl!»

Ausflüchte haben keinen Sinn. Ich stehe vor dem einzigen Menschen, der mich wirklich, bis auf den Grund meines Wesens, kennt. Er betrachtet mich verdrossen.

«Was machst du bloß mit all diesen Leuten, diesen Ministern, hier, in Amerika, überall? Du handelst, du redest wie sie. Kümmere dich ein bißchen mehr um deine Familie und um deine Gesundheit! Das ist es, worauf es ankommt!»

Ich sehe ihn an. Alles müßte uns heute voneinander trennen. Tatsächlich jedoch habe ich mich ihm nie so nahe gefühlt.

Seit wir uns im Lager Blizin wiedergefunden, seit wir unseren «Überlebenspakt» geschlossen hatten, verband uns eine Freundschaft, die so fest und unersetzbar war, daß sie auch die langen Zeiten der Trennung überdauert hatte. Natürlich hatten wir beide neue Freunde gewonnen, aber je bekannter und berühmter die zahlreichen Männer waren, die ich mit den Jahren zu meinen Freunden zählte, um so eher fühlte ich mich versucht, mir die Frage zu stellen: Wie hätte er damals die Schrecken und die Erniedrigung, die Not und das Elend ertragen? Wäre er dir ein Freund gewesen wie Nico und Ben?

Wir gehen weiter, zwischen Feldern und Bäumen, in der winterlichen Kälte. Sein Gesicht ist ernst. Als hätte er sich das, was ihm am meisten Sorge macht, bis zum Schluß aufgespart.

«Mula! Du weißt, deine Geschichten, deine Theorie da mit den Russen, den Chinesen und den Arabern – das ist doch eine ziemlich unsichere Sache.»

«Aber wir haben keine andere Wahl, Benek.»

Er unterbricht mich: «Du weißt, ich kenne mich da nicht so

gut aus. Aber wie willst du wissen, wo die Grenzen sind? In Deutschland, zum Beispiel, als du im Bundestag gesprochen hast, oder als du die Bankiers in Frankfurt beraten hast – vielleicht waren die Leute, denen du die Hand gegeben hast, alte Nazis oder sogar SS-Männer in den Lagern.»

«Mag sein. Aber müssen wir denn immer und ewig bei der Vergangenheit stehenbleiben, Ben?»

Er tippt mit dem Zeigefinger auf meine Brust.

«Merk dir, dein Leben, deine Vergangenheit, das ist das Wichtigste in dir. Es gibt nichts, was wahrer und stärker ist. Wenn du so weitermachst, wirst du eines Tages, wie alle anderen, das Wesentliche aus den Augen verlieren.»

13

Ich war am Abend in Moskau eingetroffen. Eine Woche wichtiger Verhandlungen lag vor mir. In dem alten Hotel National gab man mir die Suite, die Lenin gleich nach der Revolution als Büro und Schlafzimmer gedient hatte. Die Fenster gingen auf den Roten Platz.

Es war ein Uhr nachts. Ich blickte hinaus. Still und ohne Anzeichen von Leben lag die sowjetische Hauptstadt da.

Die wuchtigen Türme des Kreml, jetzt dunkle imposante Schatten, beherrschten die schlafende Metropole. Sie vermittelten, wie mir schien, etwas von dem ewigen, unvergänglichen Rußland.

Innerhalb der Kremlmauern, im Zentrum der Macht, das ebenso die lange Reihe der Zaren wie nun die wechselnden Gruppen der Volkskommissare beherbergte, hatte ich bei einem Abendessen beobachtet, wie die sowjetischen Führer sich mit größter Selbstverständlichkeit in dem alten kaiserlichen Luxus bewegten. Leonid Breschnew saß am Kopf der Tafel. Das Schauspiel dieser Soirées, die nach einem unwandelbaren Zeremoniell abliefen, wäre in Washington, London oder Paris undenkbar gewesen.

Die Gäste betreten den Kreml-Palast über die Haupttreppe und gelangen in den Saal des Heiligen Georg, eine gewaltige Halle aus weißem Marmor, deren Wände immer noch, in goldenen Lettern, die Namen der größten Feldherren der Zarenzeit tragen. Der Generalsekretär der Kommunistischen Partei und seine Gäste speisen in dem prächtigen «Facettensaal», der ganz mit religiösen Motiven der orthodoxen Kirche geschmückt ist.

Wenn man Breschnew und seine Männer, von Fresken und Ikonen umrahmt, in diesem Saal aus einem anderen Zeitalter sieht, denkt man unwillkürlich an ein Bild vom Heiligen Abendmahl.

Ein Toast auf die Gesundheit der amerikanischen Delegation informiert uns – nicht ohne eine ironische Spitze – darüber, daß das Gebäude, in dem wir speisen, zwei Jahre, bevor Kolumbus die Neue Welt entdeckte, von Iwan dem Schrecklichen erbaut wurde.

Die sowjetischen Führer strahlten Autorität, Souveränität, absolute Macht aus. Das war das Bild, das sie von sich hatten, und das Bild, das sie von sich zu vermitteln suchten.

An diese Episoden mußte ich zurückdenken, nachts, in meinem Hotelzimmer. Durch die großen Fenster sah ich hinter den unaufhörlich herabrieselnden Schneeflocken den erstaunlich klaren Himmel.

Plötzlich ein ohrenbetäubender Lärm, der alles erfüllt. Ich schrecke zusammen unter dem donnernden Getöse, noch ehe ich weiß, woher es kommt. Dann, ein gespenstischer Anblick, erscheinen auf dem Roten Platz, aus der Karl-Marx-Allee kommend, lange Kolonnen riesiger Transporter mit den modernsten Atomraketen.

Ich wohne der letzten nächtlichen Probe der großen Parade bei, die morgen, am 7. November, wie jedes Jahr zur Feier der russischen Oktoberrevolution von 1917 stattfinden wird.

Langsam bewegen sich die Raketen mit den atomaren Sprengköpfen durch die verlassenen Straßen – eine perfekte Choreographie. Morgen vormittag werden sie der Welt demonstrieren, daß die Sowjetunion von nun an militärisch unverwundbar ist.

Ich hatte mit zehn Jahren den «Stellungswechsel» der neuesten Panzer und Kanonen von Hitlers Wehrmacht und Stalins Roter Armee miterlebt. Ich sehe sie noch heute vor mir. Aber nichts hatte jemals eine solche Wirkung auf mich ausgeübt, wie der Anblick dieser Interkontinentalraketen, die endlos unter meinen Fenstern vorbeirollten – so groß, so lang, so breit und so bereit mit ihrer weltweiten, über alle Grenzen hinwegreichenden Zerstörungskraft . . .

Mit einer Ausnahme. Durch Zufall hatte ich einmal einen ganzen Nachmittag lang und völlig ungehindert die so sorgfältig ausgebildeten Männer miterleben können, die beauftragt sind, solche Waffen zu bedienen . . .

Es war kurze Zeit vor dem Besuch in Moskau gewesen. Ich flog von New York nach Washington zu einer Besprechung im State Department. Unsere Maschine hatte einen Schaden. Ein Bullauge war gesprungen, und der dadurch eingetretene Druckverlust zwang den Flugkapitän zu einer Notlandung auf dem Air Force-Stützpunkt McGuire in New Jersey.

Dieser riesige, als «top secret» eingestufte Luftstützpunkt ist eines der Nervenzentren des globalen Kernwaffensystems der Vereinigten Staaten.

Ein außergewöhnliches, ein niederdrückendes Schauspiel.

Überall versuchten die unbeschäftigten Soldaten, darunter Offiziere und sogar Generäle, die, wie aus ihren Abzeichen hervorging, fast alle Piloten waren, sich ihre alltägliche Langeweile zu vertreiben. Eine Flasche Bier oder Coca-Cola in der Hand, starrten sie trübselig auf die Bildschirme und sahen sich alte Filme oder Football-Spiele an.

Sie saßen da. Sie warteten. Wie jeden Tag des Monats, wie jeden Monat des Jahres.

Es war ein wahrhaft surrealistischer Kontrast. Einerseits die raffinierte komplizierte Technik dieses Systems und der über den ganzen Erdball verteilten Raketen, die in ihren Silos darauf warteten, aus der Tiefe der Erde emporzuschießen und ihren Zielen entgegenzurasen, um ihren von Computern programmierten Beitrag zum Weltuntergang zu leisten. Und andererseits die mitleiderregende Langeweile dieser Männer, deren einzige Existenzberechtigung darin bestand, daß sie eines Tages, vielleicht, in der Minute, in der der Befehl eintraf, die unwiderrufliche Bewegung ausführten.

Diese Karrieren, diese Gehirne, diese Systeme waren alle auf ein einziges, präzises und zeitlich ungewisses Ziel ausgerichtet: die höchste Alarmstufe.

Das ganze Leben dieser sorgfältig ausgewählten und ausgebildeten Offiziere war dieser Mission geweiht, und ihr allein. Bis zum Tag der Pensionierung . . . oder der Apokalypse.

In der Sowjetunion gab es die gleichen hochspezialisierten Männer, in deren Händen plötzlich die Verantwortung liegen würde, wenn . . . und deren tägliches Leben, abgesehen von diesem möglichen Fall, ebenso trübselig verlaufen würde. Auch sie waren konditioniert und präpariert – für die gleiche Endlösung.

Auf beiden Seiten mußte alles getan werden, damit sie möglichst wenig nachdachten, damit sie sich keine Frage stellten, weder nach dem Sinn ihres Lebens noch nach dem Sinn dessen, wofür sie letzten Endes hier waren. Wer von ihnen würde das ertragen?

Man kann in die Vergangenheit blicken und sie schwarz sehen. Man kann den Blick in die Zukunft richten – sie bleibt grau. Aber was ist mit der Gegenwart? Wie sieht sie aus? Und wie kann man auf sie bauen, wenn das einzige unaufhaltsame Wachstum und das einzige, das nie eine Pause duldet, das des globalen Kernwaffenarsenals ist? Es birgt heute schon mehr als eine Million Hiroshimas . . .

So ist alles bereit für einen neuen Holocaust – von weltweiten Ausmaßen diesmal. Doch sollte im Atomzeitalter jeder Politiker, jeder Verantwortliche, jeder Bürger seit langem wissen, daß mit diesen Waffen der Krieg endgültig aufgehört hat, ein Mittel zur Lösung politischer Konflikte oder Probleme zu sein. Er ist es allenfalls in dem Sinne, in dem Selbstmord eine Lösung ist.

Der ganze Planet verwandelt sich allmählich in ein Schachbrett des «lauen» Krieges, auf dem die Großmächte ihre todbringenden Steine – U-Boote, Raketen und Satelliten, mit Atomgeschossen oder nuklearen Sprengköpfen bestückt – plazieren.

Im Moment können die Vereinigten Staaten die Sowjetunion fünfundzwanzigmal zerstören . . . Und die Sowjetunion kann die Vereinigten Staaten mindestens fünfzehnmal vernichten.

Was sagen diese Zahlen, und warum will man sie um jeden Preis weiterhin vervielfachen?

Wenn ich an die gespenstische Parade, die ich nachts in Moskau gesehen hatte, und an den trostlosen Nachmittag auf der Air Force-Basis McGuire zurückdachte, stellte ich mir die zig anderen Stützpunkte und die Millionen anderen Geschosse vor, die jeden Augenblick unsere Existenz bedrohen.

Das hemmungslose Wettrüsten mußte, wie mir schien, die gesamte Menschheit dazu verurteilen, gleichsam in einer letzten Gaskammer von weltweiten Ausmaßen zu sterben.

Über 500 Milliarden Dollar wurden in einem einzigen Jahr für den Kauf neuer Waffen ausgegeben. Die Rüstungsausgaben sind im Lauf der Jahre unaufhörlich und mehr als alle anderen Ausgaben gestiegen.

Die Hilfe für die benachteiligten Völker der Erde, für die Hungernden, die Kranken, die Analphabeten, die dazu verdammt sind, bis zu ihrem Tod als «Untermenschen» zu leben, beträgt nicht mehr als 4 Prozent dieser Summe. Aber statt uns um diese vordringlichen Probleme zu kümmern, verlieren wir uns weiterhin in abstrakten, von Prestigedenken vernebelten Konzepten.

Ich dachte wieder über die Logik nach, die den Überlegungen der Pentagon-Strategen zugrunde lag: Da die technologischen Bedingungen qualitativ sehr viel ungünstiger sind, koste die Produktion gleicher Waffen in der Sowjetunion viermal mehr als in den Vereinigten Staaten; daher genüge es, die Russen zu einem immer schnelleren Wettlauf, zur Herstellung technisch und wissenschaftlich immer komplizierterer Waffen zu zwingen: die Schwächung ihrer finanziellen und wirtschaftlichen Kräfte ergebe sich auf diese Weise von selbst und von innen her. Besser beratene Amerikaner lehnen diese Wahnsinnslogik ab. Doch wird der Rüstungswettlauf auch weiterhin durch jede neue Entdeckung beschleunigt.

In meiner Befürchtung, daß diese Entwicklung zur Katastrophe führen muß, fühle ich mich durch das, was ich in der Vergangenheit am eigenen Leib erfahren habe, bestärkt. Die große Entscheidung, um die es heute geht – unser Überleben angesichts des atomaren Irrsinns –, erinnert mich mehr als alles andere an mein so knappes Überleben damals.

Ich habe die Russen verstehen gelernt. Für die Generation, die gegenwärtig an der Macht ist, die im Krieg gegen den

Nazismus gekämpft und gelitten hat, ist die Wahl «Butter oder Kanonen» etwas anderes, als wir im Westen glauben. Ihr Sicherheitsdenken, das durch wiederholte geschichtliche Erfahrungen, die jüngsten eingeschlossen, gerechtfertigt wird, veranlaßt sie immer wieder, den privaten Konsum ohne Zögern und ohne Bedauern zu opfern.

Die Bevölkerung erträgt dies mit stoischer Gelassenheit. Auch in ihre Erinnerung sind die zahlreichen Invasionen eingeprägt, die – von den Mongolen über die teutonischen Ordensritter, die polnischen Barone und Napoleons Grande Armée bis hin zu den Nazis – die Geschichte ihres Landes immer wieder grausam gezeichnet haben.

Die Herren des Kreml, nicht sehr differenziert in ihrer Weltsicht und in ihren Analysen der Geschichte, sind – das muß man wissen – immer überzeugt davon gewesen, daß der Westen mit allen Mitteln danach trachtet, sie abermals zu vernichten. Ihre ständige Furcht ist der Zangengriff des Zweifrontenkriegs – im Westen das atlantische Arsenal und im Osten ein wiederaufgerüstetes China mit seinen Soldatenmassen.

Ich weiß noch, wie konsterniert unsere sowjetischen Gastgeber in Kiew am Tag nach dem gemeinsamen Besuch in Babi Jar waren, als sie die Nachricht von der ersten geheimen Reise Kissingers im Juli 1971 nach Peking erhielten. Und das war nur ein Vorspiel.

Acht Jahre später ist man von der Geheimdiplomatie zu einem umfassenden Vertragssystem zwischen China, den Vereinigten Staaten und Japan gelangt – ein großer Schritt ins Unbekannte.

Angesichts dieser Situation ist sich die UdSSR der Gefahr bewußt, plötzlich als gefesselter Riese dazustehen. Man hat es versäumt, rechtzeitig eine Politik der Öffnung einzuleiten, die es erlaubt hätte, dieser Entwicklung entgegenzuwirken. Nun scheinen die Herren des Kreml allen Ernstes zu glauben, ihr Heil liege in der Flucht nach vorn, im Schaffen neuer Konfliktherde . . .

Ich kann diese starre Haltung der Sowjets um so besser verstehen, als sie von einem Volk geteilt wird, das im Laufe seiner jahrtausendealten Geschichte mehr tragische Ereignisse über sich ergehen lassen mußte als irgendein anderes. Ich meine das jüdische Volk.

Ja, vor allem als Jude kann ich die Russen gut verstehen, und wir können, wie paradox das auch erscheinen mag, miteinander reden. Wir leiden unter dem gleichen Trauma. Das erklärt wohl auch weitgehend die Haßliebe, die durch die ganze Geschichte hindurch zwischen den beiden Völkern geherrscht hat.

Die Russen wie die Israelis wollen unbedingt und an erster Stelle eine Wiederholung der Tragödien verhindern, die beide Völker so viele Millionen Menschenleben gekostet haben.

Soll man dann die beiden Völker in ihrem Mißtrauen bestärken, soll man sie in ihren uralten, vom Überlebenswillen bestimmten Reaktionen bekräftigen, indem man sie dahin bringt, daß sie glauben müssen, ihr einziger Schutz bestehe in der Herstellung immer mörderischerer Vernichtungswaffen?

Wir stellen heute fest, daß der wissenschaftliche Fortschritt, der so lange als unbedingt notwendig und vielversprechend betrachtet wurde, von dem die Ernährung, die Entfaltung, die Lebensqualität der nächsten Generation abhängen, neuerdings, unserer gegenwärtigen Ohnmacht wegen, nur Schrecken statt Hoffnung bringt.

Nirgendwo nehme ich das geringste Gefühl der Solidarität oder der gegenseitigen Abhängigkeit wahr. Und doch wissen wir alle, daß die radioaktiven Strahlen mehr Menschen töten können, als alle Antibiotika der Welt je Menschenleben zu retten vermögen. Es gibt tatsächlich eine alles beherrschende Ökonomie: die Ökonomie des Todes.

In den Industriestaaten, im Osten wie im Westen, entsteht zur Zeit so etwas wie ein vierter Sektor, und er gewinnt durch den Schwung seiner Eigendynamik immer mehr Priorität vor den anderen.

Die Tatsache, daß wir technisch jeden Augenblick in der Lage sind, in einen Konflikt einzutreten, formt unsere gegenwärtigen Gesellschaften mehr als ihre politischen oder sozialen Systeme.

Die begabtesten Forscher, Techniker, Naturwissenschaftler, Russen wie Amerikaner, widmen heute ihre Fähigkeiten und ihre Erfindungen den unfruchtbarsten Produkten, denen der Rüstung. Wir beginnen, das als unvermeidlich zu betrachten, und so kann eines Tages die gesamte Wirtschaft davon abhängig werden.

Von meinen direkten Kontakten her weiß ich jedoch, daß die jungen Russen, die eines Tages die Führung ihres Landes übernehmen werden, tiefe Zweifel haben an dieser wachsenden Konzentration aller Mittel auf eine unersättliche Militärmaschinerie, während man die elementaren Bedürfnisse der Bevölkerung dem Zufall überläßt.

Diese neue Generation hat genug von den heroischen Reden der alten Kämpfer, die heute noch an der Macht sind. Sie hat ganz andere Sorgen. Aber wird man ihr die Wahl lassen?

Ebenso beunruhigt sind Millionen junger Amerikaner. Sie revoltieren gegen das Chaos in den Städten, die zunehmende Kriminalität, die Inflation und die Arbeitslosigkeit. Und dagegen, daß man allem Anschein nach nicht einmal mehr den Versuch unternimmt, diese Probleme in den Griff zu bekommen. Kurz, gegen den allgemeinen Bankrott. Sie sind wie die neuen Sowjetbürger von dem Wunsch besessen, die inneren, die wahren Probleme zu lösen.

Für die Russen sind der technologische Rückstand, die Wohnungsknappheit, die ständig unzureichenden Erträge der Landwirtschaft, der Alkoholismus ab fünf Uhr nachmittags ernste, entmutigende Gefahren. Sie haben keine Lust mehr, jede Hoffnung auf ein anständiges Leben und die Öffnung der sowjetischen Gesellschaft auf dem Altar der alten Ideologie zu opfern. Und noch viel weniger verlockt sie der Gedanke an eine militärische Kraftprobe, den Untergang. Was werden sie gegen all die miteinander verflochtenen Probleme in die Waagschale werfen? Ich weiß nur, daß sie nicht – noch nicht – resigniert haben.

Man muß miterlebt haben, wie diese Männer, völlig unbekümmert um jeden Dogmatismus, sich die audiovisuellen Demonstrationen westlicher Experten über landwirtschaftliche Methoden in den Präriegebieten Oklahomas, über die petrochemische Industrie in Baden-Württemberg oder über die Stahlwerke in Lothringen ansehen.

Auf längere Sicht – wenn die Zeit reicht – könnte der wirtschaftliche und soziale Druck innerhalb des kommunistischen Staats das Gleichgewicht zuungunsten der bürokratischen und militärischen Zwänge verändern.

Trotz der Kluft, die vorläufig noch die Vereinigten Staaten von der Sowjetunion trennt, gibt es nicht zu übersehende Ähnlichkeiten. Beide Länder sind groß wie Kontinente, beide haben eine riesige Bevölkerung, mächtige Flüsse und unermeßliche natürliche Rohstoffquellen.

Das alte Problem, dem sich die Verantwortlichen in Moskau stellen müssen, ist die Entwicklung eines auf eine Massengesellschaft angelegten Produktions- und Verteilungssystems, das den Bedürfnissen der 250 Millionen Menschen, die auf dem riesigen Territorium der UdSSR leben, gerecht wird. Welches Land außer Amerika besitzt Erfahrungen darin, wie dieses Problem zu lösen ist? Niemand weiß das besser als die neue Generation der sowjetischen Planer.

Diese allgemeine, belebende neue Bewegung ist die große Chance, die Kommunisten nunmehr zu einer Öffnung zu bewegen. Selbst ein Bolschewik der ersten Stunde, Anastas Mikojan, ehemaliger Vorsitzender des Präsidiums des Obersten Sowjet und damit Staatsoberhaupt, hat sich seinerzeit lange mit mir über diesen Willen zur Öffnung unterhalten – mit überraschender Offenheit. Er sagte schon damals, die Sowjetunion sei bereit, ihr Erdöl und ihr Erdgas an den Westen zu verkaufen, um ihre eigene Entwicklung zu beschleunigen und ihren technologischen Rückstand aufzuholen.

«Wir möchten Ihnen nicht mehr als nur einen Teil unseres Reichtums verkaufen», sagte er, «weil die Energieprobleme, die Sie heute haben, morgen die unseren sein werden. Unsere Kinder und Enkelkinder würden uns nicht verzeihen, wenn wir die lebenswichtigen Rohstoffquellen erschöpfen, die sie eines Tages brauchen werden, um Moskau, Leningrad, Kiew und andere Städte mit Licht und Wärme zu versorgen.»

Und er gab zu: «Wir brauchen Ihre technische Ausrüstung, und wir brauchen fast jedes Jahr Weizen von Ihnen, um unsere Bevölkerung ernähren zu können. So müssen wir das verkaufen, was nötig ist, um den Preis dafür zu bezahlen.»

Er sprach damit von einem weltweiten Phänomen, denn die Gesamtheit der Bedürfnisse und Probleme, denen sich die Menschheit gegenübersieht und die auch Amerika ernsthaft zu spüren beginnt, wird plötzlich immer wichtiger als die traditionellen Gegensätze.

Ist das utopisch?

Die Bundesrepublik und Frankreich arbeiten nach drei blutigen Kriegen im Rahmen des Gemeinsamen Markts eng zusammen. Der kommerzielle, finanzielle und industrielle Austausch ist inzwischen so umfangreich und für beide Länder so notwendig geworden, daß eine kriegerische Auseinandersetzung Selbstmord wäre.

Ähnlich ist es mit dem jahrhundertealten Konflikt zwischen Japan und China. Inzwischen haben diese beiden mächtigen Länder mit ihren gegensätzlichen Ideologien begonnen, ein natürliches Bündnis zu schmieden, das eines Tages sogar das globale Gleichgewicht verändern könnte.

Auch das Beispiel, das die geschichtliche Entwicklung im Nahen Osten bietet, ist außerordentlich aufschlußreich. In Wahrheit gab es wohl kaum zwei Völker, die einander näher standen als Araber und Juden. Trotz der religiösen Gegensätze haben sie jahrtausendelang in einer friedlichen Koexistenz gelebt, die in allen Bereichen der Wissenschaft, der Philosophie, der Kunst und des Handels überaus fruchtbar war. Davon zeugen die grundlegenden Fortschritte, die in der großen Epoche Alexandrias sowie im Goldenen Zeitalter Spaniens gemacht wurden. Und es liegt auf der Hand, wie die geographischen und wirtschaftlichen Bedingungen Israels und seiner Nachbarn einander ergänzen oder ergänzen sollten.

Jenseits der gegenwärtigen Streitigkeiten existiert immer die Möglichkeit einer auf wirtschaftliche Kooperation gegründeten Koexistenz: Sie könnte die finanzielle Lebenskraft des Libanon neu beleben, sie würde Ägypten und mit der Zeit vielleicht auch Jordanien und Syrien die Wiederaufnahme ihrer wichtigen Entwicklungsprojekte ermöglichen, und sie würde es Israel erlauben, sein beachtliches technologisches Potential für friedliche Zwecke zu nutzen.

Doch seit dreißig Jahren werden die gemeinsamen Interessen geleugnet oder ignoriert über dem Getöse sich wiederholender und zu keinem Ziel führender Zusammenstöße.

Unverhältnismäßig hohe, erdrückende Verteidigungsetats verstärken in jedem Lager die wirtschaftlichen Schwierigkeiten und die Abhängigkeit von den Großmächten, die ihrerseits kaum noch mithalten können.

Alle diese Völker wissen, daß sie ihre wirtschaftliche Zukunft nicht ewig auf einen immer illusorischer werdenden militärischen Sieg gründen können. Die Rüstungsausgaben lähmen beide Seiten, während ein Friedensschluß den Arabern und Juden schon morgen erlauben würde, die Wüste gemeinsam zu besiegen.

Ich sprach nach dem Blitzkrieg von 1967 mit Moshe Dayan über dieses Problem, zuerst in Paris und dann mehrere Male in seinem Haus bei Tel Aviv.

Dayan ist ein Sabra, geboren in Palästina, unter Arabern, von denen er mit aufrichtiger Freundschaft spricht. Er ist in dieser Region ganz und gar zu Hause.

Er strahlt gelassene Zuversicht aus, und er wirkt in seinem Auftreten und im Gespräch wie ein ruhiger, bescheidener Mann, entspricht also ganz und gar nicht dem Image des kriegerischen Draufgängers, das die Legende geschaffen hat.

Wir verkörperten gleichsam die zwei Seiten eines gleichen Schicksals, das Schicksal eines Volkes, das im Lauf der Jahrhunderte durch Leid und Verfolgung zusammengeschweißt worden war. Meine Leidensgefährten im Lager und ich waren eine zusätzliche Legitimation für die Anwesenheit von Männern wie Dayan in Palästina – Männern, die den Juden ein Land der Zuflucht und der Hoffnung garantierten.

Ich sagte zu ihm: «Ich habe zu oft eine auf Waffengewalt beruhende Politik erlebt, um nicht zu wissen, daß sie am Ende immer zum Scheitern verurteilt ist. Man kann nicht den Frieden durch Krieg erzwingen.»

Dayan lächelte und erwiderte: «Wissen Sie, ich bin früher Farmer und Landwirtschaftsminister gewesen . . .» Und er sieht mich spöttisch an. «O ja, das war sehr viel aufregender, als Stabschef oder Verteidigungsminister zu sein. Ich will Ihnen etwas gestehen. Es gibt eine Sache, für die ich mich leidenschaftlich interessiere: die Fischereiindustrie. In solchen Bereichen und in dem, was wir daraus entwickeln, liegt die einzige, die wahre Zukunft Israels.»

Er, der seit seiner Kindheit in ständiger Kampf- und Kriegsbereitschaft lebte, versuchte sich in jedem Augenblick die Konturen, das Gesicht, die Züge, die der Frieden haben könnte, vorzustellen.

Er fügte hinzu: «Ich sollte Ihnen vielleicht sagen, daß ich Ihre Thesen bereits in die Praxis umgesetzt habe, ehe Sie sie formulierten. So sorgte ich zum Beispiel für die Öffnung der Allenby-Brücke über den Jordan, um den ungehinderten Verkehr von Menschen und Waren zu ermöglichen. Ich hätte liebend gern in diesem Bereich meine Kräfte und meine Fähigkeiten entfaltet.»

Wenn man die Juden in ihrem neuen Land beobachtet, ein Volk von Bauern aus freiem Entschluß und Soldaten wider Willen, kann man diese Verwandlung kaum fassen. In der gesamten neueren Geschichte galten die Juden als ein Volk von Geldverleihern, Kaufleuten, Bücherwürmern und Gelehrten, die jeden freien Augenblick damit verbrachten, die heiligen Schriften in den Synagogen zu studieren. Eine Eigenschaft, die man nie bei ihnen vermutet hätte, ist der Soldatengeist, der plötzlich nach den Gettos, nach den Lagern in der neuen Generation entstanden ist. So werden immer wieder der strategische Scharfsinn der Offiziere, die überragende Fähigkeit der Piloten und der Panzerbesatzungen, der heldenhafte Mut der kämpfenden Truppen bewundert. Ich habe mich manchmal gefragt, wie sich wohl die pensionierten deutschen Offiziere des Dritten Reichs – mit ihren preußischen Traditionen, aber auch mit ihren Erinnerungen an die Aufmärsche bei den Nürnberger Parteitagen – diese Verwandlung erklären. Dagegen scheint sich die deutsche Jugend zu einem großen Teil in die entgegengesetzte Richtung zu entwickeln, weil sie das lastende Erbe des Militarismus ablehnt.

In Jerusalem unterhielt ich mich auch mit General Ezer Weizmann, der damals, nach seinem Coup gegen die arabischen Luftstützpunkte im Jahre 1967, noch Oberbefehlshaber der israelischen Luftwaffe war. Weizmann spricht – im Gegensatz zu Dayan – auch Jiddisch und sieht das Leben vielleicht deshalb mit einem Humor, der jenem fremd ist. Dieser dem Jiddischen innewohnende Humor, ein Lachen unter Tränen, hat den Juden sicherlich geholfen, in der Diaspora zu überleben.

Weizmann erzählte mir von seinem Besuch bei einer Bundeswehreinheit in Fürstenfeldbruck – nicht weit von der Stelle, wo Ben, Nico und ich 1945 bei dem Angriff amerikanischer Jagdflugzeuge unseren SS-Wachen entkamen. Er wurde mit einem Jeep zur Offiziersmesse gefahren. Als er den Raum betritt, hört er den Befehl: «Achtung, der Herr General!» Die Männer schlagen die Hacken zusammen. Weizmann blickte sich um: die Uniformen waren zwar anders, aber die Gesichter, die Haltung waren mehr oder weniger wie früher. Mit einem leisen Lächeln antwortete er: «Rührt euch.»

Warum und wie entstehen immer wieder Kriege? Ich kann hier nicht die Geschichte der Menschheit rekapitulieren. Aber heute, für unsere Zeit, ist die Sache klar – und niederschmetternd. Überall im Westen erdrücken die Argumente der Rüstungsfabrikanten alle anderen Argumente. Die gegenwärtige schnelle Vergrößerung der Waffenarsenale ist ein kommerzieller Imperativ geworden. Mit einem großzügigen Mäzen: dem Staat. Und sicheren Abnehmern: allen anderen Staaten.

Nach Schätzungen der Militärlobbyisten führen die ständigen technischen Verbesserungen der Waffen im Rahmen des amerikanisch-sowjetischen Wettrüstens dazu, daß die Produkte schon bei der Lieferung praktisch überholt sind und möglichst umgehend durch neue, kompliziertere Entwicklungen ersetzt werden müssen – um jeden Preis.

Die «qualitativen» Verbesserungen der Raketen mit mehreren Sprengköpfen, die unabhängig voneinander programmiert werden können, verleihen ihnen eine Zielgenauigkeit mit einer Toleranz von nur zehn Metern bei einer Reichweite von dreizehntausend Kilometern. Diese Raketen, die in ihren Silos unter der Erde schon heute so gut wie unverwundbar sind, sollen demnächst auf mobile unterirdische Abschußrampen montiert werden, während andere Tag und Nacht in Flugzeugen die Erde umkreisen sollen.

Das Raumarsenal steht ebenfalls bereit. Zur Zeit sind schon zweitausend Satelliten, die mit nuklearen Sprengkörpern geladen werden können, im Umlauf. Im Mai 1978 teilte das Pentagon mit, daß die Sowjetunion ihrerseits einen Killersatelliten gestartet habe und daß er seinem ersten Ziel sehr nahe gekommen sei.

Und die «intelligenten» Waffen, die von ihrem Ziel «angezogen» und gelenkt werden, die «schlafenden» Minen, die durch die Schritte des Feindes «geweckt» werden, die über Fernsehen gesteuerten Gleitbomben, sind inzwischen überholt durch eine neue Erfindung: Naturkatastophen, die man jetzt künstlich auslösen kann. Es ist möglich geworden, große Sturmfluten zu erzeugen, die weite Gebiete mitsamt der Bevölkerung überschwemmen, oder klimatische Änderungen herbeizuführen, die Dürre und Hungersnot nach sich ziehen.

Die Jahr für Jahr für die Rüstung aufgewendeten Mittel sind im Prinzip dazu bestimmt, die Sicherheit zu gewährleisten, führen aber in der Praxis zu erhöhter Unsicherheit, Angst und zu einer Lähmung der Politik.

Die Diplomatie der Großmächte wird heute nicht mehr zur Beilegung von Konflikten genutzt, sondern dient in erster Linie dazu, einen regelmäßigen Fluß der Waffenexporte in Gang zu halten.

Die Dritte Welt verwandelt sich in ein Mosaik von Gegensätzen, wo jeder Staat eifersüchtig darüber wacht, daß seine Grenzen genau respektiert werden. Diese Grenzen jedoch werden um so heftiger angefochten, als sie vielfach keinerlei ethnische oder politische Realität widerspiegeln.

Durch Verteilung ihrer Produktion an Kriegsmaterial über die Konfliktherde in der Dritten Welt hat die Sowjetunion kurzfristig an Prestige gewonnen. Sie erweckt den Anschein, sich für Befreiungskämpfe zu engagieren. In Wirklichkeit stößt sie nur ihr veraltetes Kriegsgerät ab. Auseinandersetzungen zwischen zwei kleinen armen Staaten sind für die Großmächte das beste Mittel, sie geknechtet und abhängig zu halten.

Waffenhandel in großem Maßstab, inzwischen die einzige wirkliche Bereicherungsquelle, dominiert heute in allen Beziehungen zwischen reichen und armen Ländern. Eine ebenso demütigende wie widerwärtige Tatsache.

Die Länder der Dritten Welt, die ihren außerordentlichen Hunger nach «der Waffe» stillen, der sie die Priorität vor jeder gebotenen wirtschaftlichen und sozialen Entwicklung einräumen, beschleunigen damit selbst den Mechanismus, der es den Reichen ermöglicht, noch reicher zu werden, und der die Armen noch ärmer macht.

Wer begreift, warum sie dieses Spiel noch mitspielen, das für sie doch nur verhängnisvoll sein kann? Aber an der Tatsache ist nicht zu rütteln, und die sogenannten entwickelten Länder scheinen, um es milde auszudrücken, kaum bereit, mit gutem Beispiel voranzugehen.

Einige erfahrenere oder weisere Führer der Dritten Welt, wie Tito oder Houphouet-Boigny, hören nicht auf, lautstark ihre Befürchtungen zu äußern. Der jugoslawische Staatspräsident prophezeit die immer größere Ausdehnung der regionalen Konflikte, die schließlich zum Ausbruch eines neuen allgemeinen Konflikts führen werde. Etliche Politiker sind der Ansicht, der Dritte Weltkrieg habe schon angefangen – in Asien und Afrika.

Trotzdem fahren wir fort, unsere Launen und unsere vermeintlichen Bedürfnisse zu befriedigen, indem wir Waffen exportieren, die immer wirksamer werden, damit sie immer teurer sein können. Noch gleichen sie vielleicht unsere Zahlungsbilanz aus, aber irgendwann werden sie sich gegen uns selbst wenden.

Auf diese Weise wird der Waffenmarkt lebenswichtig für den Westen. Und sozialpolitisch setzt sich ein höchst gefährliches und erschreckendes Alibi durch: Er sei notwendig, um Hunderttausende von Arbeitsplätzen in der Rüstungsindustrie zu erhalten.

Zum erstenmal in seiner Geschichte wird der Mensch mit der Aussicht auf seine Auslöschung nicht nur als Individuum, sondern auch als Spezies konfrontiert. Wer ahnt angesichts der unaufhörlichen, immer neuen gegenseitigen Provokationen nicht den Epilog?

Inmitten all meiner Debatten und meiner Verhandlungen zwischen Ost und West erhob sich für mich die Frage, ob ich fortfahren sollte, für diese Koexistenz zu arbeiten, oder ob es gegenüber der sich in ein Waffenarsenal verwandelnden sowjetischen Gesellschaft eine Schwelle gab, die man nicht überschreiten durfte.

Ein Gewissensproblem; ein grundlegendes Problem, das geklärt werden mußte. Nicht der Schatten eines Zweifels durfte bleiben. Denn ich kann den Gedanken nicht ertragen, daß diejenigen, die für eine Annäherung zwischen Ost und West arbeiten, als «Kollaborateure» betrachtet werden könnten – ein Wort, dessen Bedeutung wir in den schlimmsten Jahren am eigenen Leib erfahren hatten.

Kurz, es ging darum, in Erfahrung zu bringen, ob die militarisierte Sowjetunion endlich diejenigen ihrer Bürger ungehindert leben und atmen ließ, deren geistige Freiheit einen wesentlichen Bestandteil des russischen Volkes bildet.

Ein Mann wehrte sich mit ganzer Seele und all seiner Kraft gegen die Fortsetzung dieser Zusammenarbeit oder «Kollaboration»: Alexander Solschenizyn.

Er, der den Westen immer wieder warnte und zur Wachsamkeit aufrief, hatte eine sehr entschiedene Position eingenommen, die der meinen entgegengesetzt war.

Und wir hatten doch beide, er im GULAG, ich im KZ, die gleichen unvergeßlichen Erfahrungen gemacht. Wir hatten beide die Schändlichkeit und die Grausamkeit des Totalitarismus kennengelernt. Aber dieser des gesprochenen wie des geschriebenen Wortes gleichermaßen mächtige Mann beunruhigte mich. So nahe ich mich ihm menschlich fühlte, so sehr empfand ich allerdings auch, daß die Philosophie, die er nach seinen Lagererfahrungen entwickelt hatte, nicht ganz die meine war.

In unserer technologischen Welt, deren Hauptaspekte vollständig neu sind, ist er noch geprägt von den großen Traditionen der fernsten Vergangenheit. Das führt oft zu äußerst verwirrenden Beurteilungen.

Solschenizyns Denken, so entschlossen formuliert, hat etwas Faszinierendes und weckt doch manchmal ein Gefühl des Unbehagens.

Er war zu sehr Seher, zu sehr ein Mensch am Rande des Abgrunds, um meine Unruhe beschwichtigen, um meine Fragen beantworten zu können. Ich begriff seine Kritik, und ich akzeptierte sie. Aber welche Zukunftsperspektive bot er uns an?

Sein Vorschlag lief auf den berühmten Ruf des amerikanischen Revolutionärs Patrick Henry hinaus, der im 18. Jahrhundert gesagt hatte: «Geben Sie mir die Freiheit, oder geben Sie mir den Tod!» Ein bewunderungswürdiger Standpunkt, aber was bedeutete er der Menschheit im Atomzeitalter?

Ich wußte, wer uns helfen konnte, klarer zu sehen: Andrej Sacharow, Mitglied der sowjetischen Akademie der Wissenschaften, Vater der sowjetischen H-Bombe, ein hervorragender Mann, der wegen seines unablässigen Kampfes um die Menschenrechte in der UdSSR ebenso geachtet wird wie auf Grund seiner Warnungen vor dem Anwachsen des Kernwaffenarsenals.

Der angesehene Atomphysiker und mutige Verfechter der Freiheit stand im Mittelpunkt der Diskussion.

Seine Analyse traf sich mit der meinen: Das einzige Mittel gegen die chronischen und immer schlimmer werdenden Übel der Sowjetunion im landwirtschaftlichen und industriellen Bereich sind demokratische Reformen. Wenn die Sowjetunion keine zweitrangige Macht werden will, ist sie durch die Dynamik der Ereignisse einfach gezwungen, Reformen einzuleiten und neue Produktions-, Verteilungs- und Managementkonzepte zu verwirklichen.

Sacharow hatte den gesamten Integrationsprozeß allerdings gerade mit einer moralischen Hypothek belastet. Wie Solschenizyn begann auch er, öffentlich seine Beunruhigung zu äußern über die verstärkten technologischen und finanziellen Beziehungen zwischen Ost und West, während die sowjetische Polizei ihren Würgegriff nicht lockere.

Das stand mein Entschluß fest. Ich konnte den «Frieden durch wirtschaftliche Integration», den ich vorgeschlagen hatte, nicht länger befürworten, wenn eine so gewichtige Stimme, ein so kompetenter Mann wie der sowjetische Systemkritiker dagegen war.

Ich mußte wissen – persönlich wissen –, ob die Zusammenarbeit zwischen Ost und West unweigerlich auf Kosten der Unterdrückten geschehe oder ob sie nicht im Gegenteil ihnen Hoffnung machen könne.

Ich beschloß, ihn in einem über die gesamte westliche Presse verbreiteten offenen Brief zu fragen: «Wünschen Sie, daß wir die Politik der Förderung wirtschaftlicher und wissenschaftlicher Verbindungen zur UdSSR mit einem Ultimatum an die sowjetische Führung verknüpfen: ‹Ändern Sie zunächst Ihr totalitäres System, oder wir stoppen den gesamten Prozeß der Zusammenarbeit›?»

Ich bat Sacharow öffentlich, uns zu sagen, uns allen, unter welchen Bedingungen wir seiner Ansicht nach den Weg der Entspannung weiterhin beschreiten könnten.

Da ich die schlimmsten Schrecken des letzten Krieges kennengelernt hatte, wandte ich mich an einen von denen, die am besten wissen, welche Schrecken der nächste Krieg bereithalten würde.

Dieser Brief wurde Elena Sacharowa, der Frau des Physikers, telefonisch in ihre Moskauer Wohnung durchgegeben.

Schon am nächsten Morgen erhielt ich die Antwort Sacharows.

«Ich erkläre mich gegen jedes Ultimatum, in welcher Form auch immer. Die Gefahr eines Atomkriegs ist für die gesamte Menschheit die beherrschende Sorge. Und ich bejahe die Verstärkung der wirtschaftlichen, kulturellen und wissenschaftlichen Verbindungen zwischen dem Osten und dem Westen.»

Diese Antwort wurde ebenfalls in der Weltpresse veröffentlicht. Sie zerstreute die meisten meiner Besorgnisse, trotz der ganz offen formulierten Vorbehalte Sacharows hinsichtlich der «ungewissen Konsequenzen der wirtschaftlichen Beziehungen für die Öffnung der sowjetischen Gesellschaft».

Ich wußte sehr gut, daß der Weg lang und dornig sein würde. Aber Sacharow bestätigte, daß wir das richtige Ziel verfolgten.

Ein paar Monate später erhielten wir unerwarteten und ungeheuer ermutigenden Zuspruch von Alexander Solschenizyn, der in seinem Buch «Die Eiche und das Kalb» an Sacharows Verdikt erinnerte und schrieb: «Unter den Befürwortern einer wirtschaftlichen Annäherung ist Pisar einer der wenigen gewesen, die klar gesehen haben, während der Vatikan, durch eben diese Annäherung gelähmt, stumm blieb.»

Ich registrierte dieses Urteil dankbar, ohne mir freilich (obwohl wir das gleiche Ziel verfolgten: die Beachtung der Menschenrechte) allzu große Illusionen zu machen, was unsere Meinungsverschiedenheiten darüber betrifft, wie man auf die von allen Seiten kommenden Herausforderungen reagieren soll.

Seit der Konferenz in Kiew begleitete mich Judith jedesmal, wenn ich zu Gesprächen und Verhandlungen nach Moskau fuhr. Während ich meinen offiziellen Pflichten nachging, entdeckte sie in der Sowjetunion eine unerwartete Welt: sie lernte

Maler und Schriftsteller kennen, die mit der offiziellen Ideologie nicht übereinstimmten.

Ein Ort in Moskau wurde fast so etwas wie eine Zuflucht für uns, die wir aufsuchten, wann immer wir konnten: die bescheidene Wohnung im 15. Stock einer Mietskaserne, in der Georgij Kostakis wohnte. Er hatte – wir wissen bis heute noch nicht recht wie – unter schwierigsten Bedingungen eine der erstaunlichsten Sammlungen moderner Kunst zusammengebracht. An den Wänden, im Bad, in der Küche, in den Schränken, unter den Betten, überall hingen, lagen oder standen Ölgemälde und Aquarelle, Bilder von Chagall, Kandinsky, Malewitsch, Lissitzkij, Tatlin, den russischen Konstruktivisten – von Lenin bewundert und von Stalin verachtet –, die das revolutionäre Klima mit geschaffen hatten.

In einer Zeit, als solche Kunstwerke als ideologiefeindlich verfemt waren, hatte Kostakis sie trotz seiner beschränkten Mittel systematisch aufgespürt, erworben und gesammelt – und hatte so der Nachwelt Kunstschätze erhalten, die sonst verlorengegangen wären. Er erzählte uns von Leuten, die im Krieg, nach Luftangriffen der Deutschen, ihre zersplitterten Fenster mit Gemälden auf Holz vernagelt hatten, und wie er diese Bilder gegen einen Laib Brot oder ein Stück Wurst eingetauscht hatte. Judith nahm mich und die Amerikaner und Franzosen, mit denen wir gerade in Moskau waren, oft mit zu ihm. Wir hörten russische Musik und Poesie, sprachen über das Leben im Osten und im Westen und betrachteten voller Staunen an den Wänden jene Zeugnisse für das Überleben und die Rettung der Kunst.

14

In den letzten Jahren hatte ich an einer Reihe internationaler Kolloquien und Seminare teilgenommen, zu denen die verschiedensten Denker und Wissenschaftler zusammengekommen waren. Aurelio Peccei, der Präsident des Club of Rome, der schwedische Soziologe Gunnar Myrdal, der Wirtschaftswissenschaftler John Kenneth Galbraith, der ägyptische Schriftsteller Mohammed Heykal und viele andere bemühten sich bei diesen Begegnungen darum, über globale Probleme, die allem Anschein nach unlösbar waren, gemeinsam nachzudenken.

Auf Einladung der Nobelstiftung reiste ich nach Stockholm zu einem Symposion. Das Thema lautete: «Der Mensch, die Ressourcen und die Zukunft.»

Nobel, Stockholm – das waren klangvolle Namen. Ich war ein wenig eingeschüchtert, war neugierig, war voller Illusionen.

Zunächst ein prunkvoller Empfang im schwedischen Parlament, dann eine Einladung bei dem jungen König Karl Gustaf.

Ich betrachtete die namhaften Gelehrten aus aller Welt und ebenso die Schweden, die uns umgaben.

Die Atmosphäre war herzlich und zwanglos. Trotzdem hatte ich das Gefühl, daß wir, in der Mehrzahl, der Größe der Aufgabe nicht gewachsen waren.

Die ganze Zeremonie, dann die Reihe der vorbereiteten Reden – alles kam mir irgendwie leer und, wieder einmal, unrealistisch und verwirrend vor.

Während die Umstände an uns appellierten, Klarsicht und Entschlossenheit zu beweisen, damit wir eine Chance hätten, einen Weg zu finden, aus den Automatismen der Selbstzerstörung heraus, waren wir im Begriff, die starken Reaktionen, die den wahren Überlebenswillen ausmachen, in frivolem Kastengeist und elitären Gefühlen zu ersticken.

Die Reden, im Brustton der Überzeugung gehalten, vermochten nicht über den akademischen Charakter der Veranstaltung hinwegzutäuschen.

Ich wohnte einer erbarmungslosen Demonstration dessen bei, was ich, seit langem schon, immer mehr zu fürchten gelernt hatte: die Ohnmacht der Intellektuellen. Ganz davon in Anspruch genommen, sich in schönem Einklang mit dem Geist und den Moden der Zeit zu befinden, vernachlässigten sie das Alltägliche – ach, diese Banalitäten . . .

Jetzt bin ich an der Reihe. Ich durchquere den großen Saal, um meine Rede zu halten. Freundliche Reaktionen. Ich gehe unter dem üblichen Applaus zu meinem Platz zurück, und Olof Palme, der schwedische Ministerpräsident, kommt von seinem Platz auf mich zu, um mir zu sagen, daß ich in seinen Augen den «post-nationalen und post-ideologischen Menschen» verkörpere.

Statt mich durch diese Sympathiebeweise ermutigt zu fühlen, empfinde ich jedoch tiefes Unbehagen, Frustration und einen tiefsitzenden Zorn: irgend etwas in mir bäumt sich auf.

Auch ich bin in die Falle der glanzvollen und der Eitelkeit

schmeichelnden Kongresse gelaufen, die in immer größerer Zahl stattfinden und das Gewissen der politischen, wirtschaftlichen und geistigen Elite beruhigen.

Statt dieselbe verschlüsselte Sprache zu sprechen wie alle diese Leute hier, hätte ich die Kraft und den Mut haben sollen, ganz offen und geradeheraus von meiner ANGST zu reden, von der tiefen Verwirrung, die mich angesichts der Ereignisse in der Welt befällt und die mich fünfunddreißig Jahre zurück in die Gewißheit der bedrohlichen Nähe dramatischer Tage stürzt. Mit einem Wort, ich hätte den kleinen Knopflochmaschinisten auferstehen lassen sollen, der Ideen, Taten und Reaktionen hervorbringt, die über den Tod triumphieren. Aber ich war inzwischen geschliffen, ich hatte mich von der Gußform des Konformismus pressen lassen.

Gerade vor diesem intellektuellen Publikum hätte ich ohne die Furcht, jemanden zu schockieren, davon berichten sollen, wie ich ein für allemal gelernt hatte, daß es Situationen gibt, in denen das Leben nur noch ein ständiger Kampf ums Überleben ist, eine Folge von Demütigungen, Entbehrungen, Schändlichkeiten – die man hinnehmen, erkennen, überwinden muß.

In der schwedischen Hauptstadt wurde mir klar, wie unendlich schwierig es ist, ein realistisches Zukunftskonzept auszuarbeiten, wenn man die Bedeutung der alltäglichen Lebensumstände nicht kennt.

Nein! Der Hunger läßt sich nicht reduzieren auf ein paar Zahlen über das Getreidedefizit. Ja! Hinter den Problemen der Umweltverschmutzung oder der Übervölkerung verbergen sich weitaus härtere Realitäten, vor denen die übliche Rhetorik zurückschreckt.

Hatte ich irgendwie die Zukunft erlebt? Die Leiden der Vergangenheit und die Spiele der Gegenwart verknüpften sich in meiner Vorstellung . . .

Vier kurze Jahre hatten genügt, um alle Illusionen des Westens zunichte zu machen. Wir glitten, vom Klang der Worte umnebelt wie die Passagiere der *Titanic* von der Musik des Tanzorchesters, dem Untergang entgegen.

1969 hatten zwei Menschen genau zur vorherbestimmten Stunde zum erstenmal den Fuß auf den Mond gesetzt. Die Vitalität, die außerordentliche Kreativität unserer Zivilisation, die grenzenlosen Möglichkeiten der Technik und der Naturwissenschaften waren uns plötzlich zu Kopf gestiegen. Nichts war dem Menschen mehr unmöglich.

1973 hatten der Jom Kippur-Krieg und das Ölembargo genügt, um uns innerhalb weniger Tage die extreme Anfälligkeit und die engen Grenzen der stolzen Industriegesellschaften vor Augen zu führen.

Seitdem kann kein Staat, wie mächtig er auch sei, mehr glauben, er wäre gefeit gegen die Ängste, die heute die Welt in Atem halten. Und die großen Probleme der Erde erfordern dringend kollektive Maßnahmen – es sei denn, wir wollen ersticken und zugrunde gehen.

Aber die nationalen Interessen sind weiterhin maßlos und divergierend, die internationalen Instanzen offenkundig ohnmächtig, und ein Wille zu politischem Handeln ist nicht vorhanden.

Die kommunistischen Regime haben die Energiekrise nicht besser gemeistert. Sie sind ebenso wie wir von Inflation und Arbeitslosigkeit geschlagen – nur daß sie in der Lage sind, es künstlich zu kaschieren –, und sie müssen exorbitante Preise zahlen für die Ausrüstung und die Technologie, auf die sie jetzt noch mehr angewiesen sind. Und das in einem Augenblick, in dem ihr Export wegen der Rezession in der ganzen westlichen Welt zurückgeht.

Deshalb gibt es weder Aufschub, noch haben wir eine Wahl:

wir müssen alle unsere Probleme von Grund auf neu überdenken. Und was haben wir getan?

Internationale Konferenz über Probleme der Bevölkerungsexplosion in Bukarest? Das Nichts.

Jeder wartet darauf, daß der andere, der Nachbar oder der Rivale, den ersten Schritt tut, um das rapide Bevölkerungswachstum einzudämmen. Die meisten Länder der Dritten Welt nehmen für sich nachdrücklich das Recht in Anspruch, eine große Bevölkerung zu besitzen. Selbst wenn sie deshalb ärmer werden – sie glauben, daß sie würdiger und stärker sein werden, wenn sie zahlreicher sind. Kein Grund, stolz zu sein.

In zwanzig Jahren wird die Welt von sechs Milliarden Menschen bevölkert sein, und neun Zehntel davon werden in Asien, Lateinamerika und Afrika leben. Wovon?

Algeriens Parole: «1962 neun Millionen Einwohner, vor dem Jahr 2000 dreißig Millionen!»

Auf dem Flughafen von Bombay ein riesiges Transparent mit der Mahnung: «Eine starke Nation ist eine zahlreiche Nation.»

Konferenz zur Rettung der Umwelt in Stockholm? Konstatieren der Tatsachen und Scheitern.

Achtzig Prozent der Familien von Kalkutta und Dakka leben zusammengepfercht in einem einzigen Raum, und Hunderttausende von Menschen haben keine andere Zuflucht als die Straße.

Die Weltgesundheitsorganisation teilte 1978 mit, daß 75 Prozent der Menschen zur Zeit keine Möglichkeit haben, sich medizinisch versorgen zu lassen, daß 70 Prozent der Weltbevölkerung nicht auf Zugang zu sanitären Einrichtungen oder einwandfreies Trinkwasser rechnen können.

Weltkonferenz in Nairobi über Entwicklung, Rohstoffpreise und Technologietransfer? Nach hundert feierlichen Reden nicht einmal der Ansatz einer Lösung.

Die sogenannten «Entwicklungsländer», drei Viertel der Staaten der Erde, vereinigen auf sich nur 7 Prozent des gesamten Industriepotentials und der Industrieproduktion.

Der Austausch zwischen der industrialisierten und der unterentwickelten Hemisphäre beträgt vorläufig noch nicht mehr als ein Sechstel des Welthandels. Der einzige Handel, der in vielen dieser Länder gut funktioniert, ist der Tausch von Öl, Kupfer oder Uran gegen Kampfflugzeuge, Panzer und Raketen.

Große Welternährungskonferenz in Rom: die Tagung, von der man sich am meisten versprach, weil Hunger das am weitesten verbreitete Problem ist.

Alle Mitgliedsstaaten der UNO hatten sich endlich auf eine gemeinsame Resolution geeinigt, die fordert, daß bis 1985 kein Kind mehr hungrig zu Bett gehen soll. Fünfzig Jahre vorher hatte der Völkerbund in der Genfer Deklaration der Rechte des Kindes gefordert: «Das hungrige Kind soll zu essen bekommen, das kranke Kind soll ärztlich behandelt werden.» Die Leere, der Hohn solcher feierlichen Absichtserklärungen — ich mußte unwillkürlich an die zynischen Sonderzuteilungen, das weiße Brot und die Milch, für die Kinder im Todeslager denken – wird einem bewußt, wenn man an die heutigen Zustände denkt.

Seither ist alles nur noch schlimmer geworden. Nach Aussagen zuverlässiger Experten werden in naher Zukunft viele Millionen Kinder an mangelhafter Ernährung und physischer Entkräftung sterben.

Kurz, in all diesen entscheidenden Jahren haben wir uns damit zufriedengegeben, unsere Ohnmacht wohlformuliert und üppig dokumentiert überall in den schönsten Gebäuden der Metropolen unter sterilen Reden zur Schau zu stellen. Dieses Schauspiel machte mich frösteln.

All diese Delegierten, die sich gegenseitig in beredten Schilderungen ihrer Sorge und Unruhe überboten, erinnerten mich jedesmal mehr an das hektische und hoffnungslose Gedränge der Männer, die sich in Maidanek nach dem Verlassen der Viehwagen um meine Flasche Wasser stritten.

Das allgemeine Erwachen der Dritten Welt, vor allem in Asien – all die Völker, die unter dem Einfluß des Kampfes gegen den Analphabetismus, der Urbanisierung, der vermehrten Kommunikations- und Informationsmittel zu vibrieren, zu leben, zu bauen, zu erfinden beginnen –, ändert alle Voraussetzungen, von denen wir bisher bei unserem Denken und Handeln ausgegangen sind.

Mittellose Massen, von nationalistischem oder religiösem Fieber getrieben und von neuen, mächtigen Finanz- und Einflußzentren unterstützt, nehmen ihre natürlichen Reichtümer in Besitz und regen sich überall. Es wäre unmöglich, ihnen Einhalt gebieten zu wollen. Ihre Methoden sind die gleichen wie die unseren. Wir kämpfen nicht mit einem «Gegner», wir stehen im Wettkampf mit uns selbst.

Wenn wir der Versuchung erlägen, diesen «Neuankömmlingen» den Anteil, der ihnen zusteht, zu verweigern, würden wir sie zwangsläufig in eine Flut feindseliger Menschen verwandeln. Man könnte sie dann nur, nach den Methoden, die Hitler bei der Suche nach «Lebensraum» anwandte, vernichten, oder man müßte ihre Herrschaft erdulden.

Die meisten Industrien in den fortgeschrittenen Volkswirtschaften des Westens, insbesondere die arbeitsintensiven Branchen, sind zum Exodus verurteilt. Sie werden in zunehmendem Maße von Konkurrenten verdrängt, die billigere und diszipliniertere Arbeitskräfte verwenden können und über natürliche Ressourcen im eigenen Land verfügen. Diese Herausforderungen werden immer noch größer werden.

Wir sehen uns zum Beispiel genötigt, den Bau von Kernkraftwerken zu beschleunigen, obwohl wir noch nicht einmal genau erforschen konnten, welche Gefahren diese weitgehend unerprobten Anlagen mit sich bringen, welche Risiken für die Gegenwart, welche verheerenden Katastrophen für die Zukunft. Der Energiemangel in Europa läßt uns keine andere Wahl.

Auf ähnliche Weise sehen wir uns in etlichen Bereichen gezwungen, die Zukunft der Gegenwart zu opfern.

Unter dem Druck, unsere Zahlungs- und Handelsbilanz auszugleichen, verkaufen wir an alle Länder, auf deren Rohstoffe wir angewiesen sind, «schlüsselfertige» Fabriken, und diese Fabriken werden es ihnen in nicht allzu ferner Zeit erlauben, nicht nur die Produkte, die wir ihnen vorläufig noch liefern, selbst herzustellen, sondern auch auf anderen Märkten in der Welt mit uns zu konkurrieren, sogar in unserem eigenen Land.

Diese «Selbstzerstörung» unserer Industrien, wie Jacques Attali es nannte, ist eine unerbittliche «Aggression». Und selbst wenn es uns gelingen sollte, nicht in diese Falle zu gehen – andere Industriegesellschaften werden den Platz der europäischen Länder einnehmen, um der kurzfristigen Gewinne, der schnellen Eroberung neuer Märkte willen, und die heutigen Schwierigkeiten werden noch zunehmen, ohne daß die Aussichten für die Zukunft besser würden.

Deshalb müssen wir von heute an auf eine vollständige Umgestaltung unseres gesamten Industrieapparats hinarbeiten: wir brauchen neue Technologien, neue Erfindungen, neue wissenschaftliche Leistungen.

Ob uns das gelingt, hängt von unserem Willen, unserer Entschlossenheit, etwas zu vollbringen, damit wir überleben, und von der Schnelligkeit ab, mit der wir die alten Gleise verlassen und alte Gewohnheiten ablegen.

Es gibt nirgendwo schützende Barrieren mehr: die Wirtschaft der reichen westlichen Länder ist stärker auf den Weltmarkt angewiesen als dieser auf sie. Wenn wir auch nur einen Augenblick aus Selbsttäuschung oder Blindheit vergäßen, daß der Austausch mit der übrigen Welt Millionen von Arbeitsplätzen bei uns bedeutet, würden wir einen nicht wiedergutzumachenden Fehler begehen.

Alle diese «Gegner» haben überdies noch einen mächtigen Verbündeten gefunden: das internationale Währungschaos.

Hunderte von Milliarden – die man auf alle möglichen Namen tauft: Eurodollar, Petrodollar, Verrechnungseinheiten – sind ständig ohne jede Kontrolle im Umlauf, manipuliert von denen, die verständlicherweise spekulieren: von Managern, die um ihrer Bilanzen und um ihrer Stellung willen gezwungen sind, in jedem Moment die unregelmäßigen Vibrationen der Kapitalmärkte zu antizipieren.

Und falls sich demnächst einige der Entwicklungsländer öffentlich für zahlungsunfähig erklären sollten, was im Grunde nur den Tatsachen entspräche, und laut verkündeten, daß sie die sich auf Hunderte von Milliarden belaufenden internationalen Darlehen nicht zurückzahlen werden, dann würde unser ganzes Bankensystem zusammenbrechen. Eine solche Krise würde selbst den Börsenkrach von 1929 mitsamt den Erschütterungen, den Konflikten und den Grausamkeiten, die er nach sich zog, noch weit übertreffen.

So sind die Grundpfeiler unserer Gesellschaft und unsere Überlebenschancen als Demokratie bedroht. Die Bedrohung ist um so größer, als alle diese «Aggressionen» sich innerhalb unseres Spiels und nach unseren eigenen Spielregeln vollziehen. Bei diesem Spiel, das wir selbst erfunden haben und von dem unsere Existenz abhängt, drohen wir alles zu verlieren. Die Ereignisse vor vierzig Jahren haben uns gelehrt, daß die

Chance, unsere einzige Chance, in unserer Fähigkeit liegt, uns auf die Gegebenheiten einzustellen und uns etwas einfallen zu lassen. Ein neuer Holocaust dagegen würde weltweite Dimensionen haben und letztlich nichts anderes sein als die Folge mangelnder Einsicht und Entschlossenheit.

Das bestehende politische System, auf nationaler und internationaler Ebene, ist völlig ungeeignet, den in zunehmendem Maße auf uns einstürmenden Herausforderungen zu begegnen.

Die internationalen Instanzen erweisen sich als ebenso machtlos, wie sie lautstark sind.

Der Nationalstaat ist in seinen Möglichkeiten zu begrenzt, um die großen Probleme zu bewältigen, und zu bürokratisch und zentralisiert, um die Probleme des täglichen Lebens zu lösen.

Diese doppelte Unzulänglichkeit führt bei Regierenden wie Bürgern zu einer schizophrenen Haltung. In dem Augenblick, in dem eine Gesellschaft an ihrer eigenen Legitimität zweifelt, verurteilt sie sich selbst. Das ist heute der Fall.

Die Staatsräson, so oft beschworen von unseren Regierungen, täuscht nicht darüber hinweg, daß von Vernunft allmählich keine Rede mehr sein kann.

Ehe wir irgendwelche Anstrengungen auf eine konkrete Hoffnung hin unternehmen, muß eine klare Wahl getroffen werden.

Die Welt steckt heute wieder in einer Wirtschaftskrise wie jener, die vor wenigen Jahrzehnten in Deutschland zum Totalitarismus führte. Ich denke an Geldentwertung, Arbeitslosigkeit und an das politische Chaos zur Zeit der Weimarer Republik. Wenige Jahre später wurden die Probleme von den Nazis durch die Wiederaufrüstung, die Militarisierung und durch die Deportation von Menschen in die Konzentrationslager «gelöst».

oder Krieg

Ursachen für den Bankrott einer Demokratie sind immer wirtschaftliche und politische Unordnung.

Heute ist die Währungskrise in einen Währungskrieg, die Ölkrise in einen Energiekrieg ausgeartet. Protektionismus und Nationalismus stärken die antiliberalen Kräfte. Unsere Staaten werden Versuchsgelände für Umstürzler – die Schwäche unserer Gesellschaften spiegelt sich in der Brutalität der gegen sie begangenen Gewaltakte wider.

Kein Land ist vor Terrorakten sicher. Das sozialistische Somalia mußte gegen die Luftpiraten von Mogadischu vorgehen. In Bulgarien wurden vier der meistgesuchten westdeutschen Terroristen verhaftet. Und Wladimir Bakaric, der Vertraute von Staatspräsident Tito, sagte mir, das Problem beginne auch den osteuropäischen Ländern zu schaffen zu machen.

Denken wir nach, ehe wir uns rühmen, zivilisierte Wesen zu sein. Wir messen mit zweierlei Maßstab, wenn wir Marschall Idi Amin auf die unterste Stufe stellen. In der Welt des Todes, in der ich gelebt habe, wäre er vielleicht ein ausgezeichneter SS-Wächter gewesen. Seine Vorstellungen wurden schließlich durch Beispiele aus unserer jüngeren Geschichte geprägt, und seine Exzesse sind nur ein Spiegelbild davon.

Die Vernichtungslager waren nicht das Werk einer rückständigen Stammesgesellschaft, sondern – mitten im 20. Jahrhundert – die kaltblütig durchdachte Erfindung eines hochzivilisierten Landes, das in der abendländischen Kultur einen wichtigen Platz einnimmt.

Ich habe aus meiner Erfahrung die Gewißheit gewonnen, daß starre Prinzipientreue und ideologische Verblendung zwangsläufig zur Katastrophe, zum Terror führen.

Wenn mein Leben einen Sinn haben soll, muß ich dazu beitragen, daß künftige Generationen nicht ähnliche Tragödien erleben. Das ist meine Daseinsberechtigung. Ich weiß und ich sage, daß wir es schaffen können. Es ist eine Frage des moralischen Willens und der geistigen Kühnheit.

Aber während diesmal wir alle bedroht sind, die ganze Menschheit, fahren wir fort, in Begriffen wie Block, Nation, Kapitalismus, Sozialismus, Unabhängigkeit, Macht und anderen trügerischen und tödlichen Konzepten zu denken, zu reden und zu handeln.

Als schützte uns die Zugehörigkeit zu einer Partei, einem Staat, einer Kirche, einer Ideologie vor der geringsten der furchtbaren Gefahren unserer Zeit oder als erlaubte sie uns, die Gefahren besser zu verstehen.

Je mehr wir entdecken, je mehr unsere Techniken sich verfeinern, um so mehr droht unsere Weltsicht, innerhalb der Grenzen jedes Staates, starr und bürokratisch zu werden. Die Wissenschaft strebt voran, und die Politik gräbt sich ein.

Der urbane Gigantismus, dessen Zeugen wir sind, ist ein bestürzendes Symbol der Inkonsequenz und Selbstzerstörung.

Warschau, dem Erdboden gleichgemacht, Hiroshima, von der Atombombe vernichtet, London, durch Luftangriffe halb zerstört, Rotterdam, Stalingrad, Brest und Dresden in Trümmern ... Aus Städten, die es wiederaufzubauen galt, sind Monstren geworden. Die großen Stromausfälle, die 1965 und 1977 New York ins Chaos stürzten, sind in Teheran oder Kairo schon fast alltägliche Pannen und blieben auch Paris nicht erspart. Die Verkehrsstockungen, in denen die Autofahrer auf den Schnellstraßen Tokios steckenbleiben, spielen sich ein paar Stunden später oder früher auf den Avenuen von Lagos oder Caracas ab.

Als die *Amoco-Cadiz* vor der Küste der Bretagne strandete und 220000 Tonnen Rohöl ins Meer liefen, zeigte sich, zum fünftenmal in weniger als zehn Jahren, wie barbarisch wir uns verhalten, ohne zu wissen, was wir dadurch zerstören. Und die nächste Ölpest wird nicht mehr von einem Zweihunderttausend-Tonner, sondern, der neuesten Mode entsprechend, von einem Fünfhunderttausend-Tonner herrühren.

Abgesehen von der Verschmutzung, die sie bewirkte, hat diese Katastrophe wieder einmal ein Licht auf die steuerlichen Manipulationen der Reeder und Unternehmer geworfen. Ein Schiff, das unter liberianischer Flagge fährt und einer panamesischen Gesellschaft gehört, die hundertprozentig im Besitz einer Gruppe ist, die ihren Firmensitz in Liechtenstein und ihr Verwaltungszentrum in London hat, und der Kapitän staatenlos – alles anonym und verschachtelt, und keiner, der verantwortlich ist. Eine sehr bezeichnende, sehr aufschlußreiche Demonstration.

Wir weigern uns, elementare Prioritäten anzuerkennen, nur um zu vermeiden, daß im Winter die Zimmertemperatur in den reichen Städten ein paar Grad niedriger ist, während im größten Teil der Welt Not und Elend wieder alltägliche Wirklichkeit werden.

Indien mit seinen 650 Millionen Menschen hat zur Zeit einen niedrigeren Ölverbrauch als die Stadt New York.

Und während sich allenthalben Experten über «Szenarios» der industriellen Energiekrise beugen, spricht kein Mensch über jene andere Energiekrise, unter der die Mehrheit der Menschen leidet: die Knappheit an Brennholz. Dieser in Vergessenheit geratene Mangel an Brennstoff zum Kochen von Essen und zum Schutz vor der Kälte quält inzwischen die Hälfte der Menschheit, auf drei Kontinenten.

Die Not der verarmten Massen wird in unserer industrialisierten, sich nur um sich selbst drehenden Welt als Fernsehschauspiel wahrgenommen, das man nach einigen Minuten der Anteilnahme wieder verdrängt.

Auf Grund meiner Erfahrungen mache ich mir schon lange keine Illusionen mehr über die Weitsicht der Regierungen.

Alle Augenblicke sind sie in ihrer Handlungsfähigkeit gelähmt. Trotzdem fahren sie fort zu spielen und so zu tun, als regierten sie.

Und der Papst als hohe moralische Instanz – wird er, wenn es ums Letzte geht, zur Stelle sein?

Pius XII. schwieg zum Völkermord der Nazis. Obwohl er alles wußte. Eine historische Gelegenheit, wie sie nur alle zweitausend Jahre kommt, bot sich ihm. Wenn ich später die halb verhungerten, kraftlosen Gestalten hinter dem Stacheldraht und den Wachtürmen wieder vor mir sah, habe ich immer gedacht, daß es seine Pflicht gewesen wäre, das Kreuz auf seine Schultern zu nehmen und vor der Welt zu erklären: «Mein Platz ist unter ihnen, ich werde ihr Schicksal teilen.»

Johannes Paul II., dessen starke Ausstrahlung heute neues Vertrauen erweckt, denkt sicherlich darüber nach, welche Rolle er, der in der Nähe von Auschwitz geboren wurde und dort lange Jahre gelebt hat, unter anderen und mit anderen wird auf sich nehmen müssen.

Ich habe schon vor langer Zeit gelernt, mein Denken nicht von Emotionen beherrschen zu lassen, meine Beunruhigung nicht mit Gefühlen zu nähren. Ich habe nicht nur die Hoffnung, daß unsere Welt die sich ankündigenden Prüfungen besteht – ich habe auch den festen Willen, dazu beizutragen.

Diesen Entschluß fasse ich erneut, als ich die ersten Anzeichen des nahenden Sturms erkenne. Es ist zugleich der Augenblick, in dem ein Teil von mir, von meiner Vergangenheit für immer dahinschwindet . . .

Ben ist nicht mehr.

Wie Nico, wie Nachman erlag auch er mit achtundvierzig Jahren einem Herzanfall.

Als Judith mich in meinem New Yorker Büro anrief, um mir zu sagen, sie habe gerade aus Melbourne erfahren, daß Ben «sehr krank» sei, hatte ich sofort das Gefühl, es sei etwas Endgültiges.

Und dann sagte sie es. Sagte mir, daß er gestorben war. Sie hatte mich schonend vorbereiten wollen auf die tragische Nachricht. Denn er war der letzte . . .

Der Gedanke, daß der Tod mich eines Tages ereilen wird, macht mir nicht zu schaffen. Ich habe schon zu lange zu nahe Beziehungen zu ihm, um ihn noch zu fürchten. Aber ich habe mich nie daran gewöhnen können, daß Menschen sterben, die mir teuer sind.

Mein Vater, der mich noch am Morgen umarmt hatte und der nicht wiederkehrte.

Meine Mutter und meine kleine Schwester Frida, die sich Hand in Hand für immer entfernten.

Nachman, der uns plötzlich verließ, ohne daß wir das in Singapur schamhaft und verlegen begonnene Gespräch fortgesetzt hätten.

Nico, der dahingerafft wurde, als wir uns nach zehn Jahren der Trennung gerade wiedergefunden hatten.

Und nun Ben, das letzte Band, der letzte Bruder, der mich noch unlängst brummig ermahnt hatte: «Vergiß nicht, deine Vergangenheit, dein Leben sind das, worauf es ankommt!»

Ich nahm das nächste Flugzeug. Sechsunddreißig Flugstunden, endlose Zwischenlandungen: Atlanta, San Francisco, Honolulu, Fidschi-Inseln, Sydney, Melbourne.

Auch diese Reise nach Australien markierte – wie die erste damals, vor dreißig Jahren – einen Wendepunkt in meinem Leben.

1947 kehrte ich Landsberg und Paris den Rücken und wartete darauf, daß Ben und Nico mir nachkamen.

1977 schloß sich der Kreis. Ben und Nico, mit denen ich überleben gelernt hatte, waren jetzt nur noch Erinnerungen eines fast achtundvierzigjährigen Mannes . . . der das Gefühl hatte, tausend Jahre alt zu sein, aber auch die Gewißheit, daß noch alles zu tun oder zu versuchen war.

Ich fuhr zum Friedhof. Bebka, seine Witwe, Paula und Molly, seine Kinder, erwarteten mich zusammen mit zahlreichen Freunden und Bekannten, die zur Beerdigung gekommen waren.

Ich betrachtete die Gesichter ringsum. Lauter Emigranten oder Kinder von Emigranten aus Bialystok. Geduldig hatten sie eine neue Gemeinschaft aufgebaut. In ihrer aller Herzen lebte die ruhige Unerschrockenheit des Überlebenden von Auschwitz: Ben.

Meine Bande zu ihm waren Blutsbande. Uns verband das Blut des Holocaust. Das Blut der Hoffnung. Wenn ich Hunger hatte, hatte er Hunger. Als man mich schlug, empfand seine Haut die Schmerzen. Als wir unseren Henkern entkamen, war es Seite an Seite, im selben Kugelhagel.

Als wir nach dem Krieg im zerstörten Deutschland umherirrten, taten wir es zusammen. Als wir dank Australien wieder entdeckten, daß das Leben einen Sinn hatte, waren wir immer noch zusammen.

Ich hatte zu lange geglaubt, wir seien unsterblich und ich würde eines Tages die Zeit finden, zu ihm zu reisen und ihm in Muße zuzuhören.

Jetzt weiß ich, daß es nicht so sein wird. Vom anderen Ende der Welt zu seinem Begräbnis gekommen, bestatte ich mit ihm einen Teil meiner selbst.

Was mir nun noch zu tun bleibt, schwebt mir erst skizzenhaft vor.

Das, womit meine Mutter mich betraute, als sie mir zum zweitenmal das Leben schenkte, ehe sie in den Tod ging.

Das, was die Millionen Märtyrer des Holocaust hinterließen, den niemals verjährenden Befehl an die wenigen, die überlebten: «Nie wieder!»

Dieser Befehl lebt in mir.

Es ist der Befehl, dazu beizutragen, daß über die Kräfte der Zerstörung, der Vergiftung und des Todes, die vor meinen Augen Menschen ohnmächtig und wahnsinnig machten, bereit, sich in den Tod zu stürzen – daß über diese Kräfte die Hoffnung triumphiert.

Dir, Ben, will ich sagen: Die Hoffnung, deine Hoffnung, die Hoffnung all derer, die alle Kreuzzüge und jeden Fanatismus aus Achtung vor dem Leben verabscheuen, wird leben – ich verspreche es dir.

Der ganzen Welt, allen stolzen und trügerischen Zitadellen werde ich verkünden, daß wir beide, du und ich, erlebt haben, wie der Mensch alles besiegt, wenn er den Mut hat, nicht zu verzweifeln.

Ben, ich gehe wieder an die Arbeit.

Epilog
Die Hoffnung

15

Niemand würde mir heute meine Vergangenheit ansehen. Keine sichtbare körperliche oder seelische Narbe deutet darauf hin. Ich spreche mit ruhiger Stimme, ich fühle und bewege mich völlig ungezwungen in meiner beruflichen wie in meiner privaten Umgebung.

Was ich durchlebt und durchlitten habe, erleichterte mir vieles und bewahrte mich vor den künstlichen Komplikationen und Spannungen, die auf den meisten Menschen, die ich kenne, lasten. Die Geschichte hatte mich einst in ihren Strudel gezogen, der mich später wieder ausspuckte – weit, weit weg von meinen Wurzeln. Seither hatte ich in den unterschiedlichsten Ländern und Kulturen gelebt, und wenn ich heute an meine Kindheit zurückdenke, kommt es mir manchmal so vor, als gehörte sie einem anderen . . .

Aus dem schwachen Funken Leben, den der kleine Junge sich in den Tiefen des Infernos bewahrte, ist eine Flamme geworden, die nicht mehr zu erlöschen droht. Ich bin wieder von einer glücklichen Familie umgeben, und so sehe ich jeden Tag Menschen, die ich liebe und die mir jene ersetzen, die sich einst zum letztenmal um das von meinem Vater entzündete

Feuer versammelten, um Abschied zu nehmen . . . ein so naher und zugleich so ferner Tag!

Als meine Mutter mich von sich stieß, in die brutalste aller Erwachsenenwelten, als sie diesem Impuls folgte, der mir das Leben rettete, gab sie mir eine heilige Pflicht mit auf den Weg.

In der Zeit nach dem Krieg begriff ich zunächst, daß ich die Aufgabe hatte, als lebendes Band zwischen meinen toten Angehörigen und meinen in verschiedenen Teilen der Welt verstreuten Anverwandten zu dienen.

Auch über den Weg, den ich einzuschlagen hatte, gab es keinen Zweifel: eine moralische und geistige Wiedergeburt war die einzige Antwort – die einzige Möglichkeit, wie ich auch als einzelner Mensch Rache nehmen konnte für den Mord an meinem Volk.

Dann, im Lauf der Jahre, fühlte ich mich der menschlichen Gemeinschaft immer mehr verbunden und machte es mir zur Aufgabe, an der Errichtung eines wahren Friedens mitzuwirken, denn ich erkannte, daß die Schrecken, die ich erlebt hatte, die Welt von neuem heimsuchen könnten.

Diese Aufgabe beschäftigte mich schließlich ständig, mehr noch als meine beruflichen und freundschaftlichen Verpflichtungen.

Es ist eine alte Weisheit, daß man die Wunden der Vergangenheit nicht wieder aufreißen soll, wenn man das Glück im Leben gefunden zu haben glaubt. Ich hatte mich strikt an diese Regel gehalten. Ich hatte an das alte Sprichwort geglaubt, das besagt, die Tinte des Gelehrten sei am Ende wichtiger als das Blut des Märtyrers.

Und doch, während ich beobachtete, wie die Welt immer schneller auf neue Katastrophen zusteuerte, wurde ich von einem Elan gepackt, der mich bewog, einige Lektionen der Vergangenheit genauer zu dechiffrieren: ich wollte damit –

soweit es in meinen Kräften stand – dazu beitragen, einen neuen, diesmal endgültigen Untergang zu verhindern. Daher dieses Buch.

Als ich es schrieb, veränderte ich damit abermals den geregelten Lauf meines Lebens – vielleicht sogar für immer.

Ich wollte diesen Bericht nicht wie eine wohlgesetzte Rede für eine Konferenz abfassen, nicht wie ein Buch über juristische und wirtschaftliche Fragen, mit denen ich durch meinen Beruf vertraut bin, und auch nicht wie ein mit den Erkenntnissen großer Denker angereichertes Werk. So kann man nicht richtig schildern, was ich in meiner Wirklichkeit aus Fleisch und Blut erlebt habe: den absoluten Verfall einer Zivilisation, den Untergang, den ich mit meinen Kinderaugen sah.

Es ging also darum, die gestern am eigenen Leib erlebte Geschichte und die heutigen Herausforderungen miteinander zu verbinden und jene Stimme wiederzufinden, von der Ben befürchtet hatte, daß ich sie im Umgang mit hochgestellten Persönlichkeiten – in Australien, in Amerika oder in Europa – verloren hätte. Ich mußte heraus aus der kultivierten Welt, wo man alles nur andeutungsweise sagte und wo die Verhaltensregeln und die Begrenztheit der zulässigen Themen mich tatsächlich von den tiefen Gemütsbewegungen entfernten, die ich einst kennengelernt hatte, als ich, ein Junge, in Leid und Kummer gestürzt, es wagte, Gott zu fluchen und mich in meiner Unschuld auf eine Stufe mit ihm zu stellen, um gegen das Verhängnis anzukämpfen.

Wenn ich an die Zeit zurückdachte, die seit dem Sommertag vergangen ist, an dem alles, was ich gewesen war, und alles, was ich liebte, in Fetzen ging, an dem ich sah, wie eine Welt zusammenbrach, spürte ich, daß ich jetzt entweder schweigen oder bis an die Grenze des Möglichen gehen mußte, um die Schrekken zu beschwören, die unsere Zukunft zu zerstören drohten.

Diese tief in mir wurzelnde Sorge wird durch die Analyse der sich häufenden Probleme genährt, und sie wird auch verstärkt durch jenen sechsten Sinn, der mir bei meinem Kampf ums Leben so gute Dienste geleistet hatte.

Die Vorstellung von einem «globalen Auschwitz» ist alles andere als ein metaphorisches Schreckgespenst. Das, was ich spüre, ist sehr viel konkreter. Die allgemeine Zusammenhanglosigkeit, die Erschlaffung, die ich registriere, erinnern mich an die Schwäche, die Gleichgültigkeit und die Feigheit, an denen einst meine Welt zugrunde ging. Mir scheint, sie lähmen die Verantwortlichen, die Entscheidungen treffen müssen und nur einen beängstigend kleinen Spielraum haben.

Die Angst ist um so erdrückender, als die Lösungen keinen «politischen» Bezug zu den Problemen haben, die uns vor vierzig Jahren beschäftigten. Die heutige Lage erfordert eine ganz andere Analyse und sehr viel differenziertere Maßnahmen.

Im Europa der dreißiger Jahre war das Übel klar erkennbar. Das gleiche galt für die Maßnahmen, die nötig waren, um ihm entgegenzuwirken. Heute ist die Welt völlig verändert. Wenn wir uns zu sehr nach den Erfahrungen der Vergangenheit richten, begehen wir gravierende intellektuelle und strategische Fehler.

Wenn eine Krise ausbricht, versuchen die verantwortlichen Politiker immer und vor allem anderen, einen Sündenbock im eigenen Land oder aber eine äußere Bedrohung zu finden, um ihre Ohnmacht zu rechtfertigen.

Diesmal sind solche Alibis ausgeschlossen: der Feind ist in jedem von uns.

Es handelt sich um unsere Unfähigkeit zu einer gemeinsamen Willensbildung und um unsere Unfähigkeit, neue Instrumente zu erfinden, die es uns erlauben würden, die wirklichen globalen oder lokalen Probleme, sei es im Osten oder im Westen, im Norden oder im Süden, in Angriff zu nehmen – in einer Welt, die nicht mehr und nicht weniger als *eine* Welt geworden ist.

Dies alles sind klar zutage liegende Tatsachen, aus denen es jetzt Konsequenzen zu ziehen gilt.

Wir müssen wissen, ob wir es schaffen werden, die lähmende Angst zu besiegen, die Furcht, die uns das Unbekannte an den Kräften einflößt, denen wir uns entgegenstellen müssen, und ob wir den leidenschaftlichen, animalischen Willen wiederfinden, zu überleben und zu siegen – das Blut der Hoffnung. Dieser Wille ist schon immer die Grundlage des Lebens gewesen, aber unsere Gesellschaften genossen einige Jahrhunderte lang das Privileg, sie vergessen zu können. Sie haben mit Leichtigkeit eine passive Welt beherrscht und ausgebeutet. Diese Frist ist nun zu Ende.

In einer Welt, in der zahllose Menschen immer noch ohne Recht auf Arbeit, ohne Recht auf Gesundheit, ohne Recht auf Bildung und sogar ohne Recht auf Nahrung leben und ihre Lage um jeden Preis verbessern wollen, wird die Ordnung unserer Wertbegriffe und Prioritäten nie wieder dieselbe sein wie früher.

Niemand wird im Ernst behaupten, daß diese Menschen, denen es selbst am lebensnotwendigen Minimum fehlt – oder daß wir, wären wir in einer vergleichbaren Lage –, nicht bereit wären, willig jede Freiheit und alle Grundrechte hinzugeben für ein bißchen Essen, das es ihnen erlauben würde, noch einen Tag länger zu leben. Ich habe gesehen, ich habe erlebt, wie ein Mensch, ein ausgezehrtes Kind, vom Hunger gequält, vor einem Glas Milch oder einem winzigen Stück Brot kapitulierte.

Wenn unsere Gesellschaft nicht den Mut hat, die Reformen in die Wege zu leiten, die notwendig sind, um die Antagonismen zwischen den Klassen, Generationen, Geschlechtern, Rassen, Regionen zu beseitigen, werden wir eines Tages in eben dem Archipel von Lagern enden, dem es mit allen Mitteln zu entkommen gilt.

Wir spüren sie, wir sehen sie, die unendlich komplexen Gefahren, die Schwäche der Systeme, die Lächerlichkeit der universalen Wahrheiten . . . Kann man bei der Betrachtung dieser zerrissenen Welt versuchen, das Problem ein bißchen besser einzukreisen, um voranzukommen? Ich glaube es.

Wenn man sich mit düsterem Ergötzen begnügt angesichts dessen, woraus eine globale Krise ohnegleichen werden kann, die alle menschlichen Kräfte übersteigt, dann ist man von ihr gebannt, gelähmt, vernichtet – und das bedeutet: Kapitulation.

Aber das Universum ist nicht so simpel, und zunächst einmal geht es darum, Klarheit zu schaffen: zu verstehen und verständlich zu machen.

Wenn man zum Beispiel sagt, dem Angriff der «industrialisierten Welt» stehe die Masse der zahllosen «unterentwickelten Länder» gegenüber, und diese brutale Konfrontation sei das «unerbittliche und unfaßliche» Merkmal unserer Epoche, dann macht man durch diese Vereinfachung jede Wahrnehmungsfähigkeit zunichte. Die Welt ist nicht so.

Künftig werden fünf verschiedene Parteien am großen Spiel beteiligt sein: Asien, der Nahe Osten, die UdSSR, Amerika und Europa. Wenn man ihre Stärken und Schwächen genau unterscheidet und die unmittelbarsten Gefahren einkreist, hat man das Aktionsfeld und die Möglichkeiten bestimmt.

Das beherrschende Phänomen ist der Aufschwung Asiens. Die beispiellose Fähigkeit Japans, zu entdecken, zu erfinden, zu verändern, zu organisieren, zu managen und zu erobern –

über den Preis wie auch über die Qualität –, hat inzwischen auf alle Märkte ihre Wirkung ausgeübt.

Außerdem ist Japan durch die stetige Ausdehnung seines Handelsnetzes über die anderen Länder Asiens – Korea, Taiwan, Singapur, die Philippinen, China – in kurzer Zeit eine industrielle Großmacht ohnegleichen geworden. Wir beginnen seine im Moment unwiderstehliche Kraft in allen unseren Industrien, in allen unseren Städten, auf allen unseren Märkten zu spüren.

Diejenigen, die sich zu ihrer eigenen Beruhigung einreden möchten, diese Konkurrenz ziele nur auf die «traditionellen Industrien» ab (Textilien, Schiffbau, Eisen, Elektrogeräte), sind um mehrere Jahre zurück. Diese Illusion einer Überlegenheit hat keinerlei Fundament mehr. Es gibt heute keine Technologie, keine bedeutende Industrie, die die ungeheure asiatische Maschinerie, die zwar auf Massenproduktion beruht, gewiß, aber doch an erster Stelle auf Intelligenz und Methodik, nicht beherrschen könnte. Es ist eine totale Herausforderung.

Das zweite bedeutende Phänomen der neuen Weltwirtschaft resultiert aus dem Brodeln in der islamischen Welt, der systematischen Nutzung des Ölreichtums und dem Wiedererwachen einer tausendjährigen religiösen Leidenschaft. Dadurch entstehen im Nahen Osten und allen seinen Einflußzonen mächtige Zentren, die ihre eigentliche Bedeutung erst noch erlangen werden.

Soweit die erste Reihe. Die schöpferische Kraft Asiens, die Mobilisierung des arabischen Reichtums dominieren. Gewiß, beide Regionen sind nach wie vor militärisch verwundbar. Aber welchen Sinn hätte ein militärisches Vorgehen gegen sie? Wollen wir die Flammen des Islam mit Panzerdivisionen ersticken oder die Fortschritte Asiens mit Bomben bremsen? Wir, die wir noch nicht einmal für Hiroshima gesühnt haben?

Bleibt die Sowjetunion, riesig, unermeßlich reich an Bodenschätzen, bis an die Zähne bewaffnet, ein unbezwingliches Land, dessen Absichten rätselhaft bleiben und das mit einem starren bürokratischen und ideologischen Apparat gepanzert ist.

Bleiben die Vereinigten Staaten, die nach den demütigenden Folgen einer unüberlegten Verzettelung ihre Kräfte sammeln und immer noch das Land sind, das auf allen Gebieten am besten organisiert und versorgt ist, das reformfreundlichste und nunmehr kriegserfahrenste Volk, die am weitesten fortgeschrittene Gesellschaft.

Und schließlich Europa. Von all diesen untereinander verbundenen Welten ist Europa die gefährdetste, die verwundbarste und die am stärksten geschwächte. Entweder es wird der Boden aller Psychosen der Geschichte, oder es wird der neue Rahmen für unser aller Überleben. Hier liegt der Kern des Problems. Für Europa und für die Welt.

Westeuropa ist heute zwar noch die erste Industrie- und Handelsmacht – aber fast ohne Ressourcen, ohne Rohstoffe, die nicht importiert werden müßten. Außerdem ist es für die anderen der wichtigste Absatzmarkt und der wichtigste Handelsplatz. Und strategisch gesehen ist es der entscheidende Einsatz im großen Spiel.

Dieses Europa ist von einem Kräfteverfall bedroht. Überflüssig, noch einmal seine Industrien aufzuzählen, die zum Untergang verurteilt sind, und diejenigen, die es in drei, fünf oder zehn Jahren sein werden: sie sind es alle. Nichts von dem, was Europa heute macht, könnte nicht bald anderswo besser oder billiger gemacht werden. Das ist die nackte Wahrheit.

Was die Europäer zur Zeit erleben, ist erst ein Vorspiel. Das ganze Ausmaß der Gefahr wird von einem Tag zum andern offenbar werden, und noch ehe sich die Auswirkungen in der

Schließung von Fabriken und in einem allgemeinen Stillstand bemerkbar machen, werden in der Angst vor dem Morgen der Haß zwischen den Rivalen, die verzweifelte Sorge um die Zukunft der Kinder und die gesellschaftliche Auflösung beginnen, die die Wiege unserer Zivilisation zerstören könnte.

London, Rom, Paris, Athen, Berlin, Madrid, Wien und so viele andere Zentren der Geschichte. Weiß man, wie nahe diese Städte dem Niedergang bereits sind?

Wenn wir den Dingen ihren Lauf lassen, werden diese großen Stätten des Geistes und der Macht eines Tages Elendsquartiere sein. Wir sollten uns genau darüber im klaren sein, was eine solche Kapitulation vor einer unheilvollen Entwicklung bedeuten würde: den Belagerungszustand . . .

Denn eine unvorbereitete, nicht solidarisch ertragene Verarmung, die nicht geplant wurde, um eine Wiedergeburt zu ermöglichen, führt zum Untergang und zur Diktatur. Zuerst in Europa, das sich erneut aufgeben würde. Dann aber auch, unter der Wucht der Schockwellen, überall sonst.

Der Kräfteverfall Europas würde Amerika heftig in Mitleidenschaft ziehen: Belagerungszustand.

Das Ende Europas als Macht würde bedeuten, daß China und das übrige Asien dem sowjetischen Waffenarsenal allein gegenüberstünden: Belagerungszustand.

Das Ende Europas als ein Zentrum kultureller Ausstrahlung sowie politischen und wirtschaftlichen Einflusses würde die weiten Räume Afrikas, Südamerikas und Ozeaniens in Dschungelgebiete verwandeln: Belagerungszustand.

Schließlich würde das sowjetische Imperium der unwiderstehlichen Versuchung erliegen, sich den höchsten Einsatz – Europa – zu sichern. Das würde eine verstärkte Militarisierung, zur Eroberung und zum Schutz, bedeuten: Belagerungszustand.

Wenn ich über die große Verantwortung der Europäer nachdenke, zu denen ich zurückgekommen bin, um mit ihnen zu leben und zu kämpfen, werde ich jedesmal von der Vision bedrängt, die ich damals bei meiner ersten und einzigen Rückkehr nach Auschwitz hatte: wie sie da alle aufgereiht standen, in der gestreiften Häftlingskleidung, um markiert, selektiert, unschädlich gemacht und ausgemerzt zu werden – alle diejenigen, die dachten und glaubten, die ewigen Sündenböcke, die jede Diktatur braucht: die Juden selbstverständlich, wie immer, alle Minderheiten, die Gewerkschafter, die Gelehrten, die Künstler, die Dissidenten . . . Der Belagerungszustand erfordert – hier und überall – die Eliminierung aller, die nicht blind und automatisch gehorchen. So wird es immer sein. Es ist das Recht und die Willkür des Staates, dem der Belagerungszustand alles erlaubt.

Diese Vision verfolgt mich, weil sie nicht etwa eine Utopie ist, sondern gleichsam in der Natur der Dinge liegt – Unordnung, Fanatismus, Kapitulation –, die sich vor unseren Augen abspielen . . . Da ist der Feind: die Endlösung.

Dieser Feind ist in uns, wie das Aufschrecken in uns sein sollte.

Realismus ist die einzige Rettung. Daß das Grauen unter uns, in unserer Seele lebt, ist in Wahrheit unsere Chance. Aus dem Blut des Holocaust muß die Hoffnung auf Zukunft werden. Sonst wäre es vergeblich geflossen.

Im Mittelpunkt all dieser Verkettungen steht das hemmungslose Wettrüsten – zu dieser dominierenden Schlußfolgerung bin ich jedesmal wieder gekommen. Das Wettrüsten ist im Begriff, unsere Gesellschaften in einem Augenblick zu zerstören, in dem alle Ressourcen für die schwierige Lösung unserer wirklichen und täglichen Probleme verwendet werden müßten.

Die Sowjetunion und die Vereinigten Staaten, Algerien und Marokko, Araber und Israelis und viele andere «Rivalen» sind in dem gleichen Teufelskreis gefangen, in dem sie sich gemeinsam erschöpfen. Die einzige Frage scheint zu sein, wer wohl zuerst ausbluten wird.

Angesichts der Anhäufung thermonuklearer und konventioneller Waffen wirken die endlosen und undurchschaubaren Verhandlungen über die Begrenzung der strategischen Waffensysteme – trotz gelegentlicher marginaler Vereinbarungen – wie Theaterproben. Das einzige, was unentwegt Fortschritte macht, ist der Aufschwung, der Wettbewerb der Rüstungsindustrien.

Erinnern wir uns an eine bezeichnende Episode, die sich vor fast zwanzig Jahren, zu Beginn der so vielversprechenden Präsidentschaft John F. Kennedys, abspielte. Sie veranschaulicht die Art und Weise, wie unsere Gesellschaften die heimtükkischste aller unserer Bedrohungen selbst ausgebrütet haben.

Kurz nachdem er Robert McNamara zu seinem Verteidigungsminister berufen hatte, bat der neue Präsident ihn, so schnell wie möglich einen Bericht darüber auszuarbeiten, wie er, Kennedy, sein Wahlversprechen einhalten könne, den Vorsprung einzuholen, den die Sowjetunion gegenüber den USA auf dem Gebiet der Atomraketen gewonnen habe. Es handelte sich um die berühmte «Raketenlücke».

Zu seiner Überraschung entnahm Kennedy dem Bericht McNamaras, daß die «Raketenlücke» niemals existiert hatte . . . Daß die Vereinigten Staaten mit ihren 500 Interkontinentalraketen gegenüber der Sowjetunion im Vorsprung waren und über die Mittel verfügten, die UdSSR mehrfach zu zerstören.

Aber er las auch – in demselben Bericht –, daß die Stabschefs der drei Truppengattungen einen massiven Ausbau dieses Waffensystems auf 3000 Raketen forderten, «um vollständiger die nationale Sicherheit zu gewährleisten».

Abschließend empfahl McNamara dem Präsidenten in seinem Papier, die Schwelle des amerikanischen Arsenals auf 900 Raketen anzuheben.

«Aber warum müssen wir Riesensummen ausgeben, um neunhundert Raketen zu haben», fragte Kennedy, «wenn wir die Sowjetunion mit den vorhandenen fünfhundert schon mehrmals vernichten können?»

«Das eigentliche Problem», erwiderte McNamara verdrossen, «ist nicht die Logistik des Konflikts mit der Sowjetunion. Wenn ich neunhundert Raketen empfehle, dann deshalb, weil dies das absolut notwendige Minimum ist, um mit unserem Generalstab in Frieden zu leben . . .»

Ich kann mir gut vorstellen, daß ähnliche Erwägungen auch im Kreml jede konstruktive Politik lähmen.

Nur ist eben dieses Wettrüsten zwischen Amerika und der Sowjetunion die unmittelbarste Gefahr – die Gefahr, die alle anderen nach sich zieht.

Nicht daß ein Atomkrieg unvermeidlich wäre. Die riesigen Arsenale auf beiden Seiten sind in Wirklichkeit unbrauchbar. Es geht um etwas anderes: sie verschlingen – durch tausend bekannte und unbekannte Kanäle – unsere kostbaren und knappen Ressourcen, sie absorbieren die Energie und das Talent unserer besten Forscher, Wissenschaftler und Techniker, die wir an anderen Entwicklungsfronten so verzweifelt brauchten.

Wenn es uns nicht gelingt, dieser absurden Rivalität ein Ende zu machen, werden wir bald alle nur noch Feinde und Verbündete sein, unfähig, uns endlich ernsthaft mit den wirklichen Herausforderungen auseinanderzusetzen, die eine ohnmächtige Menschheit bedrohen: die Armut der Dritten Welt, die Verschmutzung der Biosphäre, die Begrenztheit unserer natürlichen Ressourcen, die Auflösungserscheinungen in unseren Wirtschafts- und Währungssystemen, die Schwäche der internationalen Institutionen, das Fehlen von Gesetzen, die es erlauben würden, die globalen Probleme anzupacken . . . Ohne eine wirkliche und schnelle Entspannung, ohne ein gezieltes, systematisches Eindämmen der Konfrontation zwischen Ost und West, die überall in der Welt die Spannungen verschärft, werden wir in eine Spirale gegenseitiger Provokationen und wilder Wirtschaftskämpfe, des politischen Terrorismus und des sozialen Chaos geraten.

In Amerika und Europa glauben viele Menschen, vor denen ich großen Respekt habe, nach wie vor, daß der sowjetische Imperialismus die größte Bedrohung sei.

Ich kann diese vereinfachende Sicht der Dinge jedoch nicht teilen.

Es fällt mir schwer, dieses Land und dieses Volk, das im Kampf gegen Hitler soviel Blut geopfert und soviel Heldenmut bewiesen hat, einfach mit Feindseligkeit oder gar Haß zu betrachten. Ich kann den jungen russischen Soldaten nicht vergessen, der, schon am Galgen, seinem Henker noch mit einem verzweifelten Fußtritt das Kinn zerschmetterte.

Ich bin mir durchaus der besorgniserregenden Ausweitung der militärischen Macht der UdSSR auf den Kontinenten und Ozeanen der Welt bewußt. Aber ich weiß aus eigener Erfahrung, daß die Ideologie, auf die ihre Führer sich immer noch berufen, schon seit langem, in ihren eigenen Augen, ihre Glaubwürdigkeit und ihr Charisma verloren hat. Gibt es heute noch einen Revolutionär, einen Philosophen, vor allen unter denen der jüngeren Generation, der dem sowjetischen System Modellcharakter beimißt?

Was bleibt, ist eine sich haltende Machtstruktur, die im

Augenblick noch zu sehr in ihrer Bürokratie verwurzelt ist, um sich realistisch mit den Problemen zu befassen, die dem Wohl des Volkes im Wege stehen, für das auch sie zu sorgen haben – vor allem anderen.

Sechzig Jahre nach der Oktoberrevolution ist die Heimat des Kommunismus noch nicht imstande, ihre Industrie und ihre Landwirtschaft auf einen Stand zu bringen, der dem unter einer scheinbar unüberwindlichen Kargheit leidenden Volk eine gewisse Lebensqualität garantiert.

An den äußeren Fronten, im Fernen Osten wie im Westen, ist die Sowjetunion kaum weniger verwundbar, denn die Situation ist dort noch komplizierter.

Wenn die sowjetische Militärgefahr existiert, so wurde sie auch durch die Psychose erzeugt, die eine Folge der wiederholten Invasionen im Lauf der Jahrhunderte ist. Diesen gordischen Knoten durchzuhauen und ein anderes Klima zu schaffen – da ist die Hoffnung. Der Dogmatismus, die verschlossenen Gesichter, denen ich mich bei der Konferenz in Kiew gegenübersah und die sich dann in Babi Jar plötzlich verwandelten – ich erinnere mich an jeden Augenblick dieser schwierigen und aufschlußreichen Episode.

Wir müssen wählen.

Entweder wir finden uns ab mit der ständigen Verschärfung der Konfrontation, wie Solschenizyn es mit seiner ganzen moralischen Autorität zu tun scheint, oder wir bemühen uns mit allen Risiken und Ungewißheiten eines solchen Unterfangens um eine wirkliche Koexistenz, die uns zu einem dauerhaften modus vivendi mit einer Militärmacht führt, die wir, darüber besteht kein Zweifel, nicht mehr eliminieren können, ohne uns gleichzeitig selbst zu eliminieren.

Die richtige Antwort auf totalitäre Bedrohungen, mit denen es in den dreißiger Jahren Staatsmänner wie Chamberlain und

Daladier zu tun hatten, war ziemlich einfach. Sie bestand in dem Mut, den Drohungen entgegenzutreten – und ihnen rechtzeitig entgegenzutreten.

Heute ist alles anders. Es geht nicht mehr darum, Mut zu beweisen angesichts des thermonuklearen Kriegs. Es geht darum, erfinderisch zu sein. Die Sowjetunion wird sich militärischer Gewalt – oder ihrer Androhung – nicht beugen.*

Für den Westen ist das ein politischer Imperativ, der zu einem Zustand der Koexistenz führen müßte, wie er für die Lösung der drängenden globalen Probleme unerläßlich ist.

Die Sowjetunion kann künftig nur noch durch enge wirtschaftliche Verflechtungen mit der übrigen Welt «erobert» werden. Eine zunehmende Beachtung der Menschenrechte wird, davon bin ich fest überzeugt, die unumgängliche Folge einer solchen Integration sein.

Wenn es noch eines zusätzlichen Beweises bedürfte, daß eine Politik der Konfrontation gar keine oder negative Wirkungen hat, findet man ihn in der Geschichte der letzten zwanzig Jahre.

Es war die Zeit, in der das mächtige Amerika, das durch seine wirtschaftliche und militärische Überlegenheit die Welt so eindeutig beherrschte, auf allen Kontinenten versuchte, die Sowjetunion zurückzudrängen. Das Ergebnis? Eine Serie von Fehlschlägen, die schließlich sogar Amerikas Vitalität bedrohten: Kuba und die Kriege in Afrika, Vietnam und die Schwä-

* Ende Dezember 1978 bestätigte Andrej Sacharow auf eine erneute Anfrage hin in noch kategorischerer Form die Antwort, die er mir bei unserem Austausch 1973 gegeben hatte: «Ich denke, daß die Aufgabe, die Gefahr der Auslöschung der Menschheit durch einen thermonuklearen Krieg zu reduzieren, absoluten Vorrang hat . . . Die Frage des Abrüstens muß von allen anderen Fragen losgelöst werden.»

chung in Asien, der Iran und die Isolierung der Bastionen am Persischen Golf. Ein einzelner alter Mann mit Turban und einer Aktenmappe war in der Lage, die viertgrößte Armee der Welt mitsamt ihrer modernen, kostspieligen Militärmaschinerie außer Gefecht zu setzen.

Wenn dies die Bilanz der intensiven Nutzung *kriegerischer* Waffen ist, dann wird es höchste Zeit, die *anderen* zu erproben – ausgehend von einem besseren Verständnis unserer wirklichen Interessen.

Schon vor zehn Jahren bezeichnete ich diese anderen Waffen als «die Waffen des Friedens». Heute, nach so vielen, meist unvorhersehbaren Ereignissen, nach so vielen Enttäuschungen und Rückschlägen, die mich zum Aufgeben hätten bewegen können, habe ich immer noch dieselben Überzeugungen. Der Frieden und die Entspannung können nur durch diese Waffen gewährleistet werden.

Wir leben in einer historischen Periode, die neu ist im Vergleich zu allen vergangenen Jahrhunderten.

Man mag sehnsüchtig an die Heldentaten der großen Eroberer zurückdenken, an Kyros II., der das persische Reich gründete, Alexander, der den Orient eroberte, Cäsar und die römischen Legionen, Dschingis-Khan, Isabella von Kastilien, Napoleon und all die anderen, die in unseren Geschichtsbüchern verherrlicht werden, weil sie angeblich ihre Völker zum Gipfel des Ruhmes, in Wahrheit aber zur Schlachtbank führten. Aber wenn wir diese heroische und verklärte Vergangenheit erst einmal beschworen haben, werden wir um so besser erkennen, daß Europa heute ohnmächtig ist, daß China vor allem mit seiner inneren Entwicklung beschäftigt ist und daß Amerika nach dreißig Jahren der Verantwortung für eine Welt, die unter dem Druck der neuen, unvorhergesehenen Kräfte rissig wurde, am Rande seiner Kräfte ist.

Bleiben noch eine Militärmacht, eine Waffenkammer, die nach wie vor Expansionsbemühungen gewidmet zu sein scheinen: die des sowjetischen Imperiums. Ich habe den Eindruck, daß es, selbst wenn es den Ehrgeiz hätte, nicht die Mittel besitzt, die Welt zu beherrschen. Aber lassen wir Gefühle und Überzeugungen beiseite: wir müssen wählen.

Entweder wir bewegen die UdSSR dazu, ihre Ressourcen, ihren Reichtum und ihre Menschen für Eroberungs- oder Verteidigungsinstrumente einzusetzen – mit dem Hintergedanken, daß sie sich dabei verausgaben wird und daß wir Zuschauer bleiben, im geschützten Abseits.

Oder wir tun im Gegenteil alles, um der Sowjetunion zu helfen, daß sie ihre wahren Interessen begreift, daß sie die Ressourcen, die sie besitzt, anders verwendet und die menschlichen Probleme anpackt, die dort wie bei uns die Zukunft bestimmen werden.

Wir müssen wählen.

Zu den komplexen Problemen, die wir begreifen und lösen müssen, kommt noch etwas hinzu: Jedes Land kann heute nur noch auf sich selbst zählen.

Damals, als meine Mutter von ihrer festen Überzeugung sprach, selbst wenn Europa nichts gegen seinen Zusammenbruch tue, würde es eines Tages von Amerika gerettet werden – «God bless America» –, äußerte sie eine weitverbreitete Überzeugung, die auch bei den Überlegungen der Verantwortlichen dominierte. Damals gab es tatsächlich ein großes, allmächtiges, reiches und großherziges Land, das schneller als jedes andere Truppen nach Ost und nach West entsenden konnte, damit sie die furchterregenden Militärmaschinerien des «Führers» und des japanischen Mikado besiegten.

Und das war letztlich wohl auch das Motiv des europäischen

Bürgers, der mich kürzlich in meiner Kanzlei aufsuchte und mich bat, ihm zu einem ständigen Einreisevisum in die USA zu verhelfen – «für den Fall, daß . . .» Immer der Mythos vom letzten Schiff.

Doch schon seit einiger Zeit ist der «amerikanische Regenschirm» nur noch ein Vorwand, mit dem man sich vor dem Entschluß drückt, selber den Gefahren der Welt entgegenzutreten.

Die Vereinigten Staaten, die heute wie jede andere Nation von ernsten inneren Problemen geplagt werden – Inflation, Arbeitslosigkeit, Währungsunsicherheit, Bankrott der Städte –, haben nicht mehr die Mittel, ihr weltweites Engagement aufrechtzuerhalten, selbst wenn sie es noch wollten. Im Grunde haben die Amerikaner keinen größeren Wunsch, als sich der zahllosen internationalen Verpflichtungen zu entledigen, die sie in so viele Demütigungen geführt haben. Sie möchten sich endlich den menschlichen Problemen zuwenden können, denen, die sie unmittelbar betreffen.

Das ist die Art und das Tempo der Geschichte, deren Zeugen wir sind: es hat nicht einmal zwanzig Jahre gebraucht, um die unangefochtene wirtschaftliche und militärische Vormacht in diese Rückzugssituation zu bringen.

Ich erinnere mich noch, wie ich, nur wenige Meter von John F. Kennedy entfernt, die leidenschaftliche Rede hörte, die der neue Präsident bei seinem Amtsantritt im Januar 1961 hielt. Die ganze Welt war hingerissen.

Ein junger Politiker der neuen Generation, durch seinen Stil, seine Sprache, seine Energie das Symbol des aufstrebenden Amerika, mobilisierte die Kräfte und Fähigkeiten seiner Mitbürger, um sein Land zu beispielhafter Höhe zu führen.

Seiner innersten Überzeugung nach bestand die erste Priorität für die Vereinigten Staaten darin, ihre Politik zu reinigen, jeden einzelnen Bürger verantwortlich zu machen, die zwischenmenschlichen Beziehungen im Land zu verbessern und die Solidarität zu stärken. Welche Tragödie, mitanzusehen, wie die militärische und administrative Bürokratie das Land daran hinderte, diese Ziele zu erreichen, und welch ein trauriges Schauspiel, wie es seine Kräfte und seine Fähigkeiten verschwendete . . .

Dasselbe Amerika, das einem aufgeklärten, an Roosevelt erinnernden Präsidenten zum Ruhm folgen wollte, landete schließlich überall in einer Sackgasse.

Sein eigener Bruder, der sein engster Mitarbeiter gewesen war, leitete nach der tragischen Ermordung des Präsidenten eine radikale Umstellung ein und begriff als erster, wie notwendig es war, die Prioritäten neu zu setzen und sich den inneren, den wahren Problemen zuzuwenden. Er wurde ebenfalls ermordet. Die postume Botschaft Robert Kennedys ist nach und nach das Fundament der amerikanischen Politik geworden.

Dadurch wurden etliche Völker, die Kambodschaner, die Libanesen, die Israelis und viele andere, zu Waisen ohne Schutz von außen. Und überdies sind die politischen Führer überall, jedenfalls in meinen Augen, oft nicht viel mehr als unerfahrene Jünglinge, denen man lange Hosen angezogen hat.

Die heutige Welt, die so völlig neu zu sein scheint, ist mir irgendwie sehr vertraut. Ich habe eine ganz bestimmte, aus meiner Erfahrung herrührende Vorstellung davon, was ihre Führer und ihre Bürger im gegenwärtigen Stadium an Mut, an geistiger Kraft und an Entschlossenheit brauchen, um nicht zu «Muselmännern» zu werden, die der nächsten Selektion zum Opfer fallen.

Die Welt muß sich zunächst einmal von den Klischees und

Dogmen befreien, die immer noch dominieren, obwohl sie anderen Zeiten angehören. Dann wird sie mit ihrer Intelligenz und ihrer Kreativität auch die Mittel entdecken, um in dem Kampf gegen die Kräfte des Unbekannten, deren ganze zerstörerische Gewalt wir erst zu ahnen beginnen, zu siegen.

Diese Anstrengung, auf die wir fest bauen müssen, wird darin bestehen, jeder Gesellschaft, jeder Zelle ihres Organismus, jedem Menschen, jedem Dorf, jeder Stadt und jeder Region zu erlauben, ihre eigene Vitalität und Kreativität zu entfalten.

Sie wird zweifellos auch irgendwann von jedem den Mut erfordern, sich hinzuknien und mit Händen und Fingernägeln den Boden zu säubern, den diejenigen, die es sich zur Aufgabe gemacht haben, die anderen zu knechten, in diesem oder jenem Winkel der Erde immer besudeln. Sie wird es erforderlich machen, daß wir uns, um zu überleben, manchmal in Knopflochmaschinisten verwandeln, daß wir imstande sind, eine ausgeklügelte Technologie zu entwickeln, aber auch «echten» Bohnenkaffee zu verkaufen, daß wir weise mit unserer Energie haushalten und es lernen zu fischen, statt darauf zu warten, daß man uns einen Fisch schenkt.

Sie wird den Willen erfordern, endlich eine soziale Solidarität Wurzeln schlagen zu lassen, die auf einem besseren Verständnis der menschlichen Tragödien beruht, zu denen es kommt, wenn das Leben einzig und allein von einem Stückchen Graubrot abhängt – oder heute vom gesetzlich garantierten Mindestlohn.

Schließlich müssen wir einsehen, daß nichts möglich sein wird, wenn die Regierungsbürokratie der feindselige Wachtposten auf der anderen Seite des Stacheldrahts bleibt, der sich einbildet, seine Befehle würden weiterhin befolgt werden . . .

Diese Anstrengung, von der das Fortbestehen unserer Welt

abhängt, werden wir gemeinsam mit allen denen unternehmen, die verstanden haben, daß es nicht mehr darum geht, ihren Kindern eine gesicherte Existenz und eine vorgefertigte Zukunft zu bieten, was auch gar nicht mehr möglich sein wird, sondern darum, daß sie ihnen, bescheidener und härter, beibringen, ihre Zukunft selbst zu erfinden – notfalls aus dem Nichts heraus.

Hier rühren wir an die Wurzel der Dinge.

Wir müssen wählen zwischen der Intelligenz und den Fähigkeiten des Menschen einerseits und den Bürokratien der Staaten, der Parteien und der Kirchen andererseits.

An der Wurzel liegt das Vertrauen. Das Vertrauen, das von Anfang an vorhanden sein muß zwischen dem Vater und dem Kind, zwischen der Mutter und dem Kind – in einem Dialog, der sich in Zukunft von jedem hierarchischen Denken lösen wird. Eine wirklich menschliche Beziehung, in der unsere Söhne und Töchter ihre eigentliche Nahrung, ihr Rüstzeug, ihre Berufung finden werden.

Weshalb auch sollte man ihnen, wenn es um die Dinge des Lebens geht oder um die Entscheidungen, die ihre Zukunft betreffen, das Vertrauen verweigern, das man den jungen Leuten zu allen Zeiten bedenkenlos schenkte, wenn es darum ging, daß sie sich auf den Schlachtfeldern der Geschichte ruhmreich töten ließen?

Das einzige Recht, das mir die Erfahrungen verleihen, die das Schicksal mir auferlegte, ist das Recht, heute mit allem Nachdruck zu sagen, daß eine Gesellschaft, die nicht imstande ist, die Leidenschaft und die Intelligenz ihrer Jugend mit der Kreativität und dem Wissen der Verantwortlichen zu verbinden, keinerlei Zukunft hat.

Ich kann es deshalb mit Nachdruck sagen, weil ich mir der Tatsache bewußt bin, daß bis zu dem Alter, in dem ich in die

Hölle geworfen wurde, nichts mich von den anderen unterschied.

Ich erinnere mich sehr genau, daß ich, ehe meine Heimatstadt Hitlers Divisionen zum Opfer fiel, in der Schule ein Junge wie die anderen war und genauso lernte und spielte wie die anderen. Ohne die Ereignisse, die der Geschichte wie meinem Leben eine andere Richtung gaben, wäre ich heute in der untergegangenen Welt von Bialystok, die Isaac Bashevis Singer so wunderbar beschrieben hat, ein Bürger wie die anderen und würde einen Beruf ausüben wie die anderen. Alles, was ich über die Entstehung und die Zerstörung von Gesellschaften und Menschen weiß, über das, was das Blut der Hoffnung nährt oder versiegen läßt, habe ich in Schmerz, Hunger, Furcht und Angst gelernt.

Ich bin nur ein Beweis – einer unter anderen – dafür, daß die Rettung möglich ist, möglich wie das Überleben, unter Bedingungen, die jeder Vorstellung trotzen.

Ich weiß, weil ich vor den Türen stand, daß wir, solange wir die Gaskammer nicht betreten haben, solange wir die nukleare Katastrophe nicht ausgelöst haben, leben werden. Und solange wir leben, werden wir immer eine Chance haben, die Zukunft zu erfinden, dem Schlimmsten zu entkommen. Der Realismus – das ist zunächst Vertrauen. Der Mensch hat eine unbegrenzte Fähigkeit standzuhalten, physisch und psychisch, und zu erfinden. Das weiß ich.

Im Augenblick sind die Kräfte des Absurden nicht zu zählen, und die Psychose der individuellen und kollektiven Kapitulation mag unwiderstehlich erscheinen.

Es ist das erste Mal, daß die näherrückende Katastrophe den ganzen Planeten erfassen kann, aber es ist nicht das erste Mal, daß die Menschheit aufgerufen ist, sich gegen Brutalität und Verblendung zur Wehr zu setzen. Wenn der Mensch bis heute überlebt hat, so nur durch Vernunft, Erfindungskraft, Mut.

Die Ideologien, der Haß und die Illusionen unseres Jahrhunderts, die eine Vielzahl von Katastrophen herbeigeführt und die Leidenschaft derer, die an sie glaubten, verschwendet haben, werden das dritte Jahrtausend nicht mehr erleben – sie haben verspielt.

Aber die Geschichte der Menschen ist in der Schwebe.

Schwerer als das Blut der Menschen wiegt die unendliche Möglichkeit ihres Geschicks . . . stetig und stark wie das Pochen des Herzens.

1048/4